In Bildern reden

Zum Buch

Jeder weiß, wie reich unsere Sprache an Bildern ist. Eine ganz andere Sache ist es allerdings, sie in der eigenen Rede zu gebrauchen. Nicht nur zu Anlässen geschäftlicher oder privater Natur: Mit einer bildreichen Sprache und anschaulichen Formulierungen gelingt es uns auch in unseren alltäglichen Gesprächen, beim Gegenüber mehr Interesse und Aufmerksamkeit zu wekken, uns verständlich zu machen und – nicht zuletzt – zu überzeugen. Folgen Sie den Autoren auf einer aufregenden Reise hin zu einer spannenden, vergnüglichen und vor allem zuhörenswerten Rede.

Zu den Autoren

Peter H. Ditko ist Gründer von mehreren Rednerschulen in ganz Deutschland. Gemeinsam mit Joschka Fischer, Heiner Geißler, Rudolf Dreßler und Jürgen W. Möllemann leitet er den Förderkreis Politische Rhetorik. Daneben ist er als Journalist in Bonn und Berlin tätig und nimmt einen Lehrauftrag für den Bereich Unternehmenskommunikation an der Fachhochschule in Bonn wahr.

Dr. Norbert Q. Engelen, seines Zeichens Pädagoge, Psychologe, Soziologe, arbeitet seit vielen Jahren als Dozent im Kommunikationsbereich, unter anderem mit der Spezialisierung auf die Anwendung der bildhaft orientierten Sprache.

Peter H. Ditko/Norbert Q. Engelen

In Bildern reden

So entdecken Sie
Ihre rhetorische Kraft

Econ & List Taschenbuch Verlag

Econ & List Taschenbuch Verlag 1999
Der Econ & List Taschenbuch Verlag ist ein Unternehmen
des Verlagshaus Goethestraße GmbH & Co. KG, München

Umschlagkonzept: Büro Meyer & Schmidt, München – Jorge Schmidt
Titelkonzept und Umschlaggestaltung: Petra Soeltzer, Düsseldorf
Titelabbildung: zefa-millennium

Gesetzt aus der Century und Frutiger, Linotype
Satz: LHF Satzstudio GmbH, Düsseldorf
Druck und Bindearbeiten: Ebner Ulm
Printed in Germany
ISBN 3-612-21432-2

Inhalt

Vorwort

»Die Geisteswissenschaften« – schrieb vor einiger Zeit Wolfgang Frühwald, der Präsident der Deutschen Forschungsgemeinschaft, in der *Zeit* – »sind auf Streit und Gelehrtenzank hin angelegt. Das muß so sein.« Ja, das muß so sein. Und genau so muß es auch in der Politik sein, muß es in allen Bereichen sein, in denen es um endgültige Wahrheiten längst nicht mehr gehen kann, sondern in denen es statt dessen um Meinungen – wenn auch begründete! – geht. Vor allem für die Politik in einer Demokratie sind Streit und Zank – oder sagen wir es gemäßigter: ist Auseinandersetzung geradezu lebensnotwendig.

Doch kein Streit, keine Auseinandersetzung kann fruchtbar sein, wenn das, um was es geht, sich dem Publikum weitgehend nicht mehr erschließt, weil es entweder unter die Kategorie »Sprechblase und Allgemeinplatz« fällt oder unter der Rubrik »Kanzleideutsch« abgeheftet werden kann. Beides ist einer klaren Aussage abträglich. Beides ist aber auch furchtbar langweilig.

Das Dilemma kennt jede gute Redenschreiberin und jeder gute Redenschreiber aus der Praxis. Da geht es nicht nur darum, möglichst *nicht* eine allgemeine theoretische Abhandlung zu schreiben, sondern das, was über die Zuhörerinnen und Zuhörer »hereinbricht«, soll klar und allgemein verständlich sein *und* – Tribut an eine Gesellschaft, die die Soziologie längst als »Erlebnisgesellschaft« beschreibt – die zentrale Motivlage des »erlebniszentrierten« Menschen treffen: die Sehnsucht nach »psychophysischen Ereignissen«. Man kann diese Forderung – wie die Autoren dieses Buches es tun – als das Bedürfnis nach »Erlebnisrhetorik« bezeichnen, man kann sie aber auch als die Einlösung eines uralten Anspruchs an die Kunst der Rede sehen: des Anspruchs an die Ästhetik des gesprochenen Wortes.

Die Autoren stellen den Zusammenhang implizit selbst her, wenn sie schildern, wie *Cicero* einmal davon schwärmte, wie er mit Erfolg »in seinen Farbtöpfen« gerührt habe, um seine Zuhörer zu entzücken. Gemeint ist der geplante Zugriff auf den *Bilderreichtum* der Sprache als Mittel, der Rede Glanz und Lebendigkeit zu verleihen, ihr so gleichsam *Leben* einzuhauchen. Was anderes aber ist Leben als die gesuchten psychophysischen Ereignisse?

Und da sind wir bereits »mitten im Leben« des Buches. Denn ob Erlebnisse oder Bilder, bei beidem handelt es sich um Elemente, die primär mit einer Aktivierung der *rechten* Gehirnhälfte einhergehen, also mit jenem *synthetisierend* arbeitenden Gebiet, das auch unsere Gefühlswelt beherbergt. Und

hier liegt der entscheidende Angriffspunkt des Buches. Wenn nämlich – so fragen die Autoren – der *Gefühlswert* der Worte einen so großen Einfluß auf die Zuhörer hat, »was liegt dann näher, als beim Reden darauf zu achten, daß die *rechte* Gehirnhemisphäre des Zuhörers angesprochen wird?«
In der Tat: Selten sind sie geworden, die erfrischenden sprachlichen Elemente in der politischen (und auch in der wirtschaftlichen) Landschaft, jene Elemente mithin, die vor allem den rechten Teil des Gehirns ansprechen und die eine Rede spannend, vergnüglich und zuhörenswert machen. Um so mehr ist es zu begrüßen, daß nun ein Buch auf dem Markt ist, das umfassend und kurzweilig an dieses Thema herangeht. Wir wünschen ihm viel Erfolg.

Für den *Förderkreis politische Rhetorik in der Bundesrepublik Deutschland*

Rudolf Dreßler (MdB)
Joschka Fischer (MdB)
Dr. Heiner Geißler (MdB)

Aufmerksame Leserinnen und Leser werden es schnell merken: In diesem Buch wird durchgehend die männliche Form verwendet. Dies bedeutet jedoch keinerlei Diskriminierung des Weiblichen, sondern dient ausschließlich der besseren Lesbarkeit und Textökonomie. Auch die von feministischer Seite vorgeschlagene Formel »Personen, die …« scheint uns nicht dazu geeignet, das »unhandliche« und »barocke« Erscheinungsbild zu verdrängen.

Einleitung

Da sollten Sie mal das Foto sehen: Wir sind mit Bildern überflutet

Der Redner muß nicht bloß so sprechen, daß man ihn verstehen kann, sondern er muß dafür sorgen, daß man ihn schlechterdings verstehen muß.
(Quintilian)

Kein Zweifel: Wir sind heute mit Bildern überflutet. Der heutige Mensch – behauptet etwa der tschechische Autor *Ivan Klima* – begegne »mehr Bildern als der Wirklichkeit«. Er meint damit nicht zuletzt die Wirkung des Fernsehens, in dem man – wie er sagt – seine Bilderwelten »jederzeit so abrupt um- und ausschalten (kann), als würde man aus dem Bett eines Sterbenden in das Bett eines Liebespaares springen«.

Wie sehr die Macht der Bilder bereits von uns Besitz ergriffen hat, zeigt der Witz von der Großmutter, die mit ihren Enkelkindern auf Reisen geht. Als ein Mitreisender bemerkt, die Kinder seien aber außergewöhnlich süß, antwortet die Großmutter: »Da sollten Sie mal die Fotos sehen.«

Der Psychologe *Stanley Milgram*, der diesen Witz erzählt, behauptet, es existiere so etwas wie ein natürliches Bedürfnis des Menschen nach Bildern. Menschen seien »von einem unstillbaren Verlangen erfaßt, sich starre Bilder von Personen und Situationen zu machen, auf die sie später immer wieder zurückgreifen können. Und für die meisten Menschen ist es wichtig, daß sie sich ein solches Abbild eines Menschen oder einer Situation selbst schaffen.«

Milgram, der diese Sätze in einem Aufsatz über Fotografie schrieb, wollte hiermit andeuten, daß die (z. B. im Urlaub) selbstgeschossenen Bilder des Menschen weitaus wertvoller für ihn sind als alle Fremdaufnahmen – selbst wenn diese von besserer Qualität sind. Denn der Grad der Befriedigung – so *Milgram* – ist dann am höchsten, wenn der Mensch »sich des Objektes durch eigenes Tun ›bildlich‹ bemächtigt«.

Für uns bedeutet diese Erkenntnis, daß derjenige Redner, der es seinem Publikum ermöglicht, Bilder zu produzieren, bei diesem auch einen hohen

Befriedigungsgrad erreicht. Das bedeutet natürlich noch lange nicht, daß man Bilder »um jeden Preis« einsetzen sollte. Man sollte es vielmehr nur dort tun, wo diese eine Verbesserung des Textes bedeuten. Dies wird in der Regel immer dann der Fall sein, wenn sie jene Aufgabe erfüllen, für die sie am besten geeignet sind: wenn sie eine Darstellung *illustrieren*. Vermeiden sollte man Bilder auf jeden Fall dort, wo sie eher Mißverständnisse hervorrufen, als Klarheit zu verschaffen. Vorsicht ist auch geraten bei sogenannten verbrauchten Bildern (Klischees), die höchstens dann benutzt werden sollten, wenn das Bild im Fortgang der Rede weitergeführt werden kann. Hier ein Beispiel, in dem dies angebracht ist:

> »Diesmal genügte es der Regierung offenbar nicht, das Kind mit dem Bade auszuschütten; diesmal soll dem Kind auch noch Seife in die Augen gerieben werden.«

Genaugenommen heißt »einen Gedanken verbildlichen« nichts anderes, als ihn sprachlich so herzurichten, daß das Publikum anschließend »im Bilde« ist. Hierzu sind alle Sprachen der Welt – wenn auch mit Unterschieden – hervorragend ausgerüstet. Denn jede Sprache birgt in sich einen riesigen Fundus an Bildern.
Diese zu finden, sie gleichsam aus dem unendlich scheinenden Meer der Wörter zu bergen, ist naturgemäß einfacher, wenn es sich dabei um anschauliche Dinge handelt, als wenn es um abstrakte Begriffe geht. Denn Anschauliches trägt seine Bildhaftigkeit gleichsam in sich. Deshalb ist es aber auch *besonders* wirksam, wenn es Ihnen gelingt, auch ein *abstraktes* Geschehen in Bilder umzusetzen.
Die Schwierigkeiten sind in beiden Fällen im Prinzip gleich. Immer geht es um ein Doppeltes:

- Der Redner muß in der Lage sein, mit wenigen Blicken das Wesentliche zu erfassen,
- und er muß es schaffen, dieses Wenige in die passenden Worte zu kleiden.

Vor allem letzteres fällt vielen Menschen sehr schwer. Dabei ist es gerade beim Bildermachen außerordentlich wichtig, den Kern der Sache auch tatsächlich zu treffen. Wenn nicht, dann produzieren Sie ein *falsches* Bild, ein Bild, das bestenfalls Heiterkeitsstürme und schlimmstenfalls eine diplomatische Katastrophe hervorruft. In den meisten Fällen wird der Schaden wohl eher in der Mitte liegen und die Gestalt einer großen Peinlichkeit beziehungsweise – um »im Bilde« zu bleiben – die Form eines Fettnapfes haben.

Falsche Bilder

- »Der roten Fahne, die eben noch traurig auf der Stelle hing, sind plötzlich Beine gewachsen. Dazu bläst eine Militärkapelle tschingderassabum« (*Frankfurter Rundschau* zum Chinabesuch *Helmut Kohls*).
- »Dann holt er tief Luft und überfliegt im Schweinsgalopp noch einmal seine Beamtenlaufbahn« (*Gala* über *Klaus Kinkel*).
- »Das ist eine Politik, die auf dem Tellerrand des morgigen Abends steht« (*Helmut Kohl*).
- »Völlig ausgebrannt sind gestern morgen im Kreis Jena zwei Wagen des D-Zuges Stuttgart–Berlin. Die Reisenden konnten sich mit der Notbremse in Sicherheit bringen« (*Nordwest-Zeitung*).
- »Auch unter Brieftauben gibt es schwarze Schafe« (*Welt*).
- »Also, wenn ich richtig zugehört habe, ist das doch das Ei der Weisen« (*Michael Allmer*, SPD-Ratsherr in Köln).
- »Der Hundekot in Drais ist dem Ortsbeirat weiterhin ein Dorn im Auge« (*Rhein-Main Presse*).
- »Preise wie im alten Rom: In Kassel werden die Autofahrer gemolken wie Weihnachtsgänse« (*Extra-Tip*).
- »Land will die Lokomotive auf der neuen Datenautobahn sein« (*Badische Neueste Nachrichten*).
- »Die Prostata ist die Achillesferse der reifen Jugend« (*Elan*).

Neben solchen falschen Bildern gibt es auch noch solche, die zwar nicht ganz falsch sind, die aber dennoch für unfreiwillige Komik sorgen.

Unpassende, komische Bilder

- »Sein Körper ist wie seine Musik: kraftvoll und stark, aber voller sentimentaler Weichteile« (ARD-Programmvorschau über *Eros Ramazotti*).
- »Ein elektrisches Verdeck paßt zur erlebten Wonne eines Cabrios wie Damendessous mit kontaktlosem Oberteil mit Fernbedienung zur Lust einer Zweierbeziehung« (*Auto, Motor und Sport*).
- »Einen Blumenstrauß, mit dem du deine Schwiegereltern um die Hand deiner Zukünftigen bittest, muß frisch geschnitten sein. Du mußt sie ausgesucht haben im Laden. Die ist schön, die ist schön ... Es ist der Strauß deiner Farben. Und wenn du ihn übergibst, übergibst du dich« (*Bunte*).
- »Frauen werden in wirtschaftlich schwierigen Zeiten eher entlassen und später als Männer wieder eingestellt« (*Claudia Nolte*).
- »Lebte Shakespeare heute noch, würde er sich im Grab umdrehen, wie ein Engländer jüngst im Radio bemerkte« (*Heilbronner Stimme*).
- »Montag abend hielt *Höppner* eine Rede vor 140 Journalisten, Politikern und Wirtschaftsleuten im Cosmos-Club über die Veränderung in Sachsen-Anhalt, über die rot-grüne Minderheitsregierung. In den feinen Club

dürfen sonst nur Männer rein. Für *Höppner* wurde eine Ausnahme gemacht« (*Bild*).

So wie ganz allgemein gilt, daß eine Rede nicht mit Informationen überladen sein sollte, so glänzen auch gute Sprachbilder durch Klarheit, Übersichtlichkeit und Verständlichkeit. Und so wie ein guter Redner sich dadurch auszeichnet, daß er die Kunst des Weglassens beherrscht, so beherrscht er auch beim Bildermachen die Kunst, das Wesentliche hervorzuheben. Dabei sollte sich der gute Redner immer darüber im klaren sein, daß er mit der Auswahl guter Bilder immer auch ein Stück Sprachkultur gestaltet. Jeder, der öffentlich redet, unterliegt nicht nur den Normen der Sprache, sondern gestaltet sie auch immer schon mit. In diesem Sinne liegt in der Verwendung guter Bilder auch ein Stück Verantwortung des Redners für die öffentliche Sprachkultur.
Wir laden Sie nun ein zu einer Entdeckungsfahrt durch die phantastischen Möglichkeiten sprachlichen Bildermachens. Diese Reise wird nicht einfach zu bewältigen sein, und sie wird auch nicht kurz sein. Aber sie wird Spaß machen, und sie wird Ihre Vorstellungen vom Reden und von den Möglichkeiten des sprachlichen Ausdrucks grundlegend verändern. Dabei werden wir Sie – trotz allem Pragmatismus, dem wir uns verschrieben haben – nicht aus der Beschäftigung mit der Theorie entlassen können. Denn ohne Theorie sind viele der Überlegungen zum *Reden in Bildern* gar nicht verständlich. Das heißt konkret, daß wir uns auch mit der Struktur unseres Gehirns und speziell mit der Struktur des Gedächtnisses beschäftigen werden.
Und zum zweiten benötigen Sie auch etwas Geduld. Denn ohne Geduld werden Sie auch *mit* der Theorie im Hintergrund noch lange nicht in der Lage sein, in Bildern zu reden – auch dann nicht, wenn Sie alle Beispiele ausgiebig studiert haben. Auch derjenige, der alles über eine Geige weiß, vermag sie unter Umständen nicht so virtuos zu spielen wie einer, der vielleicht weniger weiß, sich aber mit Talent, einer Portion viel guten Willens und gehöriger Ausdauer die entscheidenden Techniken angeeignet hat. Wie heißt es schon bei *Goethe:* »Nicht Kunst, nicht Wissenschaft allein, Geduld muß bei der Sache sein.« Doch zunächst zeigen wir Ihnen, worum es geht.

Kopf-Kino I: Innere visuelle Vorgänge

Das interessante Leben findet
im Kopf statt – und sonst nirgends.
(Bazon Brock)

Obwohl wahrscheinlich jeder Mensch – sei es als Traum oder sei es auch als Drogenerfahrung – die Erfahrung bildhafter innerer Vorgänge gemacht hat und immer wieder macht, ist ihre Existenz experimentell nur schwer nachzuweisen. Dennoch gibt es einige Experimente, die diese Lebenserfahrung belegen. Eines von ihnen können Sie im folgenden gerne einmal selbst ausprobieren. Es stammt von *L. R. Brooks* und ist beschrieben in *Metzig / Schuster.*

Sehen Sie sich bitte einmal das nachstehende, räumlich gezeichnete »F« an.

Folgen Sie nun in Gedanken seiner Umrißlinie, und sagen Sie jedesmal »Ja«, wenn Sie (in Gedanken!) eine obere oder untere Ecke erreicht haben. Sagen Sie dagegen »Nein«, wenn Sie eine Ecke dazwischen durchlaufen. Haben Sie hierbei Schwierigkeiten? Wenn nicht, machen Sie nun bitte ein weiteres Experiment.
Malen Sie bitte auf ein Blatt Papier nebeneinander zwei kleine Kreise, die je einen Knopf darstellen sollen, wie man ihn z. B. als Ein- und Ausschaltknopf an einem Radio kennt. Schreiben Sie in den rechten Knopf ein »R« und in den linken ein »L«. Schauen Sie sich nun wieder das »F« an, und fahren Sie wieder in Gedanken seine Umrisse ab. Doch statt »Ja« oder »Nein« zu sagen, wenn Sie eine der Ecken erreicht haben, »drücken« Sie nun auf den rechten »Knopf«, wenn Sie eine obere oder untere Ecke, und auf den linken, wenn Sie eine dazwischenliegende Ecke erreicht haben. Fällt Ihnen das leichter oder schwerer als das »Ja« und »Nein« im ersten Experiment?

Wenn alles mit rechten Dingen zugeht – und wenn Sie so reagieren wie die Versuchspersonen Brooks –, dann müßten Sie beim zweiten Mal wesentlich mehr Schwierigkeiten gehabt haben als beim ersten Mal. Dies liegt daran, daß Sie nun *gleichzeitig* in Ihrem Gehirn eine Vorstellung erzeugen *und* eine *räumliche* Aufgabe bewältigen. In diesem Fall stört die räumliche Aufgabe die Vorstellungstätigkeit, weil in beiden Fällen das gleiche *räumlich-visuelle* System belastet wird.

Insofern ist es nicht verwunderlich, wenn die Bildhaftigkeit der Sprache sich in den Konstruktions- und Wirkungsprinzipien des Denkens spiegelt. So wird ja z. B. auch in jeder Sprache eine beträchtliche Anzahl von Wörtern durch *räumliche* Konstruktionen gebildet, im Deutschen etwa die Begriffe »*vor*stellen« und »*nach*sitzen«. Sogar einer der entscheidenden Begriffe des Denkens selbst, der Begriff des »Überlegens«, beruht letztendlich auf einer räumlichen Vorstellung. Inwieweit bildhafte Prozesse tatsächlich am Denkprozeß beteiligt sind, ist naturgemäß schwer zu sagen. Allerdings fällt auf, daß viele kreative Denker ihre Geistesblitze bildhaften Vorstellungen verdanken.

Kekulé *»träumt« den Benzolring*

Einer von ihnen ist der Chemiker *Friedrich August Kekulé von Stradonitz* (1829–1896), einer der bedeutendsten Forscher auf dem Gebiet der organischen Chemie. *Kekulé* war auf der Suche nach der Formel für die Struktur des Benzols. Hierbei ging er zunächst – wie die meisten Wissenschaftler – konsequent analytisch vor. Beobachter berichten, er habe Tag und Nacht wie besessen gearbeitet, ohne der Lösung näher gekommen zu sein. Eines Tages – so berichtete er später bei einem zu seinen Ehren veranstalteten Essen, sei er vor Erschöpfung am Schreibtisch eingeschlafen. Im Traum habe er dann eine Reihe von raumähnlichen Zuständen gesehen, in denen Atome »gaukelten«. Plötzlich habe er »Uroboros« gesehen, eine Schlange, die sich am Boden wälzte und dann begann, nach ihrem Schwanz zu schnappen, wodurch es zu einer Ringbildung gekommen sei. Erschrocken und verstört sei er aufgewacht und habe in den vor ihm liegenden Formeln eine große Ähnlichkeit zu den im Traum gesehenen Strukturen entdeckt. *Kekulé* verband daraufhin Atome und Moleküle zu genau einem solchen Kreis, wie ihn die Schlange gerade beschrieben hatte: Die bekannte Ringstruktur des Benzols war entdeckt (1865), eine Leistung die *Arthur Koestler* später einmal bezeichnete als »das brillanteste Stück Vorhersage, das im gesamten Bereich der organischen Chemie zu finden ist« (nach *Eggetsberger/Eder*).

Natürlich hat – darauf weisen auch *Stemme* und *Reinhardt* hin – der Chemiker die Lösung zweifellos schon im Kopf gehabt. Entscheidend sei aber, daß sie offensichtlich vollkommen blockiert gewesen sei. *Kekulé* selbst war von diesem Ereignis so beeindruckt, daß er anschließend seine Zeitgenossen immer wieder aufforderte: »Wir wollen träumen lernen, meine Herren!« (*Eggetsberger / Eder*).
Nun wäre es sicher falsch, sich den *Prozeß* der Herstellung innerer Bilder als eine Art innere Fotografie vorzustellen. Wenn dies nämlich tatsächlich so wäre, dann fiele es uns nicht so schwer, die Dinge unserer Umwelt natur-

getreu aus dem Gedächtnis zu rekonstruieren. Machen Sie doch einfach einmal folgenden Test (Anregung aus *Metzig / Schuster*):

- Zeichnen Sie auf ein Blatt Papier den Grundriß Ihrer eigenen Wohnung.
- Stellen Sie sich nun im Geiste ein 5-Mark-Stück vor, und versuchen Sie nun, so viele Einzelheiten wie möglich aufzuschreiben.
- Zeichnen Sie anschließend aus dem Kopf eine Landkarte Europas mit allen seinen Ländergrenzen.

Wenn Sie sich nun Ihre Ergebnisse anschauen, werden Sie womöglich – wie viele andere Menschen auch – feststellen, daß Sie bereits beim Zeichnen des Grundrisses erstaunliche Abweichungen von der Wirklichkeit produziert haben. Von den Details des Geldstücks werden Sie womöglich nur einige wenige exakt bestimmt haben (meistens stimmt die räumliche Anordnung), und von Europa wird möglicherweise nur Italien (das als Stiefel erinnert wird) einigermaßen korrekt wiedergegeben sein.
Daß wir uns selbst bei so vertrauten Dingen wie der eigenen Wohnung oder bei so oft gesehenen Dingen wie einem 5-Mark-Stück noch so schwerwiegend vertun, liegt daran, daß Erinnerungsprozesse immer bereits gefärbt sind von anderen – im Gehirn schon vorliegenden – Kenntnissen. Das wäre im Fall des Grundrisses etwa ein allgemeines Wissen darüber, wie Grundrisse »normalerweise« gestaltet sind. Und damit haben wir auch das Prinzip des sogenannten »fotografischen« Gedächtnisses: Es speichert nicht eine Eins-zu-eins-Abbildung, sondern eine Art visuellen Prototyp, ein Muster.
Wer über einen reichen Schatz solcher (auch berufsspezifischer) Muster verfügt, sichert sich damit die Chance auf eine geistige Vorwegnahme von Situationen und kann daher oft *agieren*, wo andere nur *reagieren*. Ein gutes Beispiel hierfür ist der frühere US-Präsident *John F. Kennedy*, der sicherlich einen Teil seines vorbildlichen Rufs als schlagfertiger Mann seiner Vorliebe für solche Muster verdankte. Kennedy hatte eigens Spezialisten eingestellt, die die Aufgabe hatten, vor Pressekonferenzen die möglichen Fragen der Journalisten zu erahnen. Deren »Ahnungen« wurden dann in Antwort*muster* transponiert, so daß der Präsident auch dann, wenn die Fragen nicht genau so gestellt wurden wie vorhergesehen, praktisch nie überrumpelt werden konnte. Seine Antworten wirkten stets kompetent und waren zudem auch oft noch mit Charme und Witz garniert (*Stemme / Reinhardt*).

Was *Beckenbauer, Kasparow* und *Toscanini* gemeinsam haben

Wie *Stemme* und *Reinhardt* feststellten, haben z. B. auch klassische Spielmacher oder Regisseure des Profifußballs außerordentliche Fähigkeiten, solche Muster zu erzeugen. Ihre räumliche und bildliche Wahrnehmung sind so ausgeprägt, daß sie in Sekundenschnelle das gesamte Spielfeld erfassen und so – jeweils in Abhängigkeit von der Flugbahn des Balles – die nächsten Positionswechsel voraussehen können. »Je leistungsfähiger ein Spieler, desto räumlicher und bildhafter kann er denken« (*Stemme / Reinhardt*).

Stemme und *Reinhardt* nennen als herausragendes Beispiel den ehemaligen Weltklassespieler *Franz Beckenbauer*. Dieser hatte den Autoren geschildert, daß er als ballführender Spieler stets bis zu acht verschiedene Möglichkeiten vor Augen gehabt hatte, den Ball zu spielen, und er sich dann in Sekundenbruchteilen für die seiner Meinung nach beste entschieden habe. Wie die Autoren weiter berichten, hat diese Fähigkeit zur räumlichen Vorstellung ihn später dann des öfteren in große Frustration getrieben. So habe *Beckenbauer* z. B. als Teamchef der deutschen Nationalmannschaft die Erfahrung machen müssen, daß er von außen noch erheblich mehr Spielmuster entdeckte – und nun nicht mehr eingreifen konnte.

Auch Schachspieler haben nicht nur – wie die meisten Laien vermuten – herausragende analytische Fähigkeiten, sondern sie horten in ihrem Gehirn eine Unzahl von *Mustern* vergangener Stellungen. Bei solch einem brillanten Spieler wie dem Weltmeister *Garri Kasparow* sind dies nach Aussage *Stemmes* und *Reinhardts* mehrere tausend. Das Gehirn von Schachspielern arbeitet also weniger wie ein Computer als vielmehr wie ein Fotoapparat, der Muster registriert: »Schach-Großmeister denken in der Tat weniger in rationalen Kategorien als vielmehr in Mustern, die sie optisch registrieren und mit anderen Mustern im Gehirnarchiv vergleichen. Zeigt man einem guten Schachspieler zehn Sekunden lang eine bereits begonnene Partie, so fragt er sich, ob und wann er diese Stellung schon einmal gesehen und was damals zum Erfolg oder Mißerfolg geführt hat. Für ein solch riesiges Musterdepot braucht man ein spezielles Gedächtnis für Räume und Bilder« (*Stemme / Reinhardt*).

Bestätigt werden diese Beobachtungen durch einen Test, den der *Spiegel* mit *Kasparow* im Jahre 1987 durchführte. In diesem Test gelang es dem Weltmeister, sich in nur fünf Sekunden eine Partiestellung einzuprägen und sie danach in ein leeres Diagramm einzutragen. Als er jedoch mit Stellungen konfrontiert wurde, die schachtechnisch sinnlos waren – und die er deshalb auch nicht archiviert hatte –, dauerte der Merkprozeß schon wesentlich länger.

Der Gemeinsamkeiten zwischen dem genialen Fußballspieler und dem genialen Schachspieler liegen auf der Hand: Beide speichern Situationen und Spielzüge als *Bilder* im Gedächtnis ab. Während des Einsatzes werden dann die vorhandenen Bilder ständig mit der gegenwärtigen Situation verglichen und zur Basis des neuen Handelns gemacht. Einer der ehemaligen Trainer Beckenbauers, *Dettmar Cramer*, hat diese Gemeinsamkeit intuitiv erfaßt, als er seinen Schützling einen »Schachspieler des Fußballs« nannte (*Stemme / Reinhardt*).

Ein weiteres Beispiel für die fruchtbare Umsetzung bildlicher Vorstellungen in abrufbare Muster ist der Dirigent *Arturo Toscanini*, der 250 Partituren von Symphonien und Opern im Kopf gespeichert hatte – jede einzelne Note für jedes einzelne Instrument. Was aber befähigt Menschen zu solchen Leistungen, welche Voraussetzungen müssen gegeben sein? Und wie können solche Leistungen trainiert werden? Um diese Fragen zu beantworten, ist es notwendig, sich zuerst einmal die Arbeitsweise des Gehirns zu vergegenwärtigen.

Unser Gehirn

Das eigene Gehirn kennenzulernen kann als Grundinteresse des Menschen gesehen werden. Es basiert – so *Paul MacLean* – auf »der Frage warum wir leben, was wir mit dem Leben anfangen und wohin unser Lebensweg uns führt«. Dabei sind die Menschen bereits sehr früh darauf gekommen, das Gehirn als materielles Substrat von Wahrnehmungen und Denkvorgängen zu beschreiben. In diesem Sinne heißt es schon bei *Hippokrates* (etwa 460–370 v. Chr.):

All das erleiden wir vom Gehirn her

»Die Menschen sollten wissen, daß aus keiner anderen (Quelle) Lust und Freude und Lachen und Schmerzen kommen als daher, woher auch Trauer und Leid, Verlust und Weinen stammen. Und damit vor allem denken und überlegen wir, sehen und hören und unterscheiden wir das Häßliche und Schöne, das Schlechte und Gute, das Angenehme und das Nicht-Angenehme . . . Gerade durch eben dieses Organ verfallen wir auch in Raserei und Wahnsinn und treten Angst und Schrecken an uns heran, sowohl des Nachts als auch am Tage, dazu Schlaflosigkeit, Irrtümer, unpassende Sorgen, Verkennung der tatsächlichen Lage und Vergessen. All das erleiden wir vom Gehirn her« (nach *Grensemann*).

Inzwischen ist die Gehirnforschung das wohl spannendste und aufregendste Abenteuer der Menschheit. Kein Teil unseres Körpers ist in den letzten 25 Jahren so eingehend untersucht worden wie das Gehirn. Und dennoch ist es immer noch ein weithin unbekannter Kontinent. Das meiste, was wir über ihn wissen, stammt aus den letzten zehn bis fünfzehn Jahren. Man mag zwar daran zweifeln, daß es jemals möglich sein wird, mit dem Gehirn das Gehirn zu verstehen; wenn man jedoch verstehen möchte, wie Gefühle den Körper beeinflussen und wie umgekehrt der Körper unsere Gefühle beeinflußt, dann kommt man nicht umhin, darüber nachzudenken, wie die Prozesse des Denkens und Fühlens überhaupt vonstatten gehen. Denn klar ist auf jeden Fall eines: Beides findet im Gehirn statt.

Der Erkenntnissprung, der mit den Erfolgen der Gehirnforschung verbunden ist, ist so groß, daß viele Forscher die neunziger Jahre unseres Jahrhunderts bereits zum »Jahrzehnt des Gehirns« ausgerufen haben, eine Formulierung, die wahrscheinlich auf den ehemaligen US-Präsidenten *George Bush* zurückgeht. Und diese Erkenntnisse haben die Vorstellungen über Wahrnehmung und Sprache revolutioniert. Daß sich die Menschheit dennoch mit der Erforschung des Gehirns so schwer tut, liegt in nicht geringem Ausmaß auch daran, daß es bereits schwerfällt, die Leistungen des Gehirns auch nur annähernd adäquat zu beschreiben. Erst die ebenfalls unglaublichen Rechenleistungen heutiger Supercomputer mögen manchen Zeitgenossen in dieser Hinsicht »verwöhnt« haben. Hier zur Anschauung einige Daten (nach *Buzan*):

Was unser Gehirn leistet

Was Ihr Gehirn tut, während Sie dieses lesen

- Um diese Zeilen zu erfassen, laufen in Ihrem Gehirn pro Sekunde (!) 100 000 chemische Reaktionen ab.
- Die Anzahl der möglichen Muster, die aus den zwölf Milliarden Neuronen des Gehirns gebildet werden können, liegt weit über der geschätzten Anzahl aller Atome des Universums.
- Das gesamte Netz der zerebralen Neuronen ist mindestens 1400mal komplexer als das gesamte Telefonsystem der Welt.

Es ist also durchaus nicht vermessen, wenn Gehirnforscher behaupten, es handele sich bei ihrem Forschungsobjekt um die komplexeste Ansammlung von Materie, die es auf dieser Erde gibt. Und dies schlägt sich zunächst einmal im Energieverbrauch nieder. Obwohl es nämlich mit einem Gewicht von knapp drei Pfund nur 1 bis 2 Prozent des gesamten Körpergewichts ausmacht, verbraucht ein normales Gehirn etwa 20 Prozent des von einem Körper im Ruhezustand aufgenommenen Sauerstoffs. Dabei kommt es selbst aber nie zur Ruhe, denn der Stoffwechselumsatz ist tags und nachts fast immer gleich groß.
Das ist durchaus nicht selbstverständlich. Noch bis vor wenigen Jahren war man der Meinung, das Gehirn befinde sich z. B. bei allen Entspannungszuständen – besonders jedoch in Trance – quasi im Ruhestand. Wie Messungen jedoch mittlerweile zeigen konnten, bewirken Entspannungstechniken sogar eine *Zunahme* des Bluts im Gehirn. Das bedeutet aber, daß tatsächlich eine Aktivitäts*steigerung* stattfindet. Nach *Iversen* kann dies sogar im Schlaf, und zwar während der Traumphase, der Fall sein. Und während sich die meisten Organe aus mehreren Energiequellen bedienen (etwa Zucker, Eiweiße oder Fette), ernährt sich das Gehirn ausschließlich von Glucose, also von Traubenzucker. Fest steht auch, daß kein anderes Körperorgan bei mangelnder Versorgung mit Blut so schnell zugrunde geht wie das Gehirn. Bereits wenige Minuten nachdem die Versorgung abgebrochen ist, erlöschen sämtliche Lebensfunktionen. Und anders als etwa beim Herzen sind beim Gehirn Wiederbelebungsversuche wirkungslos.

Zwischen männlichen und weiblichen Gehirnen bestehen allen Unkenrufen zum Trotz einige Unterschiede. So ist etwa – selbst dann, wenn man die unterschiedliche Körpergröße von Männern und Frauen berücksichtigt – das männliche Gehirn im Durchschnitt 100 Gramm schwerer als das weibliche. Auch beginnt es bereits im Kindesalter schneller zu wachsen, so daß schon bei Sechsjährigen ein eindeutiger Größenunterschied festzustellen ist. Dennoch enthält andererseits das weibliche Gehirn etwa 11 Prozent mehr Nervenzellen. Auch der Aktivitätsgrad des Gehirns scheint bei Männern und Frauen unterschiedlich zu sein. So ist z. B. im Ruhezustand, also im Zustand gedankenlosen Dösens, das männliche Gehirn deutlich aktiver als das weibliche, jedenfalls – das wollen wir hier nicht näher kommentieren – im temporal-limbischen System (siehe hierzu weiter unten), dem die Kontrolle der Gefühle und Triebe obliegt.
Obwohl niemand daran zweifelt, daß gerade das *menschliche* Gehirn unter den vielen Gehirnen dieser Welt eine Sonderstellung einnimmt, weiß niemand genau, woran dies eigentlich liegt. Denn was wirklich in einem Gehirn vorgeht, ist schwer zu sagen: Selbst ein simpler Kohlkopf zeigt Reaktionen auf dem EEG.

Auch ein Kohlkopf zeigt Reaktionen auf dem EEG

- So können selbst erfahrene Neuroanatomen unter dem Mikroskop die Großhirnrinde einer Kuh nicht von der eines Menschen unterscheiden.
- Die lange gehegte Vermutung, es läge am Gewicht, kann nicht stimmen, denn bereits das Gehirn eines neugeborenen Elefanten wiegt gut viereinhalb Kilo.
- Auch die Untersuchung der Nervenzellen bringt uns nicht weiter. Denn da unterscheiden sich die des Menschen überhaupt nicht von denen der Kuh oder von denen des Elefanten.

Was also ist das Geheimnis des Gehirns? Die Wissenschaft geht heute davon aus, daß die Leistungsfähigkeit des menschlichen Gehirns aus der Art und Weise der *Vernetzung* der Zellen untereinander resultiert. Sehr blumenreich schildert *Charles Sherrington* (nach *Vroon*), wie man sich diese Vernetzung vorzustellen hat:

Der kosmische Tanz des Gehirns

»Das menschliche Gehirn ist ein zauberhafter Webstuhl, auf dem Millionen blitzschneller Schußspulen ein ineinander überfließendes Muster weben; ein Muster, das zwar immer von Wichtigkeit ist, jedoch nie von Dauer. Es scheint, als habe die Milchstraße sich auf eine Art kosmischen Tanz eingelassen.«

Dabei gehen viele Wissenschaftler heute davon aus, daß bei diesem kosmischen Tanz nur der kleinste Teil des Gehirns von uns auch tatsächlich genutzt wird. Man spricht von einem Fünftel, und das – so *Stemme* und *Reinhardt* – »tun auch nur die Tüchtigsten von uns«. Das liegt möglicherweise – so spekulieren immer mehr Gehirnforscher – auch daran, daß die meisten von uns nie gelernt haben, ihr Gehirn in der *richtigen* Weise zu aktivieren. Dabei ist bereits jede Kontaktaufnahme mit anderen Menschen ein Vorgang, der sich im Grunde genommen zwischen zwei Gehirnen abspielt. Dies gilt auch für die Redesituation:

Der Redner redet zu einem anderen Gehirn

»Stellen Sie sich einmal vor, was alles während eines Vortrags geschieht. Das Gehirn des Referenten ›spricht‹ zu den Gehirnen des Publikums. Beispielsweise formt mein Gehirn in dem Moment, wo ich diesen Text niederschreibe, die Worte, die Ihr Gehirn auf dem Weg über Ihre Augen beim Lesen jetzt erfaßt. So ist jegliche Kommunikation letztlich Kommunikation von ›Gehirn zu Gehirn‹« (*Gelb*).

Die Schlußfolgerung, die daraus zu ziehen ist, ist im Grunde simpel: Wer eine gute Rede halten möchte, tut gut daran, sie nach den Arbeitsprinzipien

des Gehirns (seines eigenen und dem seines Publikums) zu halten. Um dieses kennenzulernen, laden wir Sie zunächst zu einem Experiment ein, das wir dem sehr lesenswerten Buch von *Lehner* und *Ziep* entnommen haben, die hierzu auf ein bereits älteres »Rätselbild« von *Dallenbach* zurückgreifen.

Schauen Sie sich bitte das Bild auf Seite 24 einmal genau (aber nicht zu lange) an. Was sehen Sie? Auf dem Bild ist ein Objekt, das Sie mit Sicherheit bereits des öfteren gesehen haben. Erkennen Sie es? Oder sehen Sie auch – wie die meisten Menschen – nur weiße und schwarze Flächen bzw. feinere und dickere Striche?

Lehner und *Ziep* berichten, daß über 80 Prozent der Teilnehmer ihrer Seminare augenblicklich erkennen, um was es sich handelt, *nachdem sie die Auflösung erfahren haben*. Vielleicht ergeht es Ihnen auch so: Es handelt sich um eine Kuh!

Das Verblüffende an diesem Experiment ist nicht nur, daß die meisten Menschen zuerst nichts erkennen, sondern auch, daß sie anschließend mit einem Blick sehen, um was es sich handelt. *Lehner* und *Ziep* erklären den Effekt folgendermaßen:

Warum wir einen Gegenstand (nicht) erkennen

»Um die erwartete geistige Leistung zu vollbringen, benötigt unser Gehirn offensichtlich ein sprachliches, begriffliches Element, das mit dem visuellen Bild in Verbindung gebracht werden kann. In diesem Falle das Wort ›Kuh‹ (umgekehrt ist es uns möglich, mit dem Wort ›Kuh‹ sofort eine visuelle Vorstellung zu bilden). Unser Gehirn ist offensichtlich in der Lage, Informationen sowohl visuell wie auch sprachlich zu verarbeiten. Interessant ist hierbei zweierlei: einmal die Tatsache, daß die geistige Leistung durch das Zusammenspiel von Sprache und Bild beeinflußt wird, zum anderen, daß die Fähigkeiten, Informationen sprachlich und visuell zu verarbeiten, räumlich getrennt in unterschiedlichen Bereichen des Gehirns lokalisiert sind.«

Und damit haben wir bereits das wichtigste Arbeitsprinzip des Gehirns beschrieben: Sprachliche und visuelle Informationen werden im Gehirn räumlich getrennt gespeichert und verarbeitet, d. h., unser Gehirn besteht aus zwei *Hemisphären*, die unterschiedliche Aufgaben bei der Wahrnehmung und Verarbeitung der Welt übernommen haben. Man spricht deshalb in der Literatur von einem »rechtshemisphärischen« und von einem »linkshemisphärischen« Teil sowie von »rechtshemisphärischen« und »linkshemisphärischen« Fähigkeiten.

Die Zweiteilung ist bereits von außen erkennbar: Betrachtet man ein Gehirn von oben an, so wird man feststellen, daß es angelegt ist wie eine

Walnuß. Man erkennt zwei deutlich voneinander geschiedene Teile – ein Sachverhalt, der im übrigen bereits den Ägyptern aufgefallen war. Auch die Idee, daß unser Gehirn nicht nur physikalisch, sondern auch funktional aus zwei unterschiedlichen Teilen besteht, wurde bereits in der Antike vermutet.

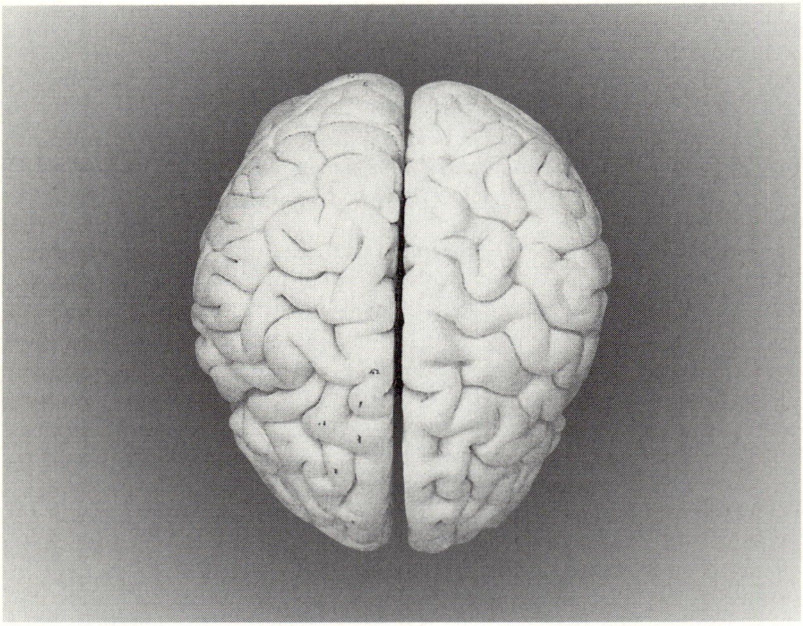

Modell des menschlichen Gehirns (nach Eggetsberger/Eder)

Die Verteilung der einzelnen Fähigkeiten auf die linke bzw. rechte Hemisphäre ist bei etwa 95 Prozent der rechtshändigen und etwa 70 Prozent der linkshändigen Menschen gleich. Nur bei einem kleinen Rest der Menschen sind diese Fähigkeiten entweder seitenvertauscht oder beidseitig anzutreffen (*Lehner/Ziep*). Doch so rein, wie die Trennung hier erscheint, ist sie in Wahrheit nicht. Beide Hälften arbeiten vielmehr auf irgendeine Art und Weise zusammen. In Wahrheit gibt es z. B. bezüglich der rechtshemisphärischen Fähigkeiten »außer der Sprache keine Fähigkeiten, die der Hemisphäre ganz abgesprochen werden« können (*Beaumont*). All das sind wichtige Markierungen für jeden, der seine Rede gehirngerecht präsentieren möchte. Bevor wir aber auf die Arbeitsteilung des Gehirns näher eingehen, wollen wir uns zunächst einmal seinen Aufbau näher ansehen.

Drei Hirne wohnen, ach, in meinem Kopf: Der Aufbau des Gehirns

Bereits 1976 bezeichnete der Neurophysiologe *Paul MacLean* das menschliche Gehirn als »triune brain«, was etwa mit »Trinitätshirn« oder »Dreifachhirn« übersetzt werden kann. In manchen Übersetzungen taucht auch der Begriff des »dreieinigen Gehirns« auf. *MacLean* wollte mit dieser Charakterisierung zum Ausdruck bringen, daß das vollentwickelte menschliche Gehirn eigentlich aus *drei* Gehirnen besteht, die zwar ineinander verschachtelt sind, die sich jedoch in struktureller und chemischer Hinsicht entscheidend voneinander unterscheiden. Man könnte auch sagen, jedes der drei Teile des Gehirns spricht eine eigene Sprache, besitzt eine eigene Intelligenz und verfügt über ein eigenes, spezifisches Gedächtnis.
MacLean verdeutlicht die Unterschiede der drei Gehirne am Bild eines Autos, das von drei Fahrern gelenkt wird:

- dem Reptiliengehirn, auch »Stammhirn« oder »Hirnstamm« genannt;
- dem älteren Säugetiergehirn, auch »limbisches System«, »Zwischenhirn« oder »Riechhirn« genannt (wir werden es im Fortgang des Buches einfach Säugetiergehirn nennen);

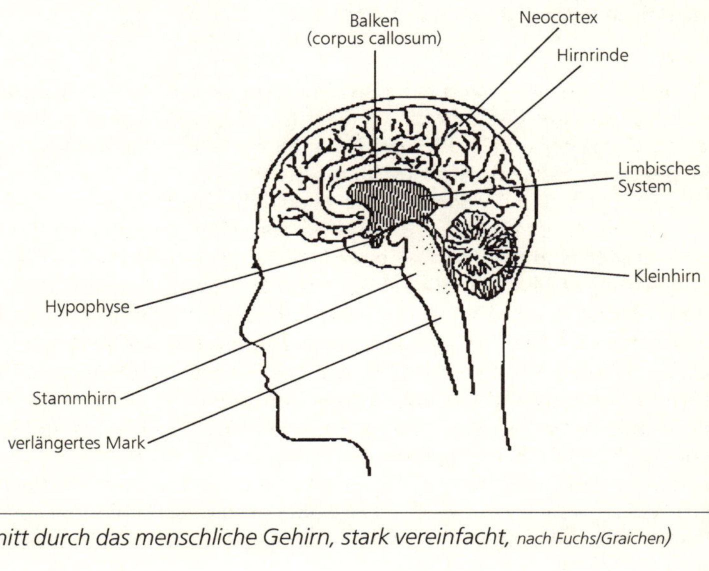

(Schnitt durch das menschliche Gehirn, stark vereinfacht, nach Fuchs/Graichen)

- und dem jüngeren Säugetiergehirn, auch »Großhirn«, »Neocortex« oder (als Übersetzung) »Neuhirn« genannt (wir werden es ab jetzt der Einfachheit halber Neocortex nennen).

Das Reptiliengehirn

Das Reptiliengehirn ist der untere und älteste Teil des Gehirns und etwa 500 Millionen Jahre alt. Es sitzt am Übergang zum Rückenmark und wird oft mit dem Hirn eines Krokodils verglichen, weil es in der Tat ziemlich genauso aussieht. Trotzdem hat auch ein höchstgradig schwachsinniger Mensch immer noch ein weit mehr entwickeltes Gehirn als ein Reptil!
Das Reptiliengehirn bündelt alle Informationen, die vom Körper zum Gehirn oder vom Gehirn zum Körper laufen, und modifiziert sie so, daß die daraus resultierenden Reaktionen auch sinnvoll und der jeweiligen Situation angemessen sind. Ein Beispiel hierfür ist der Traum.

Der Traum des Reptils
Während des Traums unterbricht das Reptiliengehirn die Verbindung zwischen den übrigen Teilen des Gehirns und den Bewegungsmuskeln. Geschähe dies nicht, so würde unser Muskelsystem versuchen, die im Traum erlebten Aktivitäten in die Realität umzusetzen. Träumte dann jemand von einem Spaziergang, ginge er auch tatsächlich – ohne aufzuwachen – spazieren.

Das Reptiliengehirn kontrolliert also den allgemeinen Aufmerksamkeitsgrad des Gehirns und dient damit der Selbst- und Arterhaltung. Biologische Vorgänge wie Stoffwechsel, Blutkreislauf, Herzschlag, Atmung und Schlaf haben hier ihren Sitz, teilweise auch die sexuelle Aktivität. Hinzu kommen alle Verhaltensmuster, die dem Überleben des einzelnen und der Art dienen: Nahrungssuche, Fortpflanzung, Brutpflege, der Kampf um territoriale Ansprüche, rituelle Kämpfe und die Einschüchterung des Gegners, Imitations- und Täuschungsverhalten, die Bildung von Hierarchien und die rituelle Partnerwerbung. Auch alle automatisierten Handlungsabläufe wie Radfahren, Skilaufen und Autofahren werden vom Reptiliengehirn gesteuert.
Damit die lebenswichtigen Funktionen des Menschen auch tatsächlich immer erhalten bleiben, funktioniert das Reptiliengehirn unabhängig von allen anderen Bereichen des Gehirns. So werden z. B. auch bei einer Narkose seine Funktionen nicht abgeschaltet.
In Verbindung mit dem Reptiliengehirn stehen auch unsere Bedürfnisse nach Sicherheit und einem vertrauten Lebensraum, d. h., hier ist auch die Verunsicherung lokalisiert, die uns befällt, wenn wir eine einschneidende

Veränderung unserer Lebensbedingungen erfahren sowie umgekehrt die Erleichterung, die wir verspüren, wenn wir in solchen Situationen auf uns vertraute Routinehandlungen zurückgreifen können. Sehr anschaulich hat dies *Robin Beebe* (nach *Teegen*) beschrieben:

Wir alle sind ein Reptil

»Ich bin auch ein Reptil. Und deshalb bestehe ich auf einem gewissen Ausmaß an Ordnung: daß die Sonne jeden Morgen aufgeht und jeden Abend untergeht, daß diejenigen, die mich verlassen, zurückkommen. Ich bin ein Gewohnheitstier und ziehe meinen rechten Schuh vor meinem linken an ... putze meine Zähne nach jeder Mahlzeit. All dies gibt mir auf einer sehr tiefen Ebene ein Gefühl der Sicherheit. Wenn ich in eine ganz neue Umgebung versetzt werde, brauche ich Zeit, um mein Territorium in dieser Umwelt abzustecken, zu bestimmen, welches Verhalten sicher ist und welches nicht, und zu sehen, wie mein Bedürfnis nach Nahrung, Wasser, Ruhe, Ordnung befriedigt wird. Ohne diese Basissicherheit ist es unwahrscheinlich, daß sich mein Potential für Lernen und Entwicklung über das Überlebensniveau eines Reptils hinaus erweitert. Und ich vermute, daß Menschen, die man für dumm und starrsinnig hält, einfach immer noch mit der Frage beschäftigt sind, ob sie sich in Sicherheit befinden.«

Weil es sich hierbei um angeborene Steuerungsmechanismen und Instinkte handelt, können wir die Programme unseres Reptiliengehirns nicht willkürlich verändern, d. h., das Reptiliengehirn ist – wenn überhaupt – nur äußerst begrenzt lernfähig und kann sich nur in geringem Maße auf Veränderungen in der Umwelt (sowohl der äußeren wie der inneren) einstellen. Beschädigt man z. B. bei einem Menschen bestimmte Rezeptoren, so betreibt er ungehemmt Nahrungsaufnahme – auch *gegen* die eigene Vernunft. Das Reptiliengehirn agiert und reagiert also eher wie ein Automat und greift bei seinen »Entscheidungen« auf Präzedenzfälle zurück. Insofern ist es immer vergangenheitsbezogen. Computertechnisch gesehen entspricht es einem Festwertspeicher.

Wegen seiner Vergangenheitsorientierung erlebt das Reptiliengehirn die Umwelt vorwiegend als feindlich. Dies ist einer der Gründe, warum ihm *Jantsch* auch die Verantwortung für alle Formen des Zwangsverhaltens und der Besessenheit zuweist. Dies kann zwar noch nicht eindeutig bewiesen werden, fest steht aber, daß Störungen oder Ausfälle dieses Hirnbereiches zu deutlich erkennbaren Reduktionen des mimischen und gestischen Ausdrucks führen.

Da das Reptiliengehirn keine Sprache versteht, kann man auch seine Verhaltensweisen nicht über verbale Kommunikation ändern. Ein gutes Bei-

spiel hierfür sind die Mißerfolge der Antidrogenkampagnen mit aufklärerischer Attitüde. Natürlich *weiß* ein Raucher, daß das Rauchen schädlich ist. Aber selbst wenn er aufhören *möchte*, beeindruckt dieser Entschluß seinen Hirnstamm überhaupt nicht. Dennoch gibt es natürlich Möglichkeiten der Beeinflussung: die Erzeugung angenehmer Gefühle. Bei den Antidrogenkampagnen sieht dies so aus, daß man nun versucht, positive – d. h. mit Gefühlen besetzte – Gegenbilder zu schaffen.
Folgende Aufgaben der Weltbewältigung gehen auf die Wirkungsweise des Reptiliengehirns zurück (nach *Vroon*):

- Alle mechanisch ablaufenden Verhaltensweisen, die durch reine Reaktion auf Umgebungsreize entstehen. Hierzu zählt für viele Verhaltensforscher auch das Verhalten von Menschen in Gruppen.
- Alle Praktiken der Imitation. Hierzu kann man – zumindest als Analogie – auch Kultphänomene oder die Mode zählen.
- Alle Rituale, die routinisiert ablaufen, also auch z. B. die immer gleiche Abfolge häuslicher Verrichtungen. Unsere Orientierung an solchen Ritualen ist so stark, daß viele Menschen beispielsweise bei Versammlungen ohne Tagesordnung unruhig werden – weil eine Routine fehlt. *MacLean* vermutet sogar, daß die häufig im Urlaub aufkommende miese Stimmung zum Teil darauf zurückzuführen ist, daß mit einem Schlag die üblichen Tagesroutinen ihre Funktion verlieren.
- Alle Wiederholungen eines Verhaltens, das keinen objektiven Sinn ergibt. Dies ist z. B. bei allen Zwangshandlungen der Fall.
- Unsere Mimik. Deutlich wird dies bei der *Parkinsonschen* Krankheit, bei der der Mensch die Fähigkeit verliert, sich spontan emotional auszudrükken. Parkinson-Patienten müssen deshalb lernen, ihren Gesichtsausdruck bewußt der dazugehörigen Emotion anzupassen.
- Unser Bestreben, ein eigenes Territorium zu schaffen. Dies reicht von der kleinen privaten Ecke im Wohnzimmer bis hin zum nationalen Territorium, das mit Waffengewalt bewacht und verteidigt wird.

Das Säugetiergehirn

Das Säugetiergehirn ist zum ersten Mal im Jahr 1878 von *Broca* beschrieben worden. Es ist ungefähr 200 Millionen Jahre alt und wölbt sich wie eine Kappe oder ein Band über das Reptiliengehirn (hierher stammt auch der von *MacLean* eingeführte Begriff des »limbischen Systems«: limbus = Streifen, Band). Das Säugetiergehirn markiert gleichsam die Fortentwicklung vom Meeres- zum Landbewohner und kommt bei allen Säugetieren vor. Landlebewesen benötigen ein vollkommen anderes Gehirn als die Lebewesen des Wassers. Es muß vor allem in der Lage sein, Körpertemperatur und

Durst präzise zu regulieren. Auch die Reaktion auf Gefahren ist grundsätzlich anders.

MacLean vermutet, daß sich das Säugetiergehirn vor allem im Zusammenhang mit der Aufzucht des Nachwuchses herausgebildet hat. Denn die säugetierspezifischen Fähigkeiten der Fürsorge und Aufmerksamkeit sowie der Verantwortlichkeit gegenüber den Jungen ist bei den Reptilien, bei denen die Jungen ja erst dann schlüpfen, wenn sie bereits ausgereift sind, noch nicht zu beobachten.

Im Säugetiergehirn laufen sämtliche Informationen zusammen, die das Gehirn auf irgendeine Art und Weise erreichen sollen – und zwar sowohl die aus der inneren Welt des eigenen Organismus als auch die aus der Außenwelt. Seine außerordentliche Bedeutung erhält das Säugetiergehirn aber dadurch, daß diese Informationen hier ihre spezifische *Bedeutung* zugewiesen bekommen. Insofern ist es auch an der Entstehung und Entwicklung der persönlichen Identität beteiligt.

Das Säugetiergehirn ist gegenwartsbezogen. *MacLean* vergleicht es mit einem einfachen Radarschirm, der uns die Orientierung in der Umwelt erleichtern soll. Hierbei spielen Gefühle eine große Rolle, denn die eingehenden Informationen sind gefühlsmäßig immer so getönt, daß eine für das Überleben des einzelnen und der Gattung möglichst effektive Reaktion erfolgt. So reagiert etwa der Mensch auf Gefahrensituationen mit Angst oder Aggression. Allerdings wird anscheinend bei solchen Reaktionen der Neocortex oft nicht miteinbezogen, was eine Erklärung dafür wäre, daß Gefühl und Verstand so oft auseinanderdriften. Auf der anderen Seite ist es aber auch möglich, daß bestimmte feste Überzeugungen wie Glaubenseinstellungen oder Weltanschauungen so stark gefühlsbelastet sind, daß sie durchaus einen – sogar starken – Einfluß auf das Denken ausüben können. Sie können es sogar – z. B. bei großer Angst – auch radikal einschränken. Außerdem ist die Art des Gefühls, das entsteht, stark von Umgebungsvariablen abhängig.

Die Umgebung bestimmt die Reaktion

Reizt man z. B. bei Affen das Säugetiergehirn, so reagieren diese sofort mit einer starken Emotion. Doch wie diese aussieht, bestimmt die Umgebung: Sind sie von Artgenossen umringt, die in der Hierarchie unter ihnen stehen, so werden sie aggressiv; handelt es sich um höherstehende Affen, werden sie unterwürfig.

Das Säugetiergehirn scheint auch der Ort zu sein, an dem die sogenannten alternativen Bewußtseinszustände entstehen, also etwa mystische Einheitserlebnisse und die Veränderung von Raum-Zeit-Beziehungen, wie sie nach der Einnahme halluzinogener Drogen erlebt werden. Für den Redner ist diese Erkenntnis deshalb wichtig, weil es zunehmend deutlicher wird, daß die Aufnahme von Information in starkem Zusammenhang mit einer angenehmen gefühlsmäßigen Tönung steht. Computertechnisch gesprochen ist das Säugetiergehirn der Sitz von Programmen für Standardsituationen.

Der Neocortex

Der Neocortex sitzt direkt unter der Schädeldecke und ist nicht nur der größte, sondern auch der entwicklungsgeschichtlich jüngste Teil des Gehirns. Seine Entwicklung begann mit einem explosionsartigen Wachstum vor etwa 50 Millionen Jahren, das *Jantsch* als »eines der dramatischsten Ereignisse in der Entwicklung des Lebens auf der Erde« bezeichnet. Der letzte Wachstumsschub erfolgte erst vor etwa 100 000 Jahren. Der Neocortex ist zwar nur 1,5 bis 4,5 Millimeter dick, verfügt aber über eine Fläche von rund 1000 Quadratzentimetern und enthält rund 70 Prozent aller Nervenzellen. Diese sind alle untereinander verkabelt und dienen offensichtlich der internen Datenverarbeitung. *Ornstein* vergleicht den Neocortex mit einer in sich gefalteten Steppdecke, die nur deshalb gefaltet ist, damit der Kopf möglichst klein bleiben kann.

Wir sind Gehirnflüchter

»Unser Kopf muß klein sein, um durch den engen Geburtskanal hindurchkommen zu können. Aus diesem Grund müssen der Kopf, das Gehirn und auch der Rest von uns möglichst frühzeitig während der Entwicklung ›flüchten‹, und so werden wir mit einem ziemlich unentwickelten Gehirn geboren (es hat nur etwa 25 Prozent des Gewichts eines Erwachsenengehirns).« *(Ornstein)*

Im Neocortex befinden sich alle höheren geistigen Funktionen des Menschen, d. h. Sprache und Logik sowie sein gesamtes Vorstellungsvermögen. Außerdem treffen wir hier die Fähigkeiten zum Erkennen von Form und Gestalt sowie die zur Abstraktion und zum Arbeiten mit Modellen, Analogien und Mustern, also alle, die uns das Einprägen und Benutzen symbolischer Information erlauben. Damit ist einer der wichtigsten Schritte in Richtung auf die Dimension des Menschlichen getan: die Fähigkeit zur Loslösung von der äußeren Realität. In dieser Beziehung existiert sogar ein interessanter statistischer Zusammenhang: Je größer der Neocortex ausfällt, desto besser – oder dauerhafter – gelingt auch die Konstruktion interner Modelle der Außenwelt.
Auch das Sehzentrum (im Hinterhauptlappen), das motorische Sprachzen-

trum (vor allem im linken Stirnlappen) und das Hörzentrum (im Schläfenlappen) sowie das Langzeitgedächtnis sind im Neocortex angesiedelt. Hier sitzt wahrscheinlich auch das Selbstbewußtsein des Menschen sowie die Fähigkeit, sich zu seiner Umwelt in Beziehung zu setzen. Wendet man auch hier wieder die Computermetapher an, so kann man sagen, daß dies der Teil des Gehirns ist, der frei programmierbar ist. In ihm erfolgt der Vorgang des Lernens, und in ihm ist auch das Gedächtnis zu suchen.
Damit vereinigt der Neocortex alle Funktionen, die vorausschauendes Denken und Planen ermöglichen, und ist deshalb zukunftsbezogen. Fragt man sich, warum ausgerechnet der Neocortex des Menschen so schnell gewachsen ist, so lassen sich eine Reihe von Vermutungen aufstellen, die *Jerison* zusammengestellt hat und die wir hier in Anlehnung an *Vroon* wiedergeben. *Jerison* argumentiert folgendermaßen:

- Der Mensch stammt von Tieren oder von Hominiden ab, die sowohl auf Bäumen als auch in Savannen lebten. Das Leben auf Bäumen aber stellt hohe Anforderungen an die Tiefenwahrnehmung. Hierzu ist eine beträchtliche Menge an Hirnmasse vonnöten.
- Weiter hat diese Lebensweise Konsequenzen für die Motorik. Auf Bäumen muß man klettern können, in Savannen laufen und rennen. Für derartige Fähigkeiten sind verschiedene motorische Programme nötig, die alle Platz im Schädel erfordern. Hinzu kommt noch der Platz für die Feinmotorik. In der Tat ist ja die Vielfalt unserer Bewegungsmöglichkeiten erstaunlich. Als eine der wenigen Arten können wir sowohl laufen und rennen als auch klettern, springen und schwimmen.
- Drittens lebten die Hominiden in Gruppen. Das Erteilen von Warnsignalen verlangt dafür geeignete Strukturen im Gehirn.
- Viertens können visuelle Signale zwar auf offenen Flächen über große Distanzen funktionieren, nicht aber auf Bäumen. Um unter diesen Umständen doch kommunizieren zu können, muß man in der Lage sein, visuelle Wahrnehmungen in auditive Botschaften umzusetzen. Auch das verlangt eine große Leistung vom Gehirn, insbesondere von den Funktionen des Neocortex.
- Schließlich kann sich die Situation ergeben, daß einer den anderen warnen will, diesen aber im Augenblick nicht erreichen kann. Möchte er die Warnung nun zu einem späteren Zeitpunkt erteilen, benötigt er ein Gedächtnis.

MacLean vergleicht den Neocortex mit einem »ungeheuren neuronalen Bildschirm« sowie einem »herzlosen Computer«, in dem die visuellen, akustischen und taktilen Signale der Körperaußenseite und der äußeren Welt abgebildet werden.

***Die skurrile Geschichte des* Phineas Cage**

Im Jahr 1848 war der amerikanische Arbeiter *Phineas Cage* mit Tätigkeiten bei der Anlegung einer Bahnlinie betraut. Er bohrte ein Loch in einen Felsen, gab Schießpulver hinein und stampfte dieses mit einer 3 Zentimeter dicken Eisenstange fest. Da explodierte das Pulver vorzeitig. Die Stange drang unterhalb des linken Auges, zwischen Jochbein und Oberkiefer, in den Schädel ein, verletzte das linke Auge, stieß dann rechts oberhalb der Nasenwurzel ins Gehirn und flog oben an der Vorderseite des Schädels wieder hinaus. Zum Erstaunen aller erhob sich Cage und begab sich auf die Suche nach der Stange.

Nach seiner Genesung war der Patient äußerlich – bis auf das fehlende Auge – vollkommen normal. Er konnte hören, riechen, fühlen und sehen wie zuvor. Er sprach flüssig, konnte alles verstehen, und sein Gedächtnis arbeitete einwandfrei. Dennoch war er charakterlich nicht mehr wiederzuerkennen. Vor dem Unfall liebenswürdig und verantwortungsbewußt, war er jetzt launisch und unberechenbar, verfiel in eine gotteslästerliche Sprache, war unsicher, hörte nicht auf die Ratschläge anderer und zeigte quasi vor niemandem mehr Respekt – ein vollkommen veränderter Mensch, ein gemütsarmer Menschenverächter, der nach dem Unfall, von seinem Arbeitgeber entlassen, noch zwölf Jahre mit durchbohrtem Kopf durch den Wilden Westen tingelte.

Das Gehirn von *Cage* diente vor ein paar Jahren den Psychologen *Hanna* und *Antonio Damasio* als Basis für eine Computerrekonstruktion. Das Forscherpaar wollte herausfinden, an welchen Orten die verlorenen Eigenschaften lokalisiert waren. Heute weiß man, daß es der vordere Stirnlappen, der Frontallappen war.

Die neueste Entwicklung des Neocortex besteht in der Ausbreitung des *Frontallappens*. Dieser – auch Assoziationscortex genannt – stellte lange Zeit ein großes Rätsel dar. Denn selbst bei massiven Verletzungen oder sogar bei seiner Entfernung zeigen die Betroffenen keinerlei merkliche Ausfälle. Sie können weiterhin sprechen, rechnen, schreiben, lesen und ihren Beruf ausüben. Auch ihr Intelligenzquotient sinkt nicht. Außerdem widerspricht es den Prinzipien der Evolution, einen Körperteil hervorzubringen, der überflüssig ist.

Der Frontallappen beherbergt also – zusätzlich zu den bekannten Funktionen wie Abstraktion, Planung und Voraussicht – die *sozialen* Fähigkeiten des Menschen: Altruismus, Empathie und Mitgefühl sowie zusätzlich noch die Fähigkeit zur Einsicht in innere Welten. Man weiß also heute, daß die Charakteränderungen des *Phineas Cage* einen *gehirnphysiologischen* Hintergrund hatten. Dies liegt darin begründet, daß im Frontallappen der Neocortex einen Zugang zu *allen* Bereichen des Gehirns besitzt. Hier werden sämtliche Verbindungen zwischen den einlaufenden Reizen und den bereits

vorher verarbeiteten Daten geknüpft, also zwischen Erinnerungen und neuen Informationen. Außerdem entstehen hier die Verbindungen zwischen Gefühl und Verstand.
MacLean vermutet nun, daß sich mit der zunehmenden Entwicklung des Frontallappens auch gleichsam biologisch ein immer vertrauensvolleres Gefühl des Menschen für seine Umwelt und seine Lebensführung entwikkelte, das es ihm letztendlich ermöglichte, sich immer mehr von den einschränkenden Automatismen des Reptiliengehirns zu emanzipieren.

Das Ideal: Der ganzheitliche Mensch

Seit den siebziger Jahren unseres Jahrhunderts ist der Begriff der Ganzheitlichkeit zu einem Schlagwort geworden, das immer wieder auch mit der Hirnforschung in Zusammenhang gebracht wird. Obwohl damit meistens eine Vernetzung der oben erwähnten *Hemisphären* gemeint ist, kann man den Begriff – schon allein, um zu verhindern, daß die Bedeutung des Reptilien- und des Säugetiergehirns für den Menschen heruntergespielt wird – auch auf das Zusammenspiel der drei Gehirne beziehen. *Teegen* faßt das Bild eines solchermaßen ganzheitlichen Menschen wie folgt zusammen:

Das ganzheitliche Gehirn
»So wird ein entwickelter, kreativer und gesunder Mensch im Kontakt mit den Erfahrungen und der Sprache aller drei Gehirne leben, er wird sowohl seine Bedürfnisse nach grundlegender Sicherheit befriedigen als auch Zugang zu seinen Gefühlen, Antrieben, Motivationen sowie zu seinem abstrakten Denken und Handeln haben – und er wird sowohl die verbale Sprache als auch die Ausdrucksmöglichkeiten der Körpersprache verstehen und benutzen.«

Wie wichtig das Zusammenspiel der drei Gehirne ist, läßt sich am Beispiel von Menschen mit psychosomatischen Störungen erkennen. Diese neigen nämlich nach *Teegen* dazu, den Kontakt zu einigen Funktionen der beiden älteren Gehirne abzubrechen. Das hat zur Folge, daß sie dann nicht mehr in der Lage sind, das, was in diesen beiden Teilen geschieht, über das Sprachvermögen des Neocortex zu verbalisieren. »Das bedeutet unter anderem, daß sie Unsicherheit und Angst (...) gar nicht spüren und oft nicht angemessen für ein grundlegendes Gefühl der Sicherheit und Geborgenheit sorgen. Vielmehr versuchen sie, dieses durch rationale Kontrolle zu ersetzen. Durch diese Abspaltung der gefühlsmäßigen Wahrnehmung entwickelt sich vermutlich auch kein Zutrauen in die Einzigartigkeit ihrer individuellen Persönlichkeit und Ausdrucksfähigkeit, und da sie das Verbale, Sachliche,

Logische betonen, fällt es ihnen auch schwer, die nonverbalen Ausdrucksmöglichkeiten ihrer älteren Hirne zu würdigen und zu verstehen.«
Für den Redner hätte dies die Konsequenz, daß er Stimmungen im Publikum nicht mehr wahrnehmen und auffangen kann, daß er keine Sicherheit und kein Selbstbewußtsein mehr ausstrahlte und daß er größte Schwierigkeiten auf der mimischen und gestischen Ebene hätte.
Doch mehr noch als mit dem Zusammenspiel der drei Gehirne wird – wie gesagt – der Begriff der Ganzheitlichkeit verbunden mit der Vorstellung einer optimalen Kooperation der rechten und linken Gehirnhälfte. Was es damit auf sich hat, wollen wir im folgenden klären. Doch beantworten Sie vorher bitte noch – wenn Sie Lust haben – folgende 28 Fragen. Sie sollten sie auf jeden Fall mit »Ja« oder »Nein« beantworten. Ringen Sie sich bitte auch dann zu einer Entscheidung durch, wenn Sie nicht hundertprozentig zustimmen können. Ein »Ja« heißt dann einfach, daß die Frage *weitgehend* auf Sie zutrifft, ein »Nein«, daß sie weitgehend *nicht* auf Sie zutrifft. Schielen Sie bitte nicht nach unten auf die Auswertung; Sie tun sich damit keinen Gefallen ...

1. Haben Sie Geduld, und gehen Sie an eine Aufgabe von verschiedenen Gesichtspunkten heran, bis Sie schließlich eine Lösung erhalten?	☐ Ja	☐ Nein
2. Können Sie etwas gut in eher groben Zügen planen und beschreiben?	☐ Ja	☐ Nein
3. Bringen Sie gerne Ordnung in etwas, und achten Sie auf die richtige Reihenfolge?	☐ Ja	☐ Nein
4. Denken Sie im allgemeinen sehr logisch, und können Sie erkennen, warum sich andere Menschen auf eine bestimmte Art und Weise verhalten?	☐ Ja	☐ Nein
5. Können Sie ein paar Worte in mehreren Fremdsprachen sprechen?	☐ Ja	☐ Nein
6. Können Sie meistens die richtigen Worte finden, um Ihre Gefühle zu beschreiben?	☐ Ja	☐ Nein
7. Fällt Ihnen Kategorisieren und das Ordnen von Unterlagen leicht?	☐ Ja	☐ Nein
8. Sind Sie in Ihren Ansichten objektiv; versuchen Sie erst die Tatsachen zu erlernen, bevor Sie sich entscheiden?	☐ Ja	☐ Nein
9. Lieben Sie Puzzles und Wortspiele?	☐ Ja	☐ Nein
10. Finden Sie gerne den Sinn in einer Sache, die ohne Sinn erscheint; können Sie die Gedanken eines Menschen für einen anderen interpretieren?	☐ Ja	☐ Nein
11. Bevorzugen Sie Zahlen, Fakten in logischer Abfolge?	☐ Ja	☐ Nein
12. Bevorzugen Sie einen geordneten und übersichtlichen Arbeitsplatz/Studierplatz?	☐ Ja	☐ Nein
13. Haben Sie wenig Zeit?	☐ Ja	☐ Nein
14. Interessieren Sie sich für Technik und technische Lösungen?	☐ Ja	☐ Nein
15. Handeln Sie oft spontan, und sind Sie manchmal voreilig in Ihren Schlußfolgerungen?	☐ Ja	☐ Nein
16. Sind Sie ein Tagträumer, sind Ihre nächtlichen Träume wirklichkeitsnah und spannend?	☐ Ja	☐ Nein
17. Sind Sie an Musik, Malerei, Tanz und künstlerischen Ausdrucksformen interessiert?	☐ Ja	☐ Nein
18. Fehlt Ihnen das besonders gute Gefühl für Zeit?	☐ Ja	☐ Nein

19. Bilden Sie sich öfter aufgrund Ihres Gefühles ein Urteil als aufgrund von Fakten?	☐ Ja ☐ Nein
20. Haben Sie manchmal das Gefühl, etwas schon einmal gesehen oder erlebt zu haben – wie in einem anderen Leben?	☐ Ja ☐ Nein
21. Haben Sie häufig gewisse Ahnungen, und folgen Sie oft Ihrem Instinkt?	☐ Ja ☐ Nein
22. Sind Sie ein visueller Typ? Können Sie sich Orte am besten über Farben und Formen einprägen?	☐ Ja ☐ Nein
23. Weinen Sie leicht, sind Ihre Gefühle schnell verletzt?	☐ Ja ☐ Nein
24. Sind Sie romantisch, sind Schönheit und Luxus für Sie wichtig?	☐ Ja ☐ Nein
25. Denken Sie oft an Vergangenes?	☐ Ja ☐ Nein
26. Lernen Sie leichter durch Tun und direktes Beobachten?	☐ Ja ☐ Nein
27. Bezeichnen viele Ihren Arbeitsplatz/Studierplatz als chaotisch und ungeordnet?	☐ Ja ☐ Nein
28. Interessieren Sie sich für Psychologie und ganzheitliche Heilweisen?	☐ Ja ☐ Nein

- Zählen Sie nun bitte zusammen, wie viele von den Fragen 1–14 Sie mit »Ja« beantwortet haben.
- Dann zählen Sie bitte zusammen, wie viele von den Fragen 15–28 Sie mit »Ja« beantwortet haben.
- Tragen Sie nun das Ergebnis in das folgende Schema ein, indem Sie an der jeweiligen Punktemarke einen senkrechten Strich ziehen.

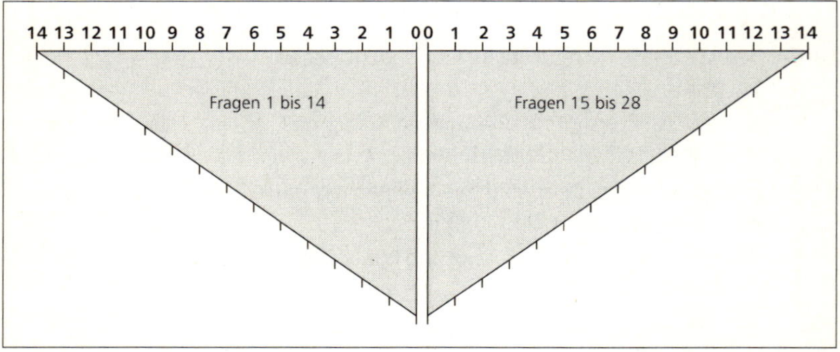

Es handelt sich bei diesem Test um einen sogenannten Hirndominanztest, den wir dem spannenden Buch von *Eggetsberger* und *Eder* entnommen haben. Mit ihm soll festgestellt werden, ob Sie eher ein linkshirnorientierter oder eher ein rechtshirnorientierter Mensch sind. Die ersten 14 Fragen geben Aufschluß darüber, inwieweit Sie Ihre linke Hirnhälfte gebrauchen, die Fragen 15 bis 28 beziehen sich auf den Gebrauch Ihrer rechten Hirnhälfte. Wenn eine Hirnhälfte stark dominiert (z. B. acht Punkte links zu drei Punkten rechts), dann weist das auf die Bevorzugung einer Hirnhälfte hin. Steht das Punkteverhältnis aber eher unentschieden (z. B. acht zu sieben Punkten), dann ist – vorausgesetzt, Sie haben alle Fragen »richtig« beantwortet – keine Aussage über eine Hirnhälftendominanz möglich. Die Autoren weisen allerdings einschränkend darauf hin, daß es sich bei diesem Test natürlich nur um eine Annäherung handeln kann. Um die Hirnhälftendominanz wirklich exakt bestimmen zu können, bedürfe es noch zusätzlich der Messungen des psychogenen Hirnfelds und seiner Reaktion auf Streß und Anforderungen.

Rechtes Hirn und linkes Hirn

Bereits den alten Ägyptern war aufgefallen, daß man bei geöffneter menschlicher Schädeldecke eine scheinbar gleichförmige Teilung des Gehirns in einen rechten und einen linken Teil erkennen kann, wobei der linke meist etwas größer ist als der rechte. Auch in der Antike – z. B. bei *Diokles von Karystos* – wird der Unterschied zwischen den Gehirnhälften erwähnt. Dennoch favorisierte man bis ins 19. Jahrhundert hinein eine Zentrenlehre in der Funktionsverteilung beider Gehirnhälften. So versuchten etwa noch um 1800 die sogenannten Phrenologen – der bekannteste ist *Franz Joseph Gall* – in ihrer Schädellehre, den Sitz einzelner psychischer Fähigkeiten im Gehirn aufgrund von Schädelausbuchtungen zu bestimmen. Je ausgeprägter eine solche Ausbuchtung war, desto ausgeprägter – so dachte man – seien auch die ihr zugeordneten Fähigkeiten.

Die beiden Gehirnhemisphären

Erst im 19. Jahrhundert dann fiel Neurologen und Gehirnchirurgen auf, daß eine Verletzung der *linken* Hemisphäre die geistigen Fähigkeiten ihrer Patienten ganz anders beeinflußte, als dies bei Verletzungen der *rechten* Hemisphäre der Fall war. Eine Schädigung links war meistens mit dem Verlust der Sprache (oder doch zumindest mit dem Ausfall der verbalen Ausdrucksfähigkeit) sowie der Fähigkeit, zu rechnen und logisch zu denken, verbunden; eine Schädigung rechts beeinträchtigte dagegen die Bild- und

Raumerfassung sowie die Körpervorstellung der Patienten. Sie waren dann in der Regel nicht mehr in der Lage, sich ohne Schwierigkeiten anzukleiden oder altvertraute Gesichter den zugehörigen Personen zuzuordnen.
Doch erst im letzten Jahrzehnt gelang der Nachweis, daß es sich bei der beobachteten Zweiteilung des Gehirns nicht um eine schlichte Verdoppelung der Gehirnkapazität handelte, sondern daß in beiden Gehirnhälften sehr verschiedene Fähigkeiten der Wahrnehmung und Verarbeitung der Welt lokalisiert sind. Warum dies so ist, weiß bis heute niemand. Es wäre ja auch denkbar, daß alle Fähigkeiten des menschlichen Gehirns sich in *einer* »Kapsel« befänden. Andererseits ist selbst bei vielen Tieren eine Verdoppelung zu beobachten. So ist z. B. bei einigen Singvögeln lediglich eine Hälfte des Gehirns für das Singen verantwortlich. Und bei Affen ist, genau wie bei uns, die linke Gehirnhälfte in der Regel etwas größer als die rechte. Allerdings scheint – wie *Vroon* bemerkt – die Zahl der Organe im Körper sowieso ziemlich willkürlich zu sein: »Wir haben zwei Lungen, zwei Nieren, jedoch nur eine Leber und eine Bauchspeicheldrüse.«
Es waren vor allem *Joseph Bogen, Michael Gazzaniga* und *Roger Sperry*, die den Durchbruch in der Erforschung der beiden menschlichen Gehirnhemisphären schafften. *Sperry*, Nobelpreisträger für Medizin, durchtrennte bei Affen das Corpus callosum, einen Balken im Gehirn, der aus Millionen von Nervenzellen besteht und die beiden Hemisphären miteinander verbindet. Das Ergebnis war, daß die Tiere zwar weiterhin normal handelten, daß sie auch durchaus in der Lage waren, Neues zu lernen, daß jedoch die beiden Hemisphären des Affenhirns ein vollkommen unabhängiges Leben voneinander führten. Sie handelten gleichsam, ohne etwas voneinander zu wissen.
Da bereits seit längerem bekannt war, daß der *linke* Teil des Gehirns die *rechte* Körperhälfte steuert, kam man nun auf die Idee, zu fragen, was wohl

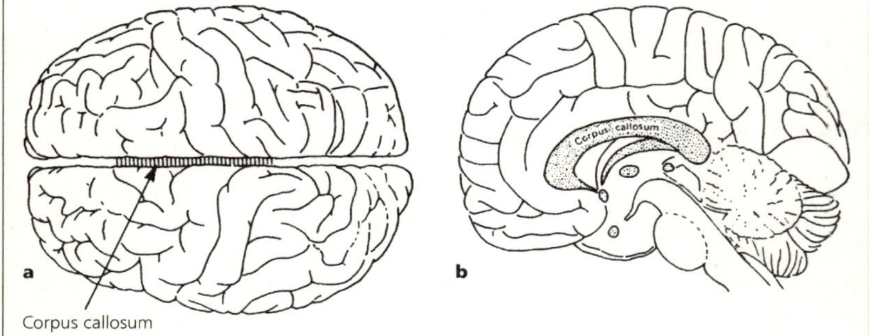

aus: Spinola/Peschanel

geschehen würde, wenn man einem Menschen, bei dem ebenfalls das Corpus callosum durchschnitten war, ein Bild zeigte, das er nur mit einem Auge sehen konnte? Da sich ein solcher Eingriff aus ethischen Gründen von selbst verbot, griff *Sperry* auf Epilepsie-Patienten zurück, an denen aus therapeutischen Gründen ein solcher Eingriff bereits vorgenommen worden war, um zu verhindern, daß die epileptischen Anfälle auf das ganze Gehirn übergreifen (warum das so ist, ist übrigens unbekannt). Das Ergebnis war verblüffend.

Bilder sieht man rechts
Obwohl alle Testteilnehmer durchaus in der Lage waren, mit der *linken* Hand Gegenstände zu ergreifen, die sie mit dem *linken* Auge gesehen hatten, fühlten sie sich außerstande, *Bilder* zu benennen, die sie ebenfalls mit dem *linken* Auge gesehen hatten. Wurden diese Bilder dagegen dem *rechten* Auge gezeigt, so hatten die Versuchspersonen keine Probleme.

Ein weiteres Beispiel: Wurde einem Patienten ein Gegenstand in die *rechte* Hand gegeben, so konnte er das Objekt auch *beschreiben*; nahm er es dagegen in die *linke* Hand, konnte er es nicht mehr definieren und begann zu raten. Wir erinnern uns: Linke Hand und linkes Auge werden von der *rechten* Gehirnhemisphäre gesteuert. Diese war also offensichtlich aktiv. Dennoch waren die Patienten nicht in der Lage, *sprachliche* Handlungen auszu-

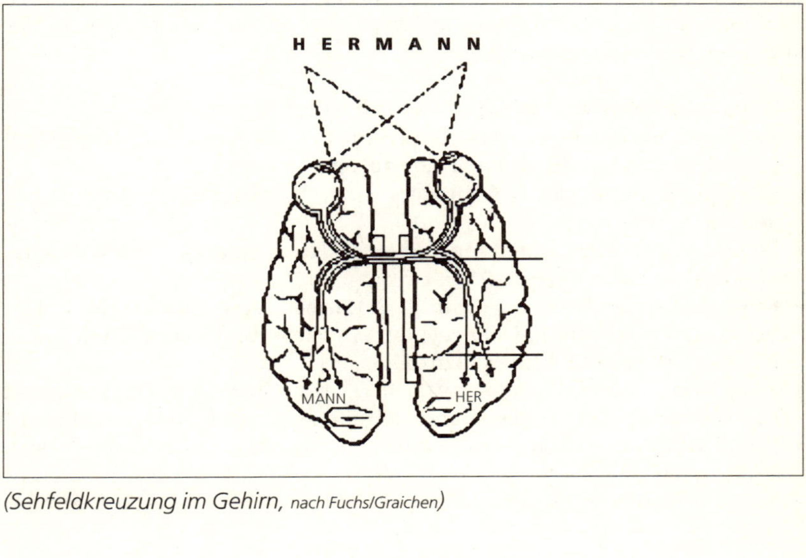

(Sehfeldkreuzung im Gehirn, nach Fuchs/Graichen*)*

führen. Das bedeutet: Obwohl sie in der Lage ist, Farben und Formen zu unterscheiden, bleibt die rechte Gehirnhemisphäre stumm.
Ein anderer interessanter Fall war folgender: Wurde einem Patienten der Name *»Hermann«* kurz aufgeblendet und befand sich dabei zwischen dem r und dem m ein senkrechter Trennstrich, so wurde das »Her« in der rechten und das »mann« in der linken Hemisphäre abgespeichert. Forderte man nun den Patienten auf, auszusprechen, was er gesehen hatte, so sagte er »mann«. Führte man ihn dagegen zu einer Wandtafel mit Wortfragmenten und bat ihn, auf das zu deuten, was er gesehen hatte, zeigte er auf »Her« (nach *Fuchs / Graichen*).

***Die Tragik des* Maurice Ravel**
Ein prominenter Fall ist auch der französische Komponist *Maurice Ravel. Ravel* litt auf dem Höhepunkt seiner Karriere so stark unter Störungen seiner linken Hirnhälfte, daß nicht nur sein Sprachvermögen gestört war, sondern auch das Niederschreiben von Noten und das Klavierspielen. Beides sind Funktionen, die wesentlich vom linken Teil des Gehirns gesteuert werden. Sein Musikverständnis (aus der rechten Hemisphäre) war jedoch völlig intakt: Spielte man ihm seine Kompositionen vor, so entdeckte er auch kleinste Ungenauigkeiten und konnte Rhythmus und Stil des Spiels gut beurteilen (nach *Spinola/Peschanel*).

Der allgemeine Eindruck, den Außenstehende von solchen sogenannten Split-Brain-Patienten erhalten, ist der, daß diese Menschen gewissermaßen im Streit mit sich selbst zu liegen scheinen. Dies zeigen auch die meisten der folgenden Untersuchungsergebnisse:

Wie manche Menschen im Streit mit sich selbst liegen

- Ein Mann zog mit der rechten Hand seine Frau liebevoll an sich und stieß sie gleichzeitig mit der linken Hand zurück.
- Ein anderer Patient zog sich mit der rechten Hand an und gleichzeitig mit der linken wieder aus.
- Wieder ein anderer schloß mit der einen Hand eine Tür und versuchte gleichzeitig, sie mit der anderen zu öffnen.
- Einer Patientin passierte es häufig, daß sie beim Anziehen mit der linken Hand eine Hose und mit der rechten ein Kleid aus dem Schrank nahm und dann versuchte, beides anzuziehen.
- Auch kam es vor, daß jemand versuchte, sich selbst mit der linken Hand zu verwunden, daß aber seine rechte Hand dies zu verhindern suchte.
- Es gab den Fall, daß ein Bein zu gehen anfing, während das andere noch stehenblieb.
- Manche Patienten sagten aus, vom Gefühl her sei ihr Selbst nur mit der

rechten Hand verbunden, während die linke sich anfühle, als gehöre sie einem Fremden.

- In einem Fall reagierte eine Patientin amüsiert-verlegen auf das Bild einer nackten Frau. Sie konnte allerdings nicht angeben, warum. Denn dazu hätte sie die Information der linken (= verbal fähigen) Hemisphäre benötigt (was durch die Operation nicht mehr möglich war).

Robert Ornstein, ein Mitarbeiter *Sperrys*, lieferte dann den physikalisch-organischen Beweis. *Ornstein* verglich die relativen Anteile von Alphawellen im Gehirn bei unterschiedlichen Tätigkeiten. Alphawellen treten immer dann auf, wenn die Informationsverarbeitung in einem bestimmten Teil des Gehirns weitgehend abgeschaltet ist, also etwa im Schlaf.

***Lechts und rinks velwechser ich nicht* (Ernst Jandl)**

Ornstein stellte fest, daß sich beim Versuch, sprachliche oder mathematische Aufgaben zu lösen (also bei logisch-analytischen Fragen und Rechenaufgaben), die Augen der Versuchspersonen nach *rechts* bewegten. Es reagierte also die *linke* Gehirnhemisphäre der Versuchspersonen. Bei Fragen zur räumlichen Orientierung (wenn es z. B. darum ging, farbige Muster zusammenzusetzen) bewegten sich die Augen der Versuchspersonen dagegen nach *links*, d. h., es war die *rechte* Gehirnhälfte involviert. In beiden Fällen kam es gleichzeitig zu einer *Entlastung* der jeweils anderen Hälfte, d. h., hier traten vermehrt Alphawellen auf.

Nach und nach kamen immer mehr Unterschiede zum Vorschein, die alle Unterschiede in der *Arbeitsweise* der beiden Gehirnhälften bedeuteten. So ist z. B. die linke Hälfte mehr auf die lineare, schrittweise *Analyse* von Prozessen kapriziert, die rechte mehr auf simultane oder parallele Verarbeitung, mithin mehr auf die *Synthese* von Information bedacht. Ferner stellte man fest, daß je nach Funktion der beiden Gehirnhälften auch bestimmte psychische und körperliche Zustände auftreten. So korrespondiert z. B. Zwangs*lachen* eher mit Verletzungen der rechten Gehirnhälfte, während Zwangs*weinen* mit Verletzungen der linken Gehirnhälfte einhergeht (*Springer / Deutsch*). Und noch etwas scheint sich anhand der Gehirnforschung zu bestätigen: *Sigmund Freuds* Unbewußtes.

Freuds *Triumph? Wir machen mehr Erfahrungen, als uns verbal zugänglich sind*

Betäubt man vorübergehend eine Hemisphäre (und setzt sie damit außer Kraft) und vermittelt dann der anderen Hälfte gewisse Erfahrungen, so weiß die betäubte Gehirnhälfte von nichts, wenn die Betäubung wieder abgeklungen ist. Das bedeutet: Es ist möglich, daß Menschen Erfahrungen gemacht haben, die sie auf der verbalen Ebene nicht mehr erreichen können, unter deren Einfluß sie gleichwohl aber stehen.

Weil wir als Kind noch nicht in der Lage waren, Erfahrungen in Form von Sprache zu speichern, reichen unsere Jugenderinnerungen selten oder nie bis vor das dritte Lebensjahr zurück. Bis zu diesem Zeitpunkt haben wir bereits eine Menge angenehmer und unangenehmer Situationen erlebt, die – wenigstens zum Teil – in der rechten Gehirnhälfte abgespeichert wurden und die von der linken Hemisphäre aus nicht zugänglich waren, weil sich bei Kindern die Querverbindungen erst spät entwickeln. Wenn es – wie *Joseph* behauptet – tatsächlich so ist, daß diese Erfahrungen auch im späteren Alter nicht nachträglich von der linken Hemisphäre aus abrufbar sind, dann ist es möglich, daß uns unsere Jugenderfahrungen ein Leben lang verfolgen können, ohne daß wir jemals dahinterkommen, was damals vorgefallen ist (alle Beispiele nach *Vroon*).

Was im übrigen geschieht, wenn eine Gehirnhälfte nicht richtig aktiv ist, zeigen folgende Beobachtungen:

Was bei Inaktivität einer Gehirnhälfte geschieht

- »Wenn z. B. die linke Gehirnhälfte nicht richtig aktiv oder durch Verletzung beeinträchtigt ist, führt dies zu Verstimmungen, Depression und Lustlosigkeit. Schon kleine Aufregungen führen zu Panik und Angst. Der gesundheitliche Zustand verschlechtert sich.
- Wenn die rechte Gehirnhälfte nicht richtig aktiv oder durch Verletzung beeinträchtigt ist, verändert sich das Verhalten ins Gegenteil – die Stimmung ist meist gut, optimistisch, positiv, locker; Unternehmungslust (bis Euphorie) herrscht vor, der gesundheitliche Zustand ist aufsteigend. Messungen zeigen, daß die hinteren Bezirke der rechten Gehirnhälfte stärker auf die Wahrnehmungen von Gefühlen spezialisiert sind« (*Eggetsberger / Eder*).

Heute weiß man jedoch auch – unter anderem durch die Arbeiten von *Peter Russell* –, daß die Annahme einer *kategorischen* Trennung der beiden Gehirnhälften nicht aufrechterhalten werden kann. Auch existieren mittlerweile Überlegungen zu einem »Multimind«-Konzept, das die Zweigleisigkeit der Rechts-links-Kategorisierung verläßt, um der Komplexität des Gehirns noch besser gerecht zu werden. Dennoch hält auch *Ornstein*, der Vertreter dieses Konzepts, die schematische Einteilung in rechts und links noch immer für »ziemlich nützlich und sinnvoll«. Bedingung ist allerdings, daß man nicht mehr von einem »linken« und einem »rechten« Hirn redet, sondern zugesteht, daß es sich hierbei lediglich um – allerdings deutlich erkennbare – *Dominanzen* handelt. Die beiden Gehirnhälften sind – so könnte man sagen – *spezialisiert*.

Wenn wir dennoch in der Folge ab und zu von rechtshirnigen und linkshirnigen Menschen sprechen (oder ähnliche gliedernde Ausdrücke gebrauchen), dann geschieht dies um der Einfachheit willen – gemeint ist immer die Gehirn*dominanz*. Und diese findet ganz von selbst das Interesse des Rhetorikers. Denn die weiteren Untersuchungen zeigten auch, daß die analytisch orientierte linke Gehirnhemisphäre das rationale Denken, die synthetisch orientierte dagegen unsere Gefühlswelt beherbergt. Wenn aber nun – wie geschildert – der *Gefühlswert* der Worte einen so großen Einfluß auf die Zuhörer hat, was liegt dann näher, als beim Reden darauf zu achten, daß die *rechte* Gehirnhemisphäre des Zuhörers angesprochen wird?

Schauen wir uns nun einmal die Unterschiede zwischen der linken und der rechten Hemisphäre im einzelnen an. Wir haben sie aus den vielen Tabellen zusammengestellt, die durch die einschlägige Literatur geistern.

Die beiden Gehirnhemisphären	
Die linke	*Die rechte*
• motorisch und sensorisch verbunden mit der rechten Körperhälfte, der rechten Hand, dem rechten Sehfeld	• motorisch und sensorisch verbunden mit der linken Körperhälfte, der linken Hand, dem linken Sehfeld
• verarbeitet und ordnet Informationen nacheinander (linear): erst A, dann B, dann C	• verarbeitet und ordnet Informationen gleichzeitig (simultan), dabei aber auch diffus
• speichert Sprache, Zahlen, Statistiken, Symbole, Fakten	• speichert Bilder, Charts, Analogien, Phantasien, Metaphern, Poesie
• ist zuständig für verbale Kommunikation: Sprechen, Lesen, Schreiben	• ist zuständig für die Handhabung von nichtverbalem Material, z. B. für die Körpersprache, aber auch für eine archaisch bildhafte Sprache; beherbergt die Fähigkeiten des Visualisierens und Phantasierens
• mit ihr lernen wir rechnen, schreiben und lesen	• mit ihr lernen wir malen, komponieren und dichten
• verwendet Wörter primär als Zeichen und verknüpft sie nach grammatischen Regeln	• ist empfänglich für die Bilder und den Klang der Wörter, hat nur eine begrenzte Syntax
• denkt begrifflich	• denkt bildlich
• beherbergt das Erinnerungsvermögen für komplexe Bewegungsfolgen	• beherbergt das Erinnerungsvermögen für komplexe Bilder
• registriert Einzelheiten: die Warze im Gesicht	• erfaßt Ganzheiten (komplexe Bilder): das ganze Gesicht
• merkt sich den Namen von Personen	• merkt sich das Gesicht von Personen

Die linke	*Die rechte*
• leistet das Verständnis für technische Texte	• leistet das Verständnis für literarische (künstlerische, poetische) Texte
• zergliedert die wahrgenommene Welt und alle Informationen in überschaubare und benennbare Ausschnitte und Teile	• verbindet die wahrgenommene Welt und alle Informationen zu einem Gefüge von Ganzheiten
• kommuniziert über sensorische Wahrnehmung	• kommuniziert über kinästhetische Wahrnehmung
• erfaßt zeitliche Dimensionen	• erfaßt räumliche Dimensionen (Raum-Körper-Orientierungen, Körperbilder, Körperschemata)
• besitzt die Fähigkeit zu Analyse und Kategorisierung und ist dadurch in der Lage, aus verschiedenen Informationen das Trennende herauszuarbeiten; infolgedessen sind ihr Unterscheidungen besonders wichtig ➡ sie zerlegt	• besitzt die Fähigkeit zur Synthese und Spekulation und ist dadurch in der Lage, aus völlig verschiedenen Informationsgehalten das Gemeinsame herauszuarbeiten; infolgedessen sind ihr Verbindungen besonders wichtig ➡ sie fügt zusammen
• ist primär verantwortlich für die Logik	• ist verantwortlich für die Emotionen
• analysiert zeitliche Abläufe	• synchronisiert zeitliche Abläufe und Ereignisse, ist deshalb tendenziell »zeitlos«
• interpretiert Geschichten und Musik; ist eher Musikkritiker	• nimmt Geschichten und Melodien auf und »versteht« sie im emphatischen Sinne; ist eher Musiker
• sieht Ursachen und Wirkungen	• sieht Entsprechungen und Ähnlichkeiten
• verfügt über die Domäne der Abstraktion	• verfügt über die Domäne der Konkretion

Die linke	*Die rechte*
• führt mathematische Operationen auf dem Gebiet der Arithmetik durch	• löst komplexe mathematische Probleme auf dem Gebiet der Geometrie
• kommuniziert digital, stellt also keine Sinnbeziehung zwischen den Zeichen und dem Bezeichneten her	• kommuniziert analog, ist also in der Lage, unmittelbar sinnhafte Beziehungen zwischen Zeichen und Bezeichnetem zu entdecken (kann z. B. Bilderschriften gut lesen)
• weiß, »wie«	• entdeckt, »was«
• ist dominant	• ist subdominant
• lernt durch Pauken	• lernt durch Beobachtung und Spiel, geprägt durch das Verstehen von Analogien und Metaphern
• hat für die eigenen Motive und Geschichten eine rationale Erklärung	• ist bereit, die Welt auch in ihren Widersprüchen wahrzunehmen; nimmt deshalb auch die negativen Komponenten der eigenen Motive und Geschichten wahr
• steht hauptsächlich mit angenehmen Gefühlen in Beziehung und wird auch dann aktiv	• steht hauptsächlich mit unangenehmen Gefühlen in Beziehung und wird auch dann aktiv
• ist in der Lage, *bewußt* Verbindungen zwischen einzelnen Gedanken herzustellen	• erkennt Begebenheiten ganzheitlich, als Muster und Struktur
• Metapher: der Wissenschaftler	• Metapher: der Weise
• betrachtet die Welt unter mathematischem Aspekt	• betrachtet die Welt unter symbolischem Aspekt
• entspricht dem bewußten Ich; beherbergt Sekundärprozesse	• entspricht dem unbewußten Es; beherbergt Primärprozesse
• orientiert sich an der Zeit, setzt auf Historie	• orientiert sich am Raum, ist ewig und zeitlos

Die linke	*Die rechte*
• Objektebene	• Metaebene
• ist kontrolliert; versucht, Fehler und Risiken zu vermeiden; stellt Regeln auf	• ist ungeduldig, emotional, spontan und sprunghaft; spielt, liebt das Risiko; neigt dazu, Regeln zu brechen
• ist realistisch	• ist neugierig und phantasiert
• ist Objekt	• ist Subjekt
• ist konservierend	• ist divergierend
• ist diskret	• ist kontinuierlich
• denkt und handelt logisch, benutzt Argumente und arbeitet mit Beobachtung	• denkt und handelt figurativ, pocht auf Erfahrung und arbeitet mit Intuition
• verarbeitet Informationen bewußt	• verarbeitet Informationen unbewußt
• ist verständig und vernünftig	• fühlt und ist genießerisch

Sehen Sie hier noch einmal eine grafische Darstellung der Gehirndominanz
(nach Spinola/Peschanel)

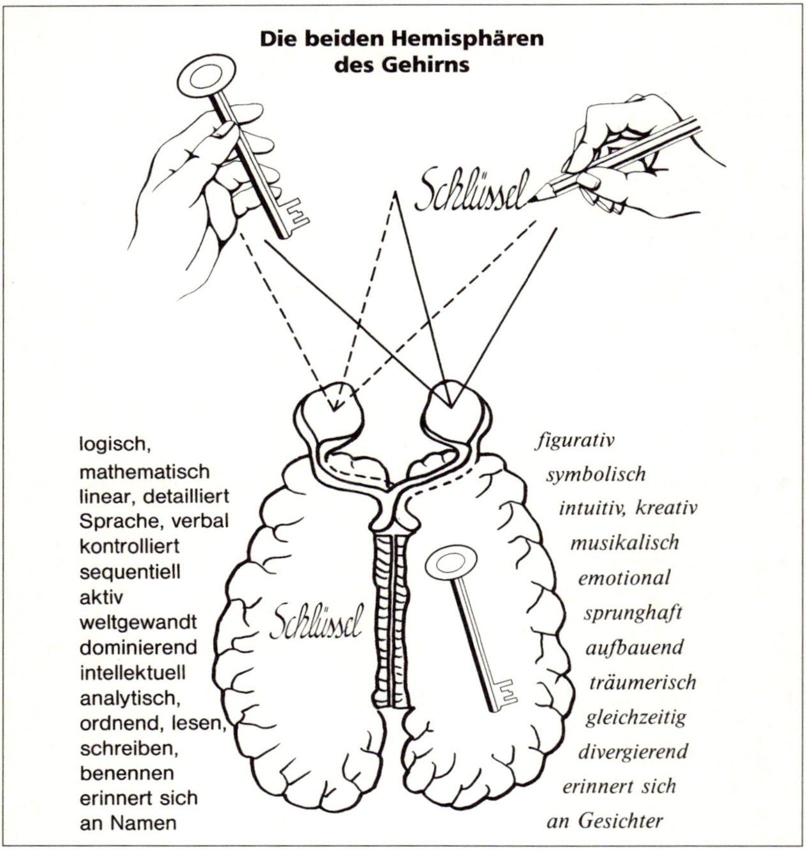

Das Dilemma eines Menschen der westlichen Industriegesellschaft besteht nun darin, daß er – wissenschaftsgeschichtlich in etwa datierbar auf das 16. bis 17. Jahrhundert – hauptsächlich darauf trainiert wird, linkshirnig zu denken. Damals sorgten Francis Bacon (1561–1626) mit seiner induktiven Methode sowie *René Descartes* (1596–1650) mit seiner radikalen Trennung von Geist und Materie dafür, daß der methodischen Rationalität des Denkens der Durchbruch gelang. Der Preis hierfür ist – bis heute – eine kulturelle Überbewertung linkshirniger Fähigkeiten.

Was unsere Erziehung falsch macht
»Unser Erziehungssystem oder ganz allgemein die moderne Gesellschaft wertet die Leistungsfähigkeit einer Hälfte unseres Gehirns ständig ab. Im gegenwärtigen Erziehungssystem richten wir nur geringe Aufmerksamkeit auf die rechte Hemisphäre, verglichen mit der Intensität, mit der wir die linke ausgiebig trainieren« (*Sperry*, nach *Stemme/Reinhardt*).

Allerdings sollte diese Tatsache (daß die linke Hälfte intensiver trainiert wird als die rechte) nicht darüber hinwegtäuschen, daß – vorausgesetzt, man akzeptiert die *Händigkeit* eines Menschen als Indikator für seine Hirndominanz – die Linkshirndominanz in den meisten Kulturen anzutreffen ist. Auch konnte eine ähnliche prozentuale *Verteilung* der Händigkeit sogar bei prähistorischen Menschen nachgewiesen werden (*Beaumont*). Andererseits sagt dies wiederum nichts über die kulturelle *Bewertung* der Hemisphären aus. Auch ist nur schwer zu entscheiden, ob es sich hierbei (auch) um das Ergebnis von Sozialisationsprozessen handelt. Fest steht lediglich, daß die Aufgabenverteilung zwischen den beiden Gehirnhälften erst nach und nach entsteht und erst ungefähr im Alter von zehn Jahren vollendet ist. Ferner wurde beobachtet, daß bei Kindern auch Beschädigungen von Funktionen einer Hemisphäre vollkommen durch die andere wieder ausgeglichen werden können. Es ist also nur verständlich, wenn Pädagogen und Psychologen die Erkenntnisse der Gehirnforschung bezüglich der Hemisphärendifferenzierung dazu verwenden, auf die mangelnde Förderung der rechtshemisphärischen Möglichkeiten in unserer Kultur und den einseitig linkshemisphärisch orientierten Unterricht an unseren Schulen zu verweisen.
Und in der Tat existieren seit ein paar Jahren in einigen Schulen vermehrt Anstrengungen, das »kreative« Potential der rechten Gehirnhemisphäre mehr in den Mittelpunkt der Aufmerksamkeit zu stellen – mit zum Teil überraschenden Effekten: Folgeuntersuchungen zeigen nämlich, daß immer dann, wenn viel Wert gelegt wird auf die praktische Beschäftigung mit Kunst, Musik und Literatur – also mit Inhalten, die eher *rechtshirnig* verarbeitet wurden –, sich auch die Leistung in den *linkshemisphärischen* Fächern wie Mathematik und den Sprachen verbesserte. Voraussetzung hierfür war allerdings eine Ergänzung der praktischen Tätigkeit durch theoretische Grundlagen.
Ablesbar ist die unterschiedliche Bewertung rechts- und linkshirniger Aktivitäten in unserer Gesellschaft auch an folgenden Überlegungen, die *Eggetsberger* und *Eder* anstellen:

Fehltritte der linken Hälfte werden anders bewertet als Fehltritte der rechten Hälfte

»Während die Blockierung der linken Hemisphärentätigkeit und der einseitige Ausdruck rechtshemisphärischer Aktivitäten, der sich in unlogischen und sogenannten psychotischen Verhaltensweisen zeigen kann, auf die Umwelt sehr alarmierend wirkt und relativ häufig durch soziale Ausgrenzung (etwa durch Einweisung in eine psychiatrische Klinik) beantwortet wird, erfährt die Blockierung der rechtshemisphärischen Bewußtseinsaktivität und die Überbetonung logisch-rationaler Verhaltensweisen keine entsprechenden sozialen Sanktionen.«

Welche *psychologischen* Unterschiede dagegen tatsächlich zwischen einem primär rechtshirnorientierten und einem primär linkshirnorientierten Menschen bestehen, zeigt die folgende Tabelle (nach *Eggetsberger/Eder* sowie *Birkenbihl*, erweitert):

Der Linkshirnige und der Rechtshirnige: Eine kleine Typologie	
Der Linkshirnige	*Der Rechtshirnige*
• Er denkt in Worten, also linear, Schritt für Schritt. Sein Zuständigkeitsbereich sind Logik und Grammatik der Sprache.	• Er denkt in Bildern und Analogien. Sein Zuständigkeitsbereich ist der Klang der Sprache, die Wortmalerei sowie die Körpersprache.
• Er sucht einfache Lösungen für komplexe Probleme und konzentriert sich dabei auf Details, läuft aber Gefahr, sich zu verzetteln. Sein Leitbild ist »die konkrete Aktion«.	• Er sucht die Synthese und behält auch dann den Überblick, wenn er die Details nicht (er)kennt. Sein Leitbild ist »die große Idee«.
• Da er immer eins nach dem anderen tut, muß er seine Konzentration immer auf einen Punkt richten – z. B. auf den Satz, den er gerade hört oder sagt.	• Da er holistisch denkt, hört er auf die Botschaft des Gesagten.
• Er kann rechnen und »wissenschaftlich« vorgehen.	• Er hat einen Sinn für Ästhetik, ist künstlerisch orientiert und kann Gedichte schreiben, Musik komponieren usw.
• Er ist zuständig für kausale (= formale) Logik, kann also logische Schlüsse aus Daten und Fakten ableiten.	• Seine Logik ist akausal. Er akzeptiert das Sowohl-Als-auch und denkt in Regelkreisen und Wechselwirkungen.
• Infolgedessen argumentiert er auch logisch und hat für alles eine Erklärung.	• Er argumentiert oft mit Gefühlen und Intuition und gibt auch schon mal zu, etwas nicht zu wissen.
• Auch sein Lernprozeß verläuft hauptsächlich in der Auseinandersetzung mit Fakten.	• Er lernt durch Aktion, Tun und Beobachten.
• Er erstellt Regeln und erkennt Gesetzmäßigkeiten. Hat er sie einmal erkannt, möchte er sich auch an sie halten.	• Er ist innovativ und kreativ. Regeln und Gesetzmäßigkeiten kümmern ihn wenig, d. h., er neigt dazu, sie zu sprengen und nach neuen Wegen zu suchen.

Der Linkshirnige	*Der Rechtshirnige*
• Er arbeitet exakt, voraussagbar, detailliert, konzentriert und korrekt.	• Er arbeitet spontan, intuitiv und sprunghaft.
• Er kümmert sich gerne um Bereiche, die in unserer westlichen Kultur für wichtig gelten. Je älter diese sind, um so lieber befaßt er sich mit ihnen.	• Er kümmert sich gerne um Dinge, die anderen (noch) fremd erscheinen. Hierbei hat er eine ausgezeichnete Antenne für Schwingungen, Trends, Zeitströme.
• Er hat nie Zeit und ist mit »Volldampf in den Herzinfarkt« unterwegs.	• Er versucht alle möglichen Therapien und bricht sie wieder ab.
• Er neigt zu Hypochondrie, lernt aber schnell, seinen Zustand zu verbessern.	• Er lernt langsam und oft qualvoll (für die anderen!), seinen Zustand zu verbessern.
• Er liebt es, Dingen Namen zu geben und ihnen Etiketten aufzukleben. Hat er sie so klassifiziert, betrachtet er die Angelegenheit bereits als halb gelöst. Mißlingt die Klassifizierung, ist er verunsichert.	• Es fasziniert und/oder amüsiert ihn, wenn er etwas nicht sofort versteht oder wenn er seine Erkenntnisse nicht in Worte fassen kann. Meistens vermag er es dann aber, sie poetisch zu umschreiben.
• Er haßt Unsicherheiten und unkalkulierbare Risiken und will am liebsten bereits vorher wissen, wohin es geht, was es kostet usw.	• Er liebt das Risiko und wird oft als chaotisch beschrieben. Er experimentiert gerne, auch wenn er keine Ahnung hat, wohin der Versuch führt.
• Er denkt und handelt primär vergangenheitsbezogen.	• Er denkt und handelt primär zukunftsbezogen.
• Er beherrscht meisterhaft die Wahrnehmung und Planung von Zeit.	• Er beherrscht meisterhaft die Wahrnehmung des Raumes und die Orientierung in ihm. Dies gilt sowohl für ihn selbst als auch für Objekte, ebenso für den inneren Raum, die Körperwahrnehmungen.

Der Linkshirnige	*Der Rechtshirnige*
• Sein primäres Schlüsselwort ist »Kontrolle«. Es macht ihn verrückt, wenn er etwas nicht versteht.	• Sein primäres Schlüsselwort ist »Lebensfreude«.
• Funktioniert etwas nicht, ist er nervös, unruhig, hektisch, überdreht, euphorisch.	• Funktioniert etwas nicht, ist er mit sich unzufrieden, depressiv, launisch, emotional schwankend.
• Er sucht immer nach Antworten, auch ohne die wichtigen Fragen zu kennen. Findet er keine, neigt er dazu, persönlich beleidigt zu sein. Dementsprechend haßt er Fragen, die er nicht beantworten kann.	• Er hat die Neugierde des Kindes und ist immer auf der Suche nach Fragen – auch dann, wenn dies unangebracht ist, z. B. bei Privatangelegenheiten.
• Er neigt zu selbstzerstörerischen Tendenzen und rechnet immer mit dem Schlimmsten.	• Da ihm jegliches Körpergefühl fremd ist, ignoriert er auch die Warnsignale seines Körpers.

Zusammenfassend läßt sich sagen:

- *Der linkshirnige Typ*, der dazu neigt, die Signale der rechten Gehirnhälfte zu überhören, löst seine Pobleme logisch, analytisch und Schritt für Schritt. Dabei bevorzugt er Zahlen und Fakten in möglichst logischer Abfolge. Ist er nicht sowieso Wissenschaftler oder Jurist, so sind seine Interessengebiete Technik sowie Finanz- oder Rechnungswesen. Entwikkelt er sich günstig, wird aus ihm ein hochkarätiger Spezialist mit ungeheurem Wissen in einem Bereich. Dieses Wissen bezeichnet man als »tief«. Entwickelt er sich jedoch ungünstig, so wird er zum »Oberbuchhalter«, der vor lauter Bäumen den Wald nicht mehr sieht.
- *Der rechtshirnige Typ*, der dazu neigt, die Signale der linken Gehirnhälfte zu überhören, löst seine Probleme intuitiv und mit Gefühl für »Ganzheit«. Er bevorzugt Konzepte, ist offen für Entwicklungen und interessiert sich für Musik, Kunst und Psychologie. Fast alle Künstler gehören dazu, aber auch viele Architekten. Bei günstiger Entwicklung wird aus ihm ein höchst kreativer Mensch mit einem ungeheuren Wissensspektrum. Entwickelt er sich dagegen ungünstig, dann wird er zum »Hansdampf in allen Gassen«, der es auf keinem Gebiet zu etwas bringt.

Wie oben bereits erwähnt, gelten diese Charakterisierungen – die linke Hemisphäre als analytisches Prinzip, die rechte hingegen als ganzheitliches zu beschreiben – nur für den typischen Rechtshänder. Bei Linkshändern dagegen liegt der Fall nicht einfach nur spiegelverkehrt, sondern sie weisen grundsätzlich eine weniger stark ausgeprägte Asymmetrie der beiden Hemisphären auf. Das gleiche gilt für Frauen. Zwar gehörte es immer schon zum »guten Ton«, Frauen wegen ihrer besser funktionierenden Intuition auch eine besser funktionierende *rechte* Gehirnhälfte zuzuschreiben, in der Regel trösteten sich jedoch die (meist männlichen) Wissenschaftler damit, daß bei Frauen dafür die *linke* Gehirnhälfte, die Domäne der Männer also, um so schlechter funktioniere.

Möglicherweise ist dieser Traum patriarchalischer Gehirne bald ausgeträumt. Bis vor kurzem war es nämlich nicht möglich, ein menschliches Gehirn quasi bei der »Arbeit« zu beobachten. Man war zwar in der Lage, über ein Elektroenzephalogramm (EEG) gewisse elektrische Aktivitäten an der Schädeldecke zu messen (so kann man z. B. feststellen, daß eine wache Person eine andere Spannung produziert als eine schlafende); diese Aktivitäten geben jedoch noch keinerlei Auskunft über die *biochemischen* Prozesse des Gehirns. Dies änderte sich schlagartig mit Erfindung der Positronen-Emissions-Tomographie (PET). Bei diesem Verfahren, bei dem bestimmte Markersubstanzen an die Glucose im Gehirn angekoppelt werden, kann man auf dem Computerbildschirm sehen, ob bei einer bestimmten Aktion eine Gehirnre-

gion aktiv ist oder nicht. Dabei ist es gleichgültig, ob es sich um das Hören von Musik, das Ansehen von Bildern oder Sprechen handelt.
Auf diese Weise konnten vor kurzem zum ersten Mal männliche und weibliche Gehirne bei der *Sprachproduktion* beobachtet werden. Hierbei ergaben sich ganz konkrete Unterschiede zwischen Männern und Frauen (nach: Reden und Rhetorik von A bis Z):

Frauen denken anders
Die Psychologen *Sally* und *Bennett A. Shaywitz* testeten an der *Yale*-Universität die Fähigkeit der Geschlechter, aus einer chaotischen Ansammlung von Wörtern Reimwörter zu erkennen. Dabei zeigte sich, daß Männer bei dieser Tätigkeit vor allem die linke Gehirnhemisphäre in Anspruch nehmen, Frauen dagegen *auch* die rechte. *Bennett A. Shaywitz*: »Das ist ein Unterschied im abstrakten Denken. Lesen ist ein Merkmal der menschlichen Intelligenz.«

Diese Entdeckung könnte auch erklären, warum hirnverletzte Männer oft länger an Sprachverlust leiden: Frauen halten ja offensichtlich noch eine Reserve bereit. Aber auch bei anderen, ganz normalen Denkaufgaben benutzen Männer ihre beiden Gehirnhälften anders als Frauen. So stellte sich etwa heraus, daß bei der Lösung von *Intelligenztests* Männer die linke und die rechte Hirnhälfte stärker aneinander koppeln als Frauen, bei denen beide Gehirnhälften wesentlich selbständiger arbeiten. Frauen gelangen deshalb auch des öfteren zu völlig anderen Testergebnissen. Die Forscher betonen jedoch, daß sie damit keinesfalls schlechter fuhren, sie benutzten nur andere Denkwege. Eine Ausnahme hierzu bildete das Musikhören (das ja auch eine Denktätigkeit darstellt). Hier war das Verhältnis umgekehrt.
Die Ergebnisse der Studien deuten auf einen Sachverhalt hin, der lange Zeit unterschätzt wurde und dem auch für den Redner eine große Bedeutung zukommt: Es kommt nicht so sehr darauf an, die eine oder die andere Hirnhälfte bis zur Perfektion zu trainieren (das machen unsere Schulen und Universitäten bereits zur Genüge – mit der linken Hälfte!), sondern es geht um Austausch, Interferenz und Zusammenspiel. Kreative geistige Leistungen – wie sie etwa auch in der Abfassung einer guten Rede gefordert sind – kommen immer dann zustande, wenn beide Hemisphären optimal miteinander *interagieren*.

Fairplay: Das Zusammenspiel von linker und rechter Hemisphäre

Erinnern Sie sich noch an *Beckenbauer*, *Kasparow* und *Toscanini*? Von ihnen hatten wir gesagt, daß es sich hierbei um Menschen handelt, die in einem sehr ausgeprägten Maße zur räumlichen und bildlichen Wahrnehmung

fähig sind bzw. waren. Aber auch sie sind bzw. waren auf die *Interaktion* von rechter und linker Gehirnhälfte angewiesen. So konnte man z. B. durch Messungen mit dem PET zeigen, daß bei Schachspielern zwar – wie geschildert – die *Muster* vergangener Stellungen in der *rechten* Hälfte gespeichert sind, die *Spielregeln* des Schachs befinden sich jedoch im *linken* Schläfenlappen (*Grafman*).
Eine ähnliche Arbeitsteilung gilt für alle Tätigkeiten. Betrachtet man z. B. einen Gegenstand, so verarbeitet die rechte Gehirnhälfte die visuellen Informationen wie Farbe, Struktur und Größe, während die linke Hälfte die gleichen Aspekte mit Begriffen und sprachlichen Konstruktionen belegt. So steuert jede Hälfte ihre speziellen Fähigkeiten dazu bei, den Gegenstand im wahrsten Sinne des Wortes zu erkennen – denn auch die begriffliche Zuordnung gehört zum Prozeß der Erkenntnis. Umgekehrt sind aber auch – um eine Formulierung *Kants* aufzugreifen – »Begriffe ohne Anschauung blind«. In diesem Sinne wird z. B. bei der Besprechung eines Gedichtes das Sprachverständnis der linken Seite ebenso benötigt wie das bildhafte Vorstellungsvermögen der rechten Seite. Das gleiche gilt für die Geometrie. Auch sie fordert sowohl die räumliche Wahrnehmung (rechts) als auch die sprachliche Umsetzung (links).
Rechte und linke Hälfte sind also bei ihrer »Arbeit« notwendig aufeinander angewiesen: »Man kann nicht entscheiden, ob die von der rechten Hirnhemisphäre erkannten Muster real oder imaginär sind, ohne sie der Prüfung durch die linke Hemisphäre zu unterziehen. Andererseits ist rein kritisches Denken ohne kreative und intuitive Einsichten und ohne die Suche nach neuen Mustern steril und hinfällig... Der Weg in die Zukunft führt durch den Balken« (*Sagan*). Es *kann* also – auch für einen Redner – gar nicht darum gehen, Bilder und Sprache gegeneinander auszuspielen. Die Kraft der Bilder und die Kraft der rationalen Argumentation sollen vielmehr synergetisch zusammengeführt werden. Dies ergibt sich bereits schlüssig aus der oben dargestellten Verteilung rechtshemisphärischer und linkshemisphärischer Fähigkeiten. Denn viele Ereignisse – so war dort zu sehen – werden sowieso in doppelter Codierung festgehalten: Von einer Begegnung behalten wir im Idealfall sowohl ein visuelles Bild als auch den Namen der Person. Allerdings gibt es bei der Reproduktion dieser Information eine eindeutige Präferenz. Denn das Gedächtnis, das ja bei jeder neuen Information zunächst gefordert wird, sucht *zuerst* nach einem Bild und *danach* erst nach dem dazugehörenden Wort, d. h., es wird zuerst die *rechte* Hemisphäre des Gehirns gereizt und dann erst die *linke*. Das bedeutet aber auch: Das analoge Denken geht dem digitalen immer voraus. »Wir erinnern uns normalerweise nicht in Wörtern, sondern in Bildern, inneren Bildern, die erst in einem späteren Stadium zu Wörtern werden« (*Svantesson*). Eine gute Beschreibung hierzu stammt von *Gregory Bateson*:

Die Zahl Fünf ist nicht fünfhaft

Bilder – sagt *Bateson* – sind analoge Informationen. Analoge Informationen aber haben die Eigenschaft, daß sie *von sich aus* verständlich sind. Zeigt man z. B. jemandem die fünf Finger seiner Hand, so wird jeder, gleichgültig aus welchem Sprachkreis er kommt, mit diesem Zeichen etwas anfangen können. Nennt man ihm dagegen die Zahl »Fünf«, so wird er diese Mitteilung nur verstehen, wenn er der deutschen Sprache mächtig ist. Mit anderen Worten: Digitale Informationen kann nur der verstehen, »der sie schon versteht«. Sie erklären sich nicht von selbst, sondern bedürfen noch mindestens einer Zusatzinformation oder einem adäquaten Erfahrungsschatz. Erst die analoge Information (in diesem Fall die Hand mit den fünf Fingern) veranschaulicht dem Betrachter, worum es geht – und zwar unabhängig davon, was der Adressat gelernt hat. Er könnte z. B. auch »cinque« oder »five« gelernt haben. *Bateson* drückt dies plastisch so aus: »Die Zahl *Fünf* ist ja nun nicht *fünf*-artig, ebensowenig, wie das Wort *Haus* uns an ein solches erinnert« (nach *Birkenbihl*).

Wie jedoch letztendlich die synchrone Speicherung von Bild *und* Sprache im Gehirn vonstatten geht, ist noch weitgehend ungeklärt. Denkbar ist z. B. auch, daß *beides*, also nicht nur die Sprache, in abstrakter Form festgehalten wird und je nach Bedarf in Bild bzw. Sprache rückübersetzt wird (*Weidenmann*). Denn auch rein sprachliche Informationen behalten wir in der Regel nicht wörtlich. Es findet vielmehr zunächst ein Vorgang der *Bedeutungszuschreibung* statt – und es ist der Sinn dieser Bedeutung, der dann gespeichert wird. Diese Unterscheidung ist äußerst bemerkenswert, denn wie *Gardner* zeigte, scheint es sich bei der Produktion von Wörtern und der Produktion von Bedeutungen um zwei gänzlich verschiedene verbale Talente zu handeln. So kann es z. B. passieren, daß man etwas mitteilen möchte, es aber einfach nicht kann, weil die *Wörter*, die einem einfallen, nicht die richtige *Bedeutung* wiedergeben. *Ornstein* bringt hierzu folgendes Beispiel:

Wörter und Bedeutungen sind nicht das gleiche
»Zum Beispiel erfordert der Satz ›Er bestrich die Scheibe heißen Toast mit Marmelade‹ keine großartige Analyse und Verständnisaktivität. Er wird automatisch analysiert und registriert. Aber stellen Sie sich den Satz vor: ›Er bestrich die heiße Toastscheibe mit Socken.‹ Dieser Satz ruft einiges an Gehirnaktivität hervor (...) Wir wissen natürlich, daß ›Socken‹ nicht den normalen Erwartungen entsprechen, die der Beginn des Satzes in uns weckt. Andererseits ist das Wort Socken nicht unbedingt ungebräuchlich. Das decodierende Modul ist gut in der Lage, eine Art Grundverständnis der einzelnen Worte zu liefern, das höhere ›Talent‹ wird aktiviert, wenn es um die Bedeutung dieses Satzes geht. Ein alltäglicheres Beispiel: ›Es ist aber heiß hier drin‹ hat wohl sehr unterschiedliche Bedeutungen, je nachdem, ob von einem attraktiven ›Objekt Ihrer Begierde‹ ausgesprochen oder ob es Ihr Vorgesetzter zu Ihnen sagt, wenn Sie für die Funktionstüchtigkeit der Klimaanlage zuständig sind.«

Wie dem auch sei, man kann sich die Kooperation der beiden Gehirnhälften wie eine gut funktionierende Partnerschaft vorstellen, bei der ›zur Not‹ – wie beschrieben – jeder Partner auch die Aufgaben des anderen übernehmen kann (*Russel*), bei der jedoch im Normal- und Idealfall die Partner jeweils entscheiden, wer eine anfallende Aufgabe erledigt. Das ist natürlich im Idealfall immer diejenige Hemisphäre, die dafür am kompetentesten ist bzw. die – wie *Blakeslee* es einmal ausgedrückt hat – »sich eher für eine Antwort ›zuständig‹ fühlt«. Und dies wiederum ist immer diejenige Seite, die für sich selbst die größeren Erfolgschancen sieht, wobei es offenbar so ist, daß sich die beiden Gehirnseiten gegenseitig kontrollieren. Hierdurch entsteht dann auf Dauer ein Hort von Erfahrungen mit gelungenen Problemlösungen, die die entsprechende Seite immer mehr stärkt. Menschen, bei denen diese »Optimierungsstrategie« einwandfrei funktioniert, beschreiben *Eggetsberger* und *Eder* als *Ganzhirn-Typ*.

Das Ideal: Der Ganzhirn-Typ

»Der Ganzhirn-Typ – der Ausgeglichene – ist zumeist unauffällig bescheiden. Ihm gehen die extremeren Ausprägungen, die hervortretenden charakteristischen Eigenschaften der starken Hirnhälftenbetonung ab. Er ist kreativ, denn Kreativität entsteht immer beim Einsatz aller geistigen Möglichkeiten: Logisches Denken – also Linkshirnaktivität –, aber auch Visionen und räumliches Denken – also Rechtshirnaktivität – sind nötig.«

Obwohl Frauen diesem Ideal näher kommen als Männer, weil bei ihnen die Querverbindungen grundsätzlich etwas besser entwickelt sind (was sich im übrigen auch daran zeigt, daß sie besser als Männer imstande sind, Gefühle in Worte zu fassen [*Moir* und *Jessel*]), geben die Autoren zu bedenken, daß »diese Fähigkeiten in einem untrainierten Menschen wenig koordiniert sind« (weshalb sie – nebenbei bemerkt – dafür plädieren, für Projektgruppen immer verschiedene Hirntypen auszuwählen), so daß der Regelfall wohl eher der ist, daß sich die eine Hemisphäre als Zensor gegenüber der anderen aufspielt. Dies ist natürlich nicht weiter schlimm, solange es sich dabei um die besser geeignete Seite handelt. Setzt sich jedoch bei bestimmten Aufgaben immer die schlechter geeignete Seite durch, ist die Konsequenz geradezu dramatisch. Denn »was als geringfügiger Nachteil beginnt, entwickelt sich nach und nach zu einem größeren Unterschied in Selbstvertrauen und Fähigkeiten« (*Blakeslee*).

Da es nämlich der unterlegenen Seite nun langfristig an Erfolgserlebnissen mangelt, zieht sie sich bei entsprechenden Aufgaben immer mehr zurück, d. h., sie wird immer unaufmerksamer und immer inaktiver. Hierdurch wiederum lernt sie natürlich auch immer weniger und wird mit der Zeit immer unfähiger zur Konkurrenz mit dem anderen Teil des Gehirns. Und am Ende zieht sie sich endgültig und ganz aus der Konkurrenzsituation zurück. Auch dies ist unter dem Blickwinkel partnerschaftlicher Aufgabenverteilung verständlich, denn »jede Partnerschaft, in der ein Partner sowohl still als auch unsichtbar ist, muß aus dem Gleichgewicht geraten« (*Blakeslee*).

Auf der anderen Seite läuft aber auch die zensierende Hemisphäre Gefahr, daß es aufgrund von Überlastungen dort zu Störungen kommt, die dafür sorgen, daß nun auch ihre Fähigkeiten nicht voll ausgereizt werden können. Eine typische Situation, in der das der Fall ist, ist die Verarbeitung von – subjektiv! – widersprüchlichen Wahrnehmungen. In diesem Fall wird die über den Balken verlaufende Interaktion zwischen den beiden Hemisphären schon allein deswegen blockiert, um der Person diese widersprüchlichen Wahrnehmungen zu ersparen. Das Ergebnis ist, daß sich zwar nun für die Person eine eindeutige Beantwortung der Situation ergibt, diese jedoch mit einer massiven Verfälschung der Realität erkauft wird.

Wie diese Verfälschung letztendlich aussieht, hängt natürlich davon ab, *welche* der beiden Hemisphären das Kommando an sich gezogen (und damit die Wahrnehmung der jeweils anderen ausgeschaltet) hat. War es die rechte, dann wirkt das Verhalten des Betreffenden eher impulsiv und unlogisch und dessen Sprache ist archaisch und übertrieben bildhaft; war es die linke, dann zeigt der Betreffende ein gehemmtes und zwanghaftes Verhalten, das sich durch eine Überbetonung des Logischen und ein Fehlen differenzierter Gefühle auszeichnet. Im ersten Fall würde man ihn wohl unter psychiatrischem Blickwinkel sehr schnell als psychotisch etikettieren, im zweiten Fall würde man bei ihm eine psychosomatische Krankheit vermuten (*Hoppe*).

Kopf-Kino II: Das Training der rechten Gehirnhälfte

Erinnern Sie sich noch an den Hirndominanztest? Mit seiner Hilfe hatten Sie ermitteln können, ob Sie eher ein linkshirn- oder eher ein rechtshirnorientierter Mensch sind. Ist das zweite der Fall, dann dürften Sie mit dem Reden in Bildern von Haus aus weniger Schwierigkeiten haben als Ihr linkshirniges Pendant – zumindest was die *Produktion* von Bildern angeht. Ob Sie diese dann auch sprachlich umsetzen können, ist natürlich eine andere Frage und zusätzlich an Fähigkeiten der linken Gehirnhälfte geknüpft, z. B. an Ihr *Wissen* über die Grammatik der Sprache und die Möglichkeiten *bewußten* sprachlichen Bildermachens, wie sie etwa im Einsatz von Redefiguren zum Ausdruck gelangen. Hierüber werden wir später noch mehr hören, doch ist dies zunächst Grund genug für uns, an dieser Stelle Ihre Aufmerksamkeit noch einmal kurz auf Ihre linke Gehirnhälfte zu fokussieren. Wir tun dies mit einer kleinen – von uns leicht modifizierten – Trainingsanleitung aus dem Ihnen schon bekannten Buch von *Eggertsberger* und *Eder*:

Trotz aller Dominanz: Das Training der linken Hirnhälfte

① Bringen Sie Ordnung in Ihr Leben. Setzen Sie sich realistische Ziele (mindestens drei). Planen Sie für die Zukunft.

② Bleiben Sie beharrlich bei dem einmal eingeschlagenen Weg.

③ Halten Sie Ihre Ziele weitestgehend geheim. Menschen mit starker Rechtshirnaktivität ziehen ähnliche Hirntypen an, stoßen hingegen den linkshirnigen Typ eher ab. Doch der rechte Gefühlstyp neigt, wie schon beschrieben, mehr zu Depressionen und Versagensangst. Er würde aus seiner Sicht der Dinge eher keinen Erfolg erwarten und Sie so mit Worten und Gestik entmutigen.

Kontrollieren Sie Ihre Sprache, und Sie werden bald bemerken, daß Sie so ganz leicht die Kontrolle über Ihren Geist gewinnen.

④ Bedenken Sie Gewalt der Sprache. Lösen Sie sich von Redewendungen, die einen Bezug zur Körperlichkeit ausdrücken (»Alles steigt mir zu Kopf«; »Etwas schnürt mir die Kehle zu«; »Alles schlägt mir auf die Nieren«; »Da läuft mir die Galle über«; »Ich dachte, ich krieg' einen Schlag«; »Ich bin vor Schreck wie gelähmt«).

⑤ Sprechen Sie nicht über Dinge, die Sie nicht wünschen und die Sie nicht erleben wollen. Sprechen Sie über Gesundheit, Wohlstand und Glück.

⑥ Vermeiden Sie unnötige, traurige und destruktive Themen. Gehen Sie nur ins Kino, wenn ein Lustspiel gegeben wird.
⑦ Lauschen Sie nur rhythmischer, freundlicher und aktivierender Musik.
⑧ Fördern Sie gute soziale Kontakte.

Der Körper beeinflußt den Geist. Verändern und straffen Sie Ihre Körperhaltung. Kontrollieren Sie Ihre Körperhaltung anfangs mindestens fünfmal am Tag, wenn nötig, öfter, bis Sie ständig aufrecht stehen oder sitzen und sich frei bewegen. Halten Sie Ihren Kopf gerade, und lächeln Sie.

⑨ Atmen Sie immer tief, langsam und gleichmäßig. Immer wenn Sie sich nervös oder ängstlich fühlen, sollten Sie mindestens fünfmal tief und fest ein- und ausatmen.
⑩ Betreiben Sie mehrmals in der Woche Sport oder Gymnastik, um Ihren Körper zu beleben. Besorgen Sie sich ein gutes Trainingsprogramm, oder noch besser, gehen Sie in ein Fitneßinstitut oder in einen Turnverein.
⑪ Üben Sie täglich fünf Minuten Kopfrechnen. Erhöhen Sie dabei langsam den Schwierigkeitsgrad der Rechenaufgaben.
⑫ Lesen Sie anspruchsvolle, mehr technische Literatur (weniger Romane).
⑬ Lernen Sie eine Fremdsprache.
⑭ Leben Sie täglich nach einem Plan, den Sie sich am Vorabend oder am Morgen punkteweise in Ihr Notizbuch schreiben.
⑮ Essen Sie nur, wenn Sie Hunger haben, und hören Sie auf, wenn Sie satt sind.
⑯ Suchen Sie den Kontakt zur Realität. Nehmen Sie eine kalte Dusche, machen Sie einen Spaziergang, einen Lauf, treiben Sie Sport, gehen Sie in eine Sauna, oder arbeiten Sie körperlich.
⑰ Suchen Sie die Gesellschaft heiterer Menschen. Gehen Sie ins Kino.
⑱ Erst wenn Sie sich wieder gefaßt haben, befassen Sie sich wieder mit Ihrem Ziel, und prüfen Sie, was Sie besser machen können.

Beginnen Sie nun wieder mit Ihrem Training von Punkt 1–18. Prüfen Sie, was Sie besser machen können, und vor allem, beschäftigen Sie sich intensiv und ohne Vorurteile mit linkshirnigen Menschen. Versuchen Sie, den Linkshirnigen zu verstehen, versuchen Sie, so zu fühlen wie ein Linkshirn-Dominanter. Versuchen Sie dies immer wieder, und Sie werden bemerken, daß eine neue Beziehung zum Andersdenkenden entsteht.

Das Prinzip der Visualisierung

Der Weg zur Wirklichkeit
geht über Bilder.
(Elias Canetti)

Im folgenden geht es jetzt nur noch um das Training der *rechten* Gehirnhälfte. Denn in Bildern reden zu lernen heißt für die meisten Menschen zunächst einmal, die vernachlässigte rechte Gehirnhemisphäre mehr ins Spiel zu bringen. Das Zauberwort hierzu heißt Visualisierung. Wenn Sie bei diesem Begriff spontan an Tagträume und Phantasien denken, dann liegen Sie im Prinzip genau richtig. Denn von der Seite der Wahrnehmung aus macht das Gehirn keinen Unterschied zwischen Tagträumen, Phantasien oder auch Halluzinationen einerseits und Erinnerungen und Gedanken andererseits. In beiden Fällen beruht der Effekt auf der Aktivität der etwa zwei Milliarden Neuronen, die wir in unserem Gehirn »beschäftigen«. Und diese Neuronen werden bei *jeder* geistigen (Bild-)Gestaltung aktiv, gleichgültig, ob es sich um ein reales oder um ein imaginäres Bild handelt.

Was Caspar David Friedrich _in unserem Gehirn auslöst_

So konnte etwa *Landauer* nachweisen, daß der Anblick der Landschaftsbilder von *Caspar David Friedrich* (1774–1840) in unserer rechten Gehirnhälfte die Produktion von entspannenden Alphawellen in Gang setzt. Hierbei – und das ist das eigentlich Interessante an *Landauers* Untersuchung – ist es völlig irrelevant, ob dem Betrachter eine Kopie oder ein Original vorgehalten wird. Und es kommt noch besser: Der gleiche Effekt tritt sogar dann auf, wenn der Betrachter sich das entsprechende Bild nur *vorstellt* (nach *Stemme/Reinhardt*).

Vergleichbar ist dieser Vorgang in etwa mit dem Hören von Musik. Auch hier ist es dem Gehirn im Prinzip gleichgültig, ob diese vom CD-Player oder aus dem Konzertsaal stammt: Die Wirkung im Gehirn ist immer die gleiche. Deshalb gilt: »Wenn jemand imstande ist, sich etwas bildlich als wahr vorzustellen, dann scheint ein Teil des Gehirns das nur vorgestellte Produkt als Wirklichkeit zu akzeptieren« (*Harmann/Rheingold*). Ohne diese Austauschbarkeit von Realität und Schein gäbe es keine Visualisierung, d. h., Visualisierung beruht im Prinzip auf der Gleichstellung von »echten« und »unechten« Bildern. Ein gutes Beispiel hierfür ist der oben geschilderte Traum *Kekulés*.
Physiologisch gesehen, ist die Produktion innerer Bilder lebensnotwendig. Denn wenn sie fehlen, reagiert unser Gehirn spontan mit Halluzinationen.

Marathonschwimmer z. B. produzieren während des Schwimmens aufgrund fehlender Sinneseindrücke Bilder, die wie auf einer Leinwand vor ihnen ablaufen. »Der Geist produziert aus Mangel an äußeren Bildern notgedrungen eigene Filme« (*Stemme / Reinhardt*). Das gleiche Phänomen tritt im übrigen auch bei Isolationshaft oder bei der Einnahme von LSD und Meskalin auf.

Stemme und *Reinhardt*, die sich viel mit der Psychologie des Sports beschäftigt haben, legen eine Liste von Sportlern vor, die sich mit Hilfe von Visualisierungen zu immer höheren Leistungen getrieben haben. Zu ihnen zählen auch die Weltklasseathleten *Muhammad Ali, Billie Jean King, Chris Evert, Jean-Claude Killy* und *Jack Nicklaus*. Von letzterem, einem amerikanischen Golfprofi, zitieren die Autoren folgenden Ausspruch über die letzten Sekunden vor einem Schlag: »Zuerst sehe ich den Ball da, wo ich ihn hinhaben will. Dann sehe ich ihn fliegen, danach wie und wo er landet. Jetzt kehre ich in die Realität zurück und führe den Schlag aus. Oft verläuft die Flugbahn tatsächlich so, wie ich es mir vorgestellt habe.« Auch Redner können von dieser Technik profitieren:

Wie John F. Kennedy _dabei helfen kann, ein guter Redner zu werden_

So berichtet z. B. der Psychologe und Managementtrainer *Robert Kriegel*, daß er seinen Klienten Videobänder vorführt, auf denen außergewöhnliche Redner zu sehen sind. Je öfter seine Klienten solche Redner sehen, um so eher gleichen sie sich deren Verhaltensweisen an. Das ist im Grunde genommen nichts anderes als Nachahmung; es ist aber auch *das Ersetzen äußerer Bilder durch innere. Kriegel* war auf diese Methode durch eine eigene Erfahrung gestoßen: Auf der Suche nach einem Verfahren, die eigenen Fähigkeiten als Redner zu verbessern, war er eines Tages auf die Idee gekommen, sich selbst im Geiste immer wieder an die Stelle seines großen Vorbilds *John F. Kennedy* zu setzen. Hierbei stellte er sich plastisch vor, er besitze ebenfalls dessen herausragende Rednereigenschaften. Dies habe ihm – so berichtet er (nach *Stemme/Reinhardt*) – viel dabei geholfen, »ein guter Redner zu werden«.

Es ist offensichtlich, daß die Fähigkeit zur Visualisierung, die in den voranstehenden Beispielen dokumentiert wurde, etwas damit zu tun hat, wie wir die Welt um uns herum wahrnehmen. Denn das Ersetzen äußerer Bilder durch innere – oder des Originals durch eine Kopie – setzt ja zunächst einmal voraus, daß wir das Original überhaupt erkennen. Denn es geht Ihnen ja als Redner nicht darum, Ihrem Publikum ein Phantasiegebilde zu präsentieren, das keinerlei Bezug mehr zur Realität hat, sondern darum, auf *andere* Art und Weise – nämlich bildhaft – diese Realität abzubilden. Aus diesem Grund sind Wahrnehmungsübungen der erste Schritt auf dem Weg zu bildhaftem Denken. Erste Vorstellungen hierzu haben Sie bereits kennengelernt, als es darum ging, den Grundriß der eigenen Wohnung aufzuzeichnen, sich der Einzelheiten eines 5-Mark-Stückes zu erinnern und eine Landkarte von Europa aus dem Kopf zu zeichnen. Um ähnliche Übungen geht es auch im folgenden. Aber machen Sie doch vorher vielleicht noch ein kleines Experiment; Sie brauchen dazu allerdings ein »Opfer«. Vielleicht befindet sich ja jemand in Ihrer Nähe, den Sie ansprechen können.

Wer weiß, wie seine Uhr aussieht?

Fragen Sie irgend jemanden, ob er Ihnen für eine kurze Zeit seine Uhr überläßt. Sobald Sie die Uhr in Händen halten, fragen Sie ihn nach folgenden Merkmalen:

- Welche Form hat die Ziffer »Sechs«? Handelt es sich um einen Strich, einen Punkt, eine römische Ziffer, eine arabische Ziffer?
- Welche Farbe haben die Ziffern?
- Und welche Farbe hat das Ziffernblatt?
- Was steht auf dem Ziffernblatt?
- Gibt es Punkte oder Striche für den Sekundenzeiger?
- Gibt es überhaupt einen Sekundenzeiger?
- Besitzt die Uhr kantige oder gerundete Ecken?
- usw.

Fragen Sie ruhig alle Merkmale ab, die Ihnen auffallen. Wenn Sie fertig sind, bieten Sie Ihrem »Opfer« an, die »Probe aufs Exempel« zu machen und seine Antworten mit der Realität zu vergleichen. Halten Sie dabei seine Uhr weiterhin in der Hand. Nachdem Sie beide festgehalten haben, welche Ihrer Fragen richtig beantwortet wurden, ziehen Sie die Uhr wieder aus dem Blickfeld Ihres »Opfers« und fragen es nach der genauen Uhrzeit.

Mit großer Wahrscheinlichkeit werden Sie beide – oft auch zur Überraschung des Uhrenbesitzers – festgestellt haben, daß einige Ihrer Fragen nicht richtig beantwortet wurden. Wahrscheinlich konnte Ihr Opfer auch Ihre Frage nach der genauen Uhrzeit nicht exakt beantworten, *obwohl er sich doch gerade intensiv mit seiner Uhr beschäftigt hatte*. Warum ist das so? Der entscheidende Knackpunkt liegt darin, daß unsere Aufmerksamkeit in höchstem Maße interessensgesteuert ist. Viele Menschen kennen das genaue Design ihrer Uhr nicht, weil sie immer, wenn sie sie anschauen, an der *Uhrzeit* interessiert sind und nicht am Design. Und als Ihr Opfer überprüfen sollte, welche seiner Angaben richtig waren, war es am Design interessiert und nicht an der Uhrzeit.

Das in der jeweiligen Situation nicht Interessierende wird also im allgemeinen aus der Wahrnehmung ausgeblendet. Das ist ein ganz natürlicher Mechanismus, der die Aufgabe hat, uns vor Überlastung zu schützen. Aber dieser Mechanismus hat bei vielen Menschen auch dazu geführt, daß sie nicht mehr fähig sind, Dinge und Situationen genau zu beobachten. Die folgenden Übungen sollen Sie nun dazu verleiten, in Zukunft genauer hinzuschauen. Sie sollen sich daran gewöhnen, möglichst viele Bilder in sich aufzunehmen (*Zielke* empfiehlt in diesem Zusammenhang sogar, das Zeichnen zu üben, vor allem das Zeichnen nach der Natur!). Außerdem sollen Sie Vertrauen entwickeln in Ihre vorhandene Fähigkeit, eigene Bilder zu erschaffen. Bereits nach den ersten Schritten werden Sie merken, daß Ihnen das Beschreiben immer leichter fällt. Die Vorschläge stammen aus *Birkenbihl, Gelb, Krämer / Walter* und *Zielke*.

Beobachten und Beschreiben

① Notieren Sie alle Gegenstände (Möbel usw.), die üblicherweise in einem bestimmten Raum stehen, den Sie derzeit nicht sehen. Vergleichen Sie Ihre Notizen anschließend mit der Realität. Machen Sie das gleiche mit den Geschäften einer Geschäftsstraße, die Sie vielleicht nicht jeden Tag, doch relativ häufig entlanggehen. Stimmt die Reihenfolge?

② Beschreiben Sie einen einzelnen Gegenstand, ähnlich wie in unserem Beispiel mit der Uhr! Vergleichen Sie im Anschluß wieder Ihre Notizen mit dem Original. Halten Sie genau fest, wieviel Ihnen entgangen ist. Vorschläge: Schrank, Tennisball, Eisbecher, Geldschein, Briefmarke, die Packung Ihrer Zigarettenmarke (Ihrer Lieblingsschokolade usw.), Ihren Fernseher.

③ Sehen Sie sich einige Sekunden bis eine Minute lang eine Schautafel in einem Nachschlagewerk an – versuchen Sie dann zu beschreiben, was Sie sahen. Weitere Vorschläge: Bilder aus Zeitungen, Zeitschriften oder Büchern.

④ Machen Sie vergleichende Beschreibungen: Beschreiben Sie zuerst Ihren eigenen Wagen, dann das Auto von Bekannten, zuerst die Fassade Ihres Hauses, dann die des Nachbarhauses usw. Was sind die entscheidenden Unterschiede?

⑤ Machen Sie Zeitreisen: Beschreiben Sie einen Strand aus dem vorigen Urlaub (von dem Sie natürlich entweder eine Ansichtskarte oder ein Foto oder einen Film besitzen müssen). Erinnern Sie sich an die Reihenfolge der TOPs einer bestimmten wichtigen Konferenz.

⑥ Beschreiben Sie Ihren Freund, Ihre Freundin, Ihre Frau, Ihren Mann, sich selbst.

Wiederholen Sie solche Übungen immer wieder mit verschiedenen Räumen, Gegenständen, Personen, bis Ihnen treffsichere Beschreibungen gelingen, die nichts übersehen. Verstärken Sie dabei kontinuierlich die Vorstellung Ihrer eigenen Perfektion, und verfeinern Sie nach und nach Ihre Visualisierungen. Denken Sie daran: All diese Bilder sind bereits, wie unzählige andere Bilder auch, in Ihrem Gehirn gespeichert. Sie müssen Sie nur *abrufen* und *benennen*.

Das Dreibein

Die größte Schwierigkeit beim Visualisieren besteht für die meisten Menschen darin, sich von der Dominanz ihrer linken Gehirnhälfte zu lösen. Machen Sie hierzu doch einmal folgendes Experiment, das wir dem lesenswerten Buch »Stroh im Kopf?« von Birkenbihl entnahmen.

Notieren Sie bitte zuerst Ihre genaue Startzeit: ______
Lernen Sie jetzt bitte folgenden Text auswendig:

> *Ein Zweibein sitzt auf einem Dreibein und ißt ein Einbein. Da kommt ein Vierbein und nimmt dem Zweibein das Einbein weg. Da nimmt das Zweibein das Dreibein und schlägt das Vierbein.*

Lesen Sie den Satz so oft, bis Sie ihn auswendig aufsagen können. Notieren Sie dann bitte wieder die Uhrzeit: ______
Beantworten Sie nun folgende Fragen:

- Wieviel Zeit haben Sie benötigt?
- Wie oft mußten Sie den Satz wiederholen, bis Sie ihn auswendig wußten?

Wenn Sie so reagieren wie die meisten Menschen, dann haben Sie versucht, die digitalen Zeichen des Textes (Buchstaben, Wörter) Ihrer linken Gehirnhälfte einzutrichtern – und damit mal wieder der rationalen Seite den Vortritt gelassen. Dabei wäre es weitaus erfolgreicher gewesen, Sie hätten es gemacht wie die meisten Kinder, die unbefangen ihre rechte Gehirnhälfte hinzunehmen und tatsächlich *Bilder* zur Unterstützung ihres Gedächtnisses erzeugen. Das kann jeder nachvollziehen, der einmal versucht hat, Kinder beim Memoryspiel zu schlagen. Während die Erwachsenen meist krampfhaft versuchen, sich eine Information nach der anderen zu merken (Die zweite Karte liegt in der dritten Reihe rechts oben), vertrauen Kinder ihrer Gestaltwahrnehmung und tippen immer wieder intuitiv auf die richtige Karte.

Und so sieht eine Bilderlösung aus: Ein Mensch sitzt auf einem dreibeinigen Hocker und ißt eine Hähnchenkeule. Da kommt ein Hund und nimmt dem Menschen die Keule weg. Da nimmt der Mensch den Hocker und schlägt damit den Hund.
Um sich von der Wirksamkeit dieser rechtshemisphärischen Lösung zu überzeugen, machen Sie doch einfach einmal im Freundeskreis das umgekehrte Experiment (nach einer Idee von *Fuchs / Graichen*).

»Bitten Sie . . . Ihre Freunde, einmal die Augen zu schließen (verbessert die Vorstellungskraft), mehrmals tief ein- und langsam auszuatmen (vertieft die Entspannung, und Entspannung hilft, die Hemisphären zu synchronisieren), und erzählen Sie ihnen nun langsam die Bildergeschichte mit Mensch, Schemel, halbem Hähnchen und Hund. Lassen Sie den Freunden Zeit, sich von allen Abschnitten ›ein Bild zu machen‹. Nun kann wahrscheinlich jeder auf Anhieb diesen Satz in der Urform (nur mit Beinen) wiederholen.«

Wieviel ist eins plus eins?

Eine weitere Möglichkeit, sich der Begrenzung und Blockade des eigenen Denkens durch den Knebel der linken Logik bewußt zu werden, fanden wir ebenfalls bei *Fuchs / Graichen*. Die beiden Autoren stellen folgende Gleichung zur Diskussion:

$$1 + 1 = ?$$

Die meisten Menschen werden nun wahrscheinlich spontan behaupten, die einzig denkbare Lösung sei »zwei«. Auf dem Hintergrund der aristotelischen Logik, der wir mit unserem naturwissenschaftlichen Verständnis immer noch verhaftet sind, ist das auch durchaus richtig. Allerdings spricht im Grunde genommen überhaupt nichts – außer vielleicht unsere Gewohnheit – dagegen, diese Gleichung auch einmal als Bild zu sehen für zwei Flüsse, die zusammenfließen. Die Lösung lautete dann:

$$1 + 1 = 1$$

Nun könnte ein Physiker aber auch hingehen und die Zahlen als Bild sehen für das Gegensatzpaar »Materie« und »Antimaterie« (die sich ja bekanntlich gegenseitig aufheben). Dann wäre die Lösung folgende:

$$1 + 1 = 0$$

Quadrate schätzen

Ein weiteres bekanntes Beispiel für das Gefangensein in digitalen Denkstrukturen stellt auch die folgende Figur dar. Beantworten Sie doch einmal spontan die Frage, um wie viele Quadrate es sich hierbei handelt: ______

Die meisten Menschen beantworten diese Frage, wenn sie unter Zeitdruck stehen, mit »sechzehn«: Sie sehen viermal vier Quadrate. Anschließend korrigieren sie sich und erhöhen auf »siebzehn«, weil sie erkannt haben, daß auch die umschließende Linie wieder ein Quadrat bildet. Erst dann erkennen sie, daß es innerhalb des Gebildes noch weitere Möglichkeiten der Quadratbildung gibt, und sagen, weil ihnen das Auszählen zu lange dauert, »viele«. Und das ist gar nicht mal so schlecht. Denn eigentlich ergibt – wie *Fuchs / Graichen* anmerken – »auch die Kreuzung zweier Quadrate bei näherem Hinsehen wieder ein Quadrat und so weiter«.

Gehirnjogging

Eine sehr gute Methode, bildhafte Assoziationen freizusetzen, besteht auch in dem, was man neudeutsch *Gehirnjogging* nennt. Es handelt sich hierbei im Grunde genommen um nichts anderes als um die bei manchen Menschen so beliebten Denksportaufgaben. *Vera Birkenbihl* hält solche Denksportaufgaben sogar für eine der besten Trainingsmethoden für die Aktivierung der rechten Gehirnhälfte, weil sie einen Prozeß *gezielter Neugierde* in Gang setzen. Gehirnjogging trainiert zwar fast ausschließlich das Kurzzeitgedächtnis, aber »erstens wird dort geschuftet, und zweitens ist es das Tor zum Gedächtnis« (*Hegman*).
Lernen Sie nun also einige Gehirnjogging- bzw. Denksportaufgaben kennen, die sich direkt an Ihr rechtes Gehirn wenden. Die Beispiele stammen von *Birkenbihl*.

① ***Das Armband***

- Sie besitzen ein Armband, das aus sieben Ringen besteht.
- Sie sind mit der Miete im Rückstand und werden erst in einer Woche zahlen können.
- Der Vermieter ist einverstanden, pro Tag einen Ring als Pfand zu akzeptieren, also jeden Tag einen Ring mehr zu erhalten.
- Damit das schöne Armband nicht allzusehr zerstört wird, nehmen Sie sich vor, nur einen einzigen Ring zu zerschneiden.
- Wie gehen Sie vor?

② ***Der Nußkuchen***

- Sie haben einen runden Nußkuchen für Ihre Gäste gekauft.
- Da Sie sieben Gäste erwarten, wollen Sie den Kuchen in acht gleich große Stücke teilen (sieben für die Gäste, eines für Sie selbst).
- Wie schaffen Sie dies mit nur drei Schnitten?

③ ***Die Billardkugeln***

Machen Sie sich keine Notizen. Gehen Sie so vor, daß Sie jeden Satz lesen, sich kurz die Situation vorstellen, dann den nächsten Satz lesen, sich die neue Situation vorstellen usw. (Oder lassen Sie sich die Aufgabe von jemand anderem vorlesen.)

- Stellen Sie sich eine weiße Billardkugel vor.
- Fügen Sie links von der weißen Kugel eine rote hinzu.
- Fügen Sie rechts von der weißen eine blaue hinzu.
- Fügen Sie rechts von der blauen eine gelbe hinzu.
- Schieben Sie die gelbe zwischen die rote und die weiße Kugel.
- Fügen Sie ganz rechts eine grüne hinzu.
- Tragen Sie jetzt in die nächste Zeile die Reihenfolge der Kugeln ein.

Lösung: ______________________________

④ ***Das zerstörte Treppenhaus***

In einem Haus mit fünf Etagen befinden sich folgende »Institutionen«:

- im Erdgeschoß ein Buchladen
- im 1. Stock eine Anwaltskanzlei
- im 2. Stock ein Massagesalon
- im 3. Stock ein Massagesalon, dessen Massagen die Krankenkasse nicht bezahlt
- im 4. Stock eine Zahnarztpraxis
- im 5. Stock ein Café für die Klienten der anderen Stockwerke

Frage: Welcher Knopf im Aufzug wird am häufigsten gedrückt, wenn das Treppenhaus kaputt und nicht mehr zu benutzen ist?

Lösungen

Aufgabe ①

Man zerschneidet den Ring Nr. 3. Dann gibt man in folgender Reihenfolge die Ringe an den Vermieter.

1. Tag: Ring Nr. 3. Es verbleiben die Ringe Nr. 1, 2, 4, 5, 6, 7.
2. Tag: Ringe Nr. 1 und 2, dafür Ring Nr. 3 zurück. Es verbleiben die Ringe Nr. 3, 4, 5, 6, 7.
3. Tag: Ring Nr. 3. Es verbleiben die Ringe 4, 5, 6 ,7.
4. Tag: Ringe Nr. 4, 5, 6 und 7. Ringe Nr. 1, 2 und 3 zurück. Es verbleiben: dieselben.
5. Tag: Ring Nr. 3. Es verbleiben Ring Nr. 1 und 2.
6. Tag: Ringe Nr. 1 und 2. Ring Nr. 3 zurück. Es verbleibt: derselbe.
7. Tag: Ring Nr. 3.

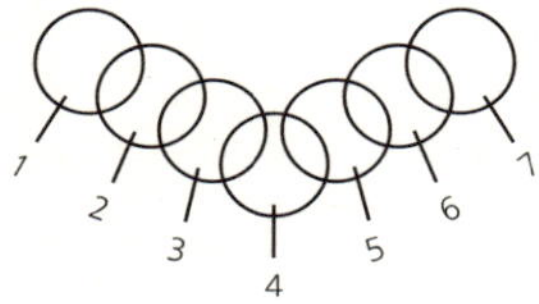

Aufgabe ②

Man schneidet den Kuchen zuerst quer durch. Dies ergibt zwei Stücke. Dann schneidet man ihn von oben noch einmal quer durch und erhält damit vier Stücke. Nun legt man alle vier Stücke übereinander und halbiert sie ebenfalls von oben. Ergebnis: acht Stücke.

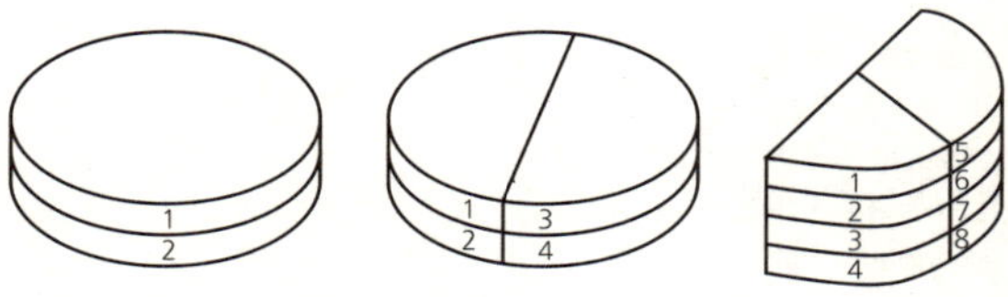

Die beiden nächsten Aufgaben brauchen nicht aufgelöst zu werden. Aufgabe 3 ergibt sich von selbst, wenn man sie richtig visualisiert, und bei Aufgabe 4 lautet die Antwort: Der Knopf für das Erdgeschoß. Vor allem diese beiden Aufgaben machen deutlich, daß die bildhafte Vorstellung die Lösung beschleunigt. Wer sich z. B. bildlich vor Augen führt, wie er im Aufzug steht und sich das Tableau mit den Knöpfen *ansieht*, der wird sich nicht so leicht von seinen Vorstellungen täuschen lassen, denn er *sieht* ja regelrecht, daß es noch einen weiteren Knopf gibt, der zwar in der Aufgabe nicht direkt angesprochen wurde, der jedoch zur Lösung gehört. Ähnlich wird es auch allen Menschen gehen, die man mit der Frage konfrontiert: »Wie viele Stühle befinden sich in Ihrer Wohnung?« Auch sie wären wohl restlos überfordert, wenn sie ohne bildhafte Vorstellungen auskommen müßten.

Wortgebundenes Denken

Im folgenden finden Sie zuerst eine leichtere und dann eine schwerere Aufgabe. Bitte gehen Sie in dieser Reihenfolge vor (nach *Ott*).

Übung 1

Setzen Sie in die Spalte »Lösung« je ein Wort ein, das mit den gegebenen vier Wörtern eine sinnvolle Wortverbindung eingeht. Das Lösungswort soll dabei die Worthälfte darstellen.

Beispiel:

Personal Vogel Seil Abfertigung

Lösung: Zug

				Lösung:
Essen	Programm	Anzug	Land	
Bogen	Wasser	Menge	Schutz	
Fall	Not	Wüste	Sucht	
Pflanze	Linde	Mann	Fenster	
Schuhe	Tür	Anzug	Nummer	
Speicher	Problem	Punkt	Spaltung	
Schrift	Lage	Gang	Lande	
Ball	Ballett	Führer	Glas	
Steuer	Recht	Fürst	Maus	
Arm	Futter	Wagen	Spender	
Arzt	Park	Schau	Freund	

Übung 2

Unter den vier Begriffen einer jeden Zeile befindet sich je ein Begriff, der logisch nicht dazugehört. Welcher ist es?

Beispiel:

fordern	heischen	verlangen	erhalten

Lösung: erhalten

				Lösung:
zahm	vertraglich	zart	friedlich	
aussagen	walten	gebieten	befehlen	
gefährlich	abenteuer-lich	riskant	bedrohlich	
hart	roh	tapfer	gefühllos	
übertreiben	betonen	hervorheben	unter-streichen	
eitel	aufgeblasen	hochmütig	übermütig	
weinen	jammern	verzagen	heulen	
mahnen	anhalten	erinnern	erkundigen	
verrechnen	vergessen	irren	täuschen	
schwach	schmal	schlank	rank	
seltsam	sonderbar	unwichtig	eigenartig	
trostlos	zerstört	öd	trist	
krank	steif	starr	leblos	
ewig	endlos	zeitlos	langsam	
angesehen	ehrlich	namhaft	geachtet	
anleiten	beraten	aufnehmen	belehren	
übertrieben	überheblich	anmaßend	vermessen	
aufführen	behalten	benehmen	verhalten	

Das Was-wäre-wenn-Spiel

Eine ganz hervorragende Übung, um sich gleichsam als bilderproduzierendes Medium zu betätigen, ist das Was-wäre-wenn-Spiel. Dieses Spiel war vor einigen Jahren in bestimmten Studentenkreisen ausgesprochen beliebt als eine Art gruppendynamisches Psychospiel. In diesem Fall wurden die zu erratenden Dinge einfach durch konkrete – selbstverständlich im Raum anwesende – Personen ersetzt. Wenn Sie das Spiel gleich kennengelernt haben, können Sie ermessen, welche Brisanz in dieser Variante des Spiels liegt – wobei das Ergebnis natürlich sehr stark abhängig war von den visuellen Fähigkeiten des Mediums. Das war diejenige Person, die sich von allen anderen nach dem unten stehenden Verfahren befragen lassen mußte, ohne zu sagen, welche der anwesenden Personen sie sich als ihre Projektionsfläche ausgesucht hatte.
Doch nun zum Spiel, dessen Effekt eindeutig in der Aktivierung der rechten Hirnhälfte liegt. Sie machen es dann richtig, wenn Sie nicht gleich versuchen, die allerbeste Lösung zu finden. Das würde Ihre Phantasie nur unnötig einengen. Außerdem dauert das Spiel dann viel länger, was eigentlich gar keinen positiven Effekt für seinen Ablauf hat. Denn Ziel ist es, eine möglichst schnelle – und natürlich bildhafte – Assoziation freizusetzen.
Die Aufgabe besteht darin, sich mit der Fragestellung »Was wäre, wenn ...?« eine bestimmte Situation vorzustellen bzw. bestimmten Subjekten oder Objekten eine Eigenschaft zuzuordnen. Wenn Sie z. B. fragen: »Was wäre mein Chef, wenn er ein Auto wäre?«, dann ist es etwas völlig Verschiedenes, ob jemand darauf antwortet »ein LKW« oder ob er sagt »ein Sportwagen«. Ein vorzügliches Beispiel dafür, wie die »Ergebnisse« eines Was-wäre-wenn-Spiels in einer Rede eingesetzt werden könnten, lieferte uns nach der Wende *Ulrich Stock*, als er in der »Zeit« ein Dossier über die Bild-Zeitung mit folgenden Worten eröffnete.

Was wäre die Bild-Zeitung für ein Haus?
»Wenn die deutschen Zeitungen zusammen eine Stadt bildeten, dann wäre die *Frankfurter Rundschau* das Gewerkschaftshaus, die *FAZ* der Haus-und Grundeigentümerverband, die *Welt* das Polizeirevier und die *taz* der Abenteuerspielplatz. Der *Spiegel* wäre der Schlachthof, in dem sachlich das Nötige geschieht, und der *Stern* das Museum, in dem die dröge Siebziger-Jahre-Ausstellung Jahr um Jahr verlängert wird. Die *Bild*-Zeitung aber wäre ein Jahrmarkt. Mit Schießbuden, Achterbahnen, Gruselkabinetten, Fischbrötchen, Handlesen und Hau-den-Lukas. Es wäre ein Riesen-Volksfest, mit einmal die Woche Feuerwerk, rot und gold in schwarzer Nacht strahlte es über die ganze Stadt.«

Besser kann man es eigentlich nicht machen. Die Bilder stimmen, sind plastisch und lösen auch im Zuhörer wiederum Bilder und Assoziationen aus. Und hier kann man davon ausgehen, daß sie genau die Assoziationen auslösen, die vom Autor gewollt sind. Ein Volltreffer also. Lesen Sie also jetzt die Spielanweisung, und schauen Sie einmal, ob Sie ebenso treffend visualisieren können. Haben Sie keine Angst vor ungewöhnlichen Bildern.
Im folgenden sind zwei Gruppen von Wörtern einander gegenübergestellt: In den Zeilen finden Sie die Namen derjenigen Dinge und Personen, die Sie beschreiben sollen (= x); in den Spalten finden Sie die Begriffe, die darstellen, als was etwas visualisiert werden soll (= y).

Aufgabe: Verknüpfen Sie jeden Begriff einer Zeile (x) mit jedem Begriff einer Spalte (y) nach dem Motto: »Was wäre x, wenn er/sie/es ein y wäre?«

Beispiel: Gegeben: Köln
Mögliche Lösung: Tier: Katze; Pflanze: Tulpe; Musikart: Choral; usw.

	Tier Pflanze Buch	Fahrzeug Spielzeug Werkzeug	Möbelstück Kleidungsstück Musikinstrument	Farbe Getränk Speise
Paris				
ein Computer				
die Sonne				
Willy Brandt				
dieses Buch				
mein letzter Urlaub				
mein(e) Partner(in)				
mein Hobby				
mein Lieb-lingsautor				
meine Wohnung				
mein Beruf				

Die Beispiele lassen sich beliebig fortsetzen, und der Phantasie sind hier keine Grenzen gesetzt, sowohl, was die Auswahl der Subjekte/Objekte, als auch, was die zu suchende Kategorie angeht. Sie können also das Spiel immer wieder spielen. Nebenbei bemerkt: Es eignet sich hervorragend dazu, Image und Erscheinungsbild eines Unternehmens zu testen. Motto: Was wäre meine Firma für ein Fahrzeug? Ein alter rostiger Käfer? Oder ein Traktor? Eine Familienkutsche? Ein Cabriolet? Fragen Sie einmal Ihre Mitarbeiterinnen und Mitarbeiter!

Visualisierungstips für die Vorbereitung von Reden

- Orientieren Sie sich an Vorbildern. Suchen Sie sich Redner aus, die Sie als vorbildlich empfinden (denken Sie an das Beispiel mit *John F. Kennedy*). Nutzen Sie jede Gelegenheit, von solchen Meistern der Selbstdarstellung und Redekunst zu lernen.
- Entspannen Sie sich. Ihre Visualisierungen haben dann eine tiefere Wirkung. Deshalb ist es ratsam, eine kurze Entspannungsphase vorangehen zu lassen. Sie können es sich auch angewöhnen, die Zeit nach dem Aufwachen und vor dem Einschlafen für Visualisierungsübungen zu nutzen.
- Achten Sie bei der Vorbereitung auf alle Eingangskanäle. Gebrauchen Sie alle Ihre Sinne für die Visualisierung eines eindrucksvollen Vortrags; stellen Sie sich das Gefühl der Füße auf dem Boden, den Anblick der Zuhörer, die Geräusche im Saal usw. vor. Je lebendiger Ihre Vorstellung ist, desto nachhaltiger ist auch das Ergebnis.
- Denken Sie positiv. Stellen Sie sich vor, wie Sie ruhig, selbstsicher und eindrucksvoll, gelassen und zuversichtlich Ihren Vortrag präsentieren. Visualisieren Sie sich als Redner, der von Mal zu Mal besser wird. Die Vorstellung, etwas gut zu machen, programmiert das Gehirn auf Erfolg (nach *Gelb*).

Allgemeine Empfehlungen

Zum Schluß dieses Kapitels wollen wir Ihnen aber nicht vorenthalten, was Eggertsberger und Eder als Training der rechten Hirnhälfte empfehlen. In der Gegenüberstellung mit dem eingangs genannten Training der linken Hälfte erhalten Sie so noch einmal einen guten Überblick über die spezifischen Fähigkeiten der Gehirnhemisphären:

Das Training der rechten Hirnhälfte

① Vor allem: Lassen Sie sich Zeit!

② Erlernen Sie eine Muskelentspannungstechnik (z. B. progressive Muskelentspannung nach Edmund Jacobson, Elektromyogrammfeedback-[EMG]-Training etc.).

③ Erlernen Sie danach eine Entspannungstechnik (z. B. Selbsthypnose, autogenes Training, Meditation, Yoga und ähnliches).

④ Hören Sie in Ruhe Musik, gehen Sie öfter in Kunstveranstaltungen, Ausstellungen. Besuchen Sie Museen. Wandern Sie mindestens einmal pro Woche längere Zeit durch die freie Natur.

⑤ Beobachten Sie die Menschen in Ihrer Umgebung mehr.

⑥ Lernen Sie ruhig und gleichmäßig zu atmen.

⑦ Betreiben Sie mehrmals in der Woche Sport oder Gymnastik, um Ihren Körper zu beleben, besorgen Sie sich ein gutes Trainingsprogramm. Gehen Sie in einen Turnverein, absolvieren Sie Ihre Turn- und Gymnastikübungen, wann immer es möglich ist, unter freiem Himmel. Wichtig: Ruhen Sie sich nach Ende Ihrer sportlichen Aktivität längere Zeit (mindestens 15 Minuten) aus. Genießen Sie die Ruhe, das Leben, entspannen Sie sich tief.

⑧ Essen Sie nur, wenn Sie Hunger haben und wenn es Ihnen schmeckt. Hören Sie auf, wenn Sie satt sind.

⑨ Machen Sie sich öfter eine kleine Freude, kaufen Sie sich auch einmal etwas Unnötiges.

⑩ Lassen Sie Ihre Arbeit in der Firma. Genießen Sie den Feierabend oder Urlaub. Gegebenenfalls suchen Sie sich ein Hobby, vorzugsweise ein handwerkliches oder künstlerisches.

⑪ Üben Sie Zeichnen unter Umgehung der linken Hirnhälfte. Die Kunsterzieherin Betty Edwards rät die nachfolgende Methode: Nehmen Sie eine einfache Zeichnung, z. B. das Bild einer Person. Stellen Sie diese auf den Kopf, und beginnen Sie, das auf dem Kopf stehende Bild nachzuzeichnen. Unter normalen Bedingungen ist Zeichnen eine Fähigkeit der rechten Hemisphäre. Wenn diese Gehirnhälfte alleine arbeitet, produziert sie auch bei ungeübten Erwachsenen sowie bei Kindern sehr anschauliche Zeichnungen. Die meisten Menschen aber erhalten nicht die Gelegenheit, ihre Talente zu entfalten. Die analytische, verbale linke Gehirnhälfte – der es an künstlerischen Fähigkeiten mangelt – greift störend ein. Die Quelle dieser Störung liegt in der natürlichen Neigung, ein Bild oder eine Szene zu benennen, zu berechnen und zu analysieren, bevor man es malt.

⑫ Lernen Sie, Ihren Gefühlen auch körperlichen Ausdruck zu geben. Wenn Sie z. B. wütend sind, ballen Sie die Fäuste, schlagen Sie auf den Tisch, verhalten Sie sich mit Ihrem Körper, mit Ihrer Mimik so, daß Ihre Umwelt Ihre

Gefühle erkennen kann, ohne daß Sie dazu verbal Stellung nehmen müssen.

Rückschläge sind natürlich; wer aktiv ist, macht hin und wieder Fehler. In der Folge kann sich Unzufriedenheit breitmachen. Beseitigen Sie zuallererst dieses Gefühl.

- Denken Sie nicht nur, handeln Sie!
- Betreiben Sie Sport, machen Sie einen ausgedehnten Spaziergang, gehen Sie in die Sauna, lassen Sie sich massieren. Tun Sie etwas für sich.
- Machen Sie sich selbst ein kleines Geschenk.
- Suchen Sie die Gesellschaft heiterer Menschen. Gehen Sie ins Kino, sehen Sie sich vorzugshalber ein Lustspiel an.
- Beginnen Sie nun wieder mit Ihrem Training von Punkt 1–12, prüfen Sie, was Sie besser machen können, und vor allem: Beschäftigen Sie sich intensiv und vorurteilslos mit offensichtlich rechtshirnigen Menschen. Versuchen Sie, rechtshirnige Menschen zu verstehen; versuchen Sie, so zu fühlen wie ein Rechtshirn-Dominanter. Versuchen Sie dies immer wieder, und Sie werden bemerken, daß eine neue Beziehung zum Andersdenkenden entsteht.

Nachdem Sie einen Einblick gewonnen haben in die Arbeitsweise des Gehirns und die phantastischen Möglichkeiten des rechtshirnigen Denkens, ist es nun an der Zeit, sich mit dem zweiten großen Bereich der Gehirnforschung (im weitesten Sinne) auseinanderzusetzen, der für das Reden in Bildern entscheidend ist: mit dem Gedächtnis. Denn jeder Redner muß zwangsläufig am Gedächtnis sogar gleich in zweifacher Weise interessiert sein. Zum einen kann ihm die Erforschung der Gedächtnisprinzipien dabei helfen, sich selbst möglichst effektiv vorzubereiten. Hier ist der erste Schritt – Stichwort Visualisierung – bereits getan. Zum anderen kann er aber auch aus der Kenntnis dieser Prinzipien ableiten, wie seine Botschaften aufbereitet sein müssen, damit sie möglichst dauerhaft ins Gedächtnis seiner Zuhörer gelangen – oder auch nicht. Sehen wir uns also nun an, was es mit dem Gedächtnis auf sich hat.

Unser Gedächtnis

Gedächtnis ist ein vielsagender, ein hilfreicher und zugleich ein problematischer Besitz. Wir hören von Gedächtniskunst und Gedächtnislast, kennen die Gedächtniskraft und die Gedächtnisnot, wissen von Gedächtnishilfe und Gedächtnislücken.
(Siegfried Lenz)

Wer von seinem Gedächtnis redet, meint in der Regel eine Welt, die in seinem Kopf existiert, die aber in gewisser Weise von der Außenwelt »erschaffen« wurde. Viele Philosophen hatten und haben mit dieser Sichtweise ihre Probleme. Wie – so fragen sie – können wir das denn eigentlich feststellen? Und weiter: Könnte es denn nicht auch sein, daß die äußere Welt, die wir wahrnehmen, eine Welt ist, die wir mit unserem Gedächtnis erst geschaffen haben? Wie entscheiden wir diese Frage?

Gibt es eine Welt jenseits des Gedächtnisses?

Paris – was ist das?

»Paris – was ist das? Dumme Frage, werden Sie sagen, Paris ist eine Stadt. Und Sie werden sich vielleicht gleichzeitig an Ihre letzte Parisreise erinnern. An den Bummel am Seineufer, als Sie in den Mappen der Händler nach einem alten Stich wühlten. An den Invalidendom, der im gleißenden Sonnenlicht dalag, und an das pompöse Grab Napoleons in seinem Inneren. An das Centre Pompidou, vor dem die Gaukler und Musikanten ihre Späße trieben.

Ist das Paris? Wenn ich selbst an Paris denke, fallen mir andere Dinge ein. Die Skateboardfahrer zum Beispiel, die auf der Terrasse des Palais de Chaillot ihre tollkühnen Kunststücke vorführten. Oder meine Panik, als ich mit dem Aufzug den Eiffelturm hochfuhr und unter mir durchs Gitter in die Tiefe blickte. Oder der winzige Bauchladen auf dem Flohmarkt, in dem alte deutsche Physikbücher für wenig Geld zu haben waren. Und natürlich die wunderschönen Häuser mit ihren Fenstern bis zum Boden, mit ihren Innenhöfen und ihren Stuckfassaden.

Ist das Paris? Jeder, der Paris einmal erlebt hat, wird ein anderes Bild von dieser Stadt in seinem Gedächtnis bewahren. Was aber – so frage ich – ist Paris wirklich? Gibt es nur ein Paris oder unendlich viele? Eines aus Stein und die anderen aus Erinnerungen?«

Röthlein, die diese »Geschichte« erzählt, möchte damit demonstrieren, daß das, was wir für die wirkliche Welt halten, in der Tat mit der sogenannten »echten Wirklichkeit« nur eine »beschränkte Ähnlichkeit« hat. Denn das, was unser Gedächtnis erinnert, wenn wir an Paris denken, ist zunächst nur ein Reiz, den wir zwar »Paris« nennen, den wir jedoch theoretisch auch selbst erfunden haben könnten – im Traum, in der Phantasie, in einer Halluzination. »Es wird« – so zitiert die Autorin den Hirnforscher *Wolf Singer* – »nur ein bißchen Wirklichkeit eingekoppelt«.

Wie das Gehirn, so ist auch das Gedächtnis weitgehend noch eine *Terra incognita*. Nicht einmal der genaue Sitz des Gedächtnisses ist bekannt. *Aristoteles* verlegte ihn einst in das Herz des Menschen – während er das Denken im Kopf ansiedelte. *Platon* schuf dann die Vorstellung von der Erinnerung als dem Resultat eines Einschürfprozesses. Wie ein Künstler in eine Wachstafel seine Motive eingrabe, so werde auch alles, was der Mensch an Eindrücken aus seiner Umgebung erfahre, in eine *Tabula rasa* (eine leere Tafel) des Menschen eingeritzt. Das Modell hatte den entscheidenden Vorteil, daß es den Vorgang des Vergessens gleich mit erklären konnte: Die Eindrücke werden mit der Zeit einfach schwächer, so daß sie dann, wenn sie nicht ab und zu nachgeritzt werden, schließlich ganz verschwinden.

Doch dies – ein verschwundenes Gedächtnis – ist der kollektive Alptraum der Menschheit. Der Filmregisseur *Louis Buñuel* schrieb einmal hierzu (nach *Röthlein*):

Ohne Gedächtnis sind wir nichts

»Man muß erst beginnen, sein Gedächtnis zu verlieren, und zwar stückweise, um sich darüber klarzuwerden, daß Gedächtnis unser ganzes Leben ist. Ein Leben ohne Gedächtnis wäre kein Leben . . . Unser Gedächtnis ist unser Zusammenhalt, unser Handeln, unser Gefühl. Ohne Gedächtnis sind wir nichts.«

In der Tat ist die Fähigkeit des Gedächtnisses, Erfahrungen zu speichern und bei Bedarf wieder abzurufen, für jedes Lebewesen von entscheidender Bedeutung. Ein Mensch ohne Gedächtnis weiß nicht, wer er ist, wo er ist und wie alt er ist. Er weiß nichts über seine Stellung in der Welt, verfügt nicht über die kulturellen Errungenschaften seiner Mitmenschen, weiß nichts von deren Sprache, weiß nichts über Gut und Böse. Einen der erschütterndsten Fälle von Gedächtnisverlust schildert der Begründer der Neuropsychologie, *Alexander R. Lurija*, in seiner Fallstudie über einen Patienten mit Namen *Sassezki*, die bekannt wurde unter dem Titel »Der Mann, dessen Welt in Scherben ging«.

Der Mann, dessen Welt in Scherben ging

Sassezki wurde im Jahr 1943 von Granatsplittern verwundet, die seine linke Gehirnregion im Bereich der Scheitel- und Hinterhauptslappen schwer schädigten. Als er aus dem Lazarett entlassen wurde, stellte er fest, daß sich in seinem Kopf ein schier unerträgliches Chaos von Bildern angesammelt hatte, in das er keine Ordnung mehr zu bringen vermochte. Seine gesamte Erinnerung an Sprache und Schrift war verschwunden, und die rechte Hälfte seines Körpers war so gut wie unbenutzbar. Er konnte sie nicht einmal mehr wahrnehmen. Der Granatsplitter – schreibt *Lurija* in seiner Fallbeschreibung – habe seine Welt »in Tausende von Bruchstücken« zertrümmert, »die er beim besten Willen nicht wieder zusammenfügen konnte«, weil er die ordnende Funktion der Sprache verloren hatte. »Wie früher kann er einzelne Teile gut sehen, sie jedoch nicht zu ganzen Bildern zusammenfügen, und er ist daher gezwungen, die Bedeutung der von ihm wahrgenommenen Gegenstände zu erraten.« Ein solcher Mensch – schreibt *Lurija* – empfindet die Grammatik als fast unüberwindbare Hürde, er weiß nicht, wie man addiert, und seine Welt ist »eine endlose Folge von Labyrinthen geworden«.
Eine vage Vorstellung von den Schwierigkeiten *Sassetzkis* können Sie gewinnen, wenn Sie versuchen, sich einmal an den Namen einer Person zu erinnern, die Sie irgendwann einmal irgendwo getroffen haben. Vielen von Ihnen wird es jetzt so ergehen, daß Ihnen der Name »auf der Zunge liegt«. Dieses Gefühl muß *Sassetzki* permanent gehabt haben. Schon bei der Benennung der eigenen Körperteile stürzte er in tiefes und langes Nachdenken – und wenn er ihre Namen endlich gefunden hatte, hatte er sie gleich darauf wieder vergessen. *Sassetzki* unterwarf sich einem langwierigen und unglaublich mühsamen Training, mit dem es ihm schließlich gelang, einen kleinen Teil seiner Fähigkeiten zurückzuerhalten. Schließlich begann er, ein Tagebuch zu führen, das am Ende fast 3000 Seiten umfaßte.

Heute scheint für den Laien die Frage, wo im Körper sich das Gedächtnis tatsächlich befindet, geklärt zu sein: Wir haben uns daran gewöhnt, es im Kopf des Menschen zu suchen. Allerdings könnte man genausogut auch behaupten, es handle sich beim Vorgang des Erinnerns eher um einen ganzheitlichen Prozeß. So spricht man ja z. B. auch von einem *Körper*gedächtnis und sogar – spätestens seit *Rupert Sheldrakes* »A New Science of Life« – von einem Gedächtnis der Natur. In einem engeren Sinne jedoch geht auch die Gehirnforschung heute davon aus, daß das Gedächtnis in einem Teil des Gehirns sitzt, genauer: im Großhirn. Dort gibt es – neben der Großhirn*rinde* – zwei weitere Bereiche, die ihrer anatomischen Form wegen »Mandelkern« und »Seepferdchen« (Hippocampus und Amygdala) genannt werden und die beide auf die Steuerung von Emotionen spezialisiert sind.

Interessanterweise handelt es sich hierbei – wie wir vor allem aus den Untersuchungen *Mishkins* wissen – um dieselben Gebiete, in denen auch die *Sinneseindrücke* Gestalt annehmen. So fanden z. B. noch vor kurzem *Charles Czeisler* und *Joseph Rizzo* von der Harvard University heraus, daß selbst bei Menschen, die *nicht* sehen können, das Auge die Helligkeit der Umgebung als Zeitgeber nutzt und damit den Zyklus von Schlafen und Wachen steuert. Mit anderen Worten: Die Augen synchronisieren die innere Uhr des Menschen – und üben so auch einen entscheidenden Einfluß auf sein Gedächtnis aus. Zudem geht man heute davon aus, daß allein in der Großhirnrinde mehr als dreizehn verschiedene Gebiete existieren, in denen visuelle Reize verarbeitet werden (*Scheich*). *Oliver Sacks* nimmt sogar mindestens fünfzig Sehzentren an.

Die Eingangskanäle ins Gedächtnis

Schauen wir uns also zunächst einmal die Funktion der einzelnen Sinne an, die – auf unser Thema bezogen – nun auch als Eingangskanäle von und für Informationen bezeichnet werden können (nach *Bierbaum*).

Das Auge

- Die meisten Informationen nehmen wir mit dem Auge auf. Hierbei handelt es sich um einen äußerst komplizierten Vorgang, der eine enge Verbindung von Sehfähigkeit und Gedächtnis erkennen läßt: Je besser nämlich die Merkfähigkeit einer Person, um so leichter lassen sich auch ihre Sehfehler beheben. Und je besser jemand in der Lage ist, seine Aufmerksamkeit auf einen bestimmten Gegenstand zu fokussieren, um so besser funktioniert auch sein Gedächtnis.

Das Ohr

- Schon deutlich weniger Informationen vermittelt uns unser Gehör. Dennoch tragen die Ohren im allgemeinen mehr zur vollständigen sinnlichen Wahrnehmung bei, als der Laie in der Regel vermutet. Sie können dies am besten nachvollziehen, indem sie sich einmal vergegenwärtigen, wie gut Sie z. B. auf einer Party in der Lage sind, aus dem Meer von Lauten genau diejenigen herauszufiltern, die Sie im Moment interessieren. Außerdem kann man sagen, daß auf diese Weise die Ohren auch die Aufmerksamkeit der Augen steuern, indem sie sie veranlassen, genau dorthin zu schauen, wo der Laut herkommt. Und zu guter Letzt ist das Gehör auch noch der Sitz unseres Gleichgewichtsorgans.

Fühl- und Tastsinn

□ Wer vom Tastsinn spricht, denkt im allgemeinen zuerst einmal an die Hände, und dort besonders an die Fingerspitzen. Das ist, was die Bedeutung dieser Körperregionen angeht, intuitiv richtig gedacht. Denn der für die Hände zuständige Teil des Gehirns nimmt rund ein Drittel des gesamten Bewegungszentrums in Anspruch. Daß aber die Hände mit ihrer Funktionalität sehr nah auch bei geistigen Tätigkeiten liegen, zeigt bereits der Sprachgebrauch, der ja vom »Be-greifen« spricht. Auch der Begriff des Verstehens ist involviert, wenn man bedenkt, daß man mit »handfesten« Informationen in der Regel am ehesten etwas anfangen kann. Doch der Tastsinn bleibt selbstverständlich nicht nur auf die Hand beschränkt. Unsere gesamte Haut ist von Millionen von Rezeptoren übersät, die allesamt Kontakte zum Gedächtnis unterhalten. Etwas »am eigenen Leib« verspürt zu haben ist häufig noch die beste Garantie für jede Art von Erinnerung.

Geschmacks- und Geruchssinn

□ Geschmacks- und Geruchssinn sind eng an den Tastsinn gekoppelt, leider aber, was ihren Informationsgehalt angeht, nur sehr schwer einsetz-

Wie Marcel Proust *sich durch das Essen eines Gebäcks an seine Kindheit erinnert*

»Sobald ich den Geschmack jener Madeleine wiedererkannt hatte, die meine Tante mir, in Lindenblütentee eingetaucht, zu verabfolgen pflegte (obgleich ich noch immer nicht wußte und auch erst späterhin würde ergründen können, weshalb die Erinnerung mich so glücklich macht), trat das graue Haus mit seiner Straßenfront, an der ihr Zimmer sich befand, wie ein Stück Theaterdekoration zu dem kleinen Pavillon an der Gartenseite hinzu, der für meine Eltern nach hintenheraus angebaut worden war (also zu jenem verstümmelten Teilbild, das ich bislang allein vor mir gesehen hatte), und mit dem Hause die Stadt, der Platz, auf den man mich vor dem Mittagessen schickte, die Straßen, die ich morgens bis abends und bei jeder Witterung durchmaß, die Wege, die wir gingen, wenn schönes Wetter war. Und wie in den Spielen, bei denen die Japaner in eine mit Wasser gefüllte Porzellanschale kleine, zunächst ganz unscheinbare Papierstückchen werfen, die, sobald sie sich vollgesogen haben, auseinandergehen, sich winden, Farbe annehmen und deutliche Einzelheiten aufweisen, zu Blumen, Häusern, zusammenhängenden und erkennbaren Figuren werden, ebenso stiegen jetzt alle Blumen unseres Gartens und die aus dem Park von Monsieur Swann, die Seerosen auf der Vivonne, die Leutchen aus dem Dorf und ihre kleinen Häuser und die Kirche und ganz Combray und seine Umgebung deutlich und greifbar, die Stadt und die Gärten aus meiner Tasse Tee.«

bar. Tatsache aber ist, daß beide auch nur sehr schwer zu täuschen sind, so daß es deshalb sinnvoll erscheint, soviel Wissensstoff wie möglich mit ihnen zu verkoppeln. Ein gutes Beispiel für die Erinnerungsfähigkeit dieser Sinne ist wohl die den meisten Menschen geläufige Erfahrung, daß ein bestimmter Geruch noch nach Jahren sehr präzise die Erinnerung an ein Erlebnis heraufbeschwören kann. Das liegt daran, daß das limbische System, das die Gerüche verarbeitet, eine direkte Verbindung zum Gedächtnis besitzt.
Eine der berühmtesten Stellen der Weltliteratur, die hierauf Bezug nimmt (und selbst *Walter Benjamin* zu klugen Reflexionen veranlaßte), findet sich in *Marcel Prousts* Novelle »Swann's Welt«. *Proust* beschreibt dort, wie ihn plötzlich beim Genuß einer »Madeleine« die Erinnerungen an frühere Zeiten überfallen.

Bewegung

☐ Auch das sogenannte motorische Gedächtnis eignet sich ausgezeichnet dazu, Informationen zu speichern. Wenn nämlich Wissensinhalte mit Bewegung verknüpft werden, so verbessert dies die Unterscheidungsfähigkeit beim Erinnern erheblich. Auf diese Art und Weise sind uns z. B. viele Singspiele aus der Kindheit – die ja im Zusammenhang mit Bewegungen gelernt wurden – auch heute noch gut im Gedächtnis (*Röthlein*). Dies ist auch der Grund, warum es z. B. sehr zu empfehlen ist, bei der Vorbereitung einer Rede im Zimmer auf und ab zu gehen.

> **Was tun Sie gerade?**
> Überlegen Sie bitte einmal (ohne hinzuschauen), wo genau sich im Moment Ihr Fuß befindet. Wahrscheinlich können Sie ganz genau angeben, wo und in welcher Lage er sich befindet. Dies liegt daran, daß eine bestimmte Art von Nerven – die Propriorezeptoren – uns jederzeit über die Lage unserer Körperteile unterrichtet. Zusammen mit dem Mittelohr und dem Bewegungszentrum im Gehirn bilden sie eine eigene Art »Muskelgedächtnis« – und können deshalb auch zur Informationsspeicherung genutzt werden (nach *Bierbaum*).

Gefühl und Emotion

☐ Auch Gefühle und Emotionen können als Eingangskanal für Erinnerungen betrachtet werden. Allerdings ist dieser Kanal schwer zu bestimmen, weil im Grunde genommen jeder Mensch anders fühlt. Fest steht aber, daß die Anwesenheit von Gefühlen den Merkprozeß deutlich beschleunigt. Dies ist deshalb der Fall, weil sie eng mit den übrigen Sinnen verkoppelt sind. Wer Gefühle als Eingangsverstärker für Informationen einsetzen möchte, sollte sich also bei der Aufnahme von Informationen immer fragen, welches Gefühl gerade das vorherrschende ist. Haben Sie den Eindruck, daß gar keine Gefühle vorhanden sind oder daß das Gefühl nur sehr schwach ist, können Sie auch Ihre Phantasie ins Spiel bringen. Je intensiver das dabei erzeugte Gefühl ist, um so besser funktioniert anschließend auch der Erinnerungsprozeß. Allerdings gilt ebenso: Je gefühlsbetonter ein Wort ist, um so schwerer wird es wahrgenommen. Dabei werden Fakten meist schlechter in Erinnerung behalten als Erlebnisse.

Logik

☐ Auch die Logik stellt selbstverständlich, obwohl sie keinen Wahrnehmungskanal im eigentlichen Sinne repräsentiert, einen Eingangskanal für Erinnerungen dar. Stellen Sie sich einfach bewußt die Frage, auf welche Art und Weise Sie das neue Wissen an alte Bestände ankoppeln können, also etwa welche Unterschiede bestehen oder auch was gleich ist.

Nach diesen Ausführungen dürfte klargeworden sein, daß es bei der Speicherung und Abfrage von Informationen im Gehirn auf eine möglichst breite *Zusammenarbeit* möglichst vieler Sinne ankommt. Ein Beispiel hierfür ist das Mitschreiben. Es dient nämlich nicht nur – wie vielfach angenommen – der *Entlastung* des Gedächtnisses, sondern es unterstützt auch äußerst effektiv die *Verarbeitung* des Gehörten. Dabei ist es tatsächlich *der Prozeß des Notierens selbst*, der diesen positiven Effekt auslöst (*Metzig / Schuster*).

Warum das Mitschreiben so sinnvoll ist und wie der Redner diese Erkenntnis nutzen kann

- *Einstein* u. a. konnten zeigen, daß Studierende, die während des Zuhörens Notizen anfertigen, sich deutlich an eine größere Anzahl wichtiger Informationen erinnerten als solche, die nur zuhörten. Hierbei kommt es jedoch offensichtlich *nicht* auf die Menge der mitgeschriebenen Wörter an (*Howe*). Im Gegenteil: Je mehr Nebensächliches und Überflüssiges weggelassen wird, um so mehr wird auch gelernt. Aus dieser Einschränkung beruht auch ein weiteres Ergebnis der Forschung:
- Wer *wesentliche* Textinformationen mitschreibt, hat eine bis zu siebenmal größere Chance, sich an den Text zu erinnern, als wenn er ihn nicht schriftlich festhält. Dieser Mechanismus ist allgemeingültig und funktioniert offensichtlich auch bei älteren Menschen (*Rankin / Kausler*). Abhängig ist der Effekt allerdings auch vom Vorwissen des Mitschreibenden: Weiß er bereits viel vom Thema, so fällt der Lerneffekt deutlich niedriger aus (*Shrager / Mayer*).
- Für den Redner heißt das: Benutzen Sie möglichst einen Flip-Chart, und schreiben Sie wichtige Begriff einfach auf. Dies geschieht nicht so sehr,

um zu demonstrieren, wie sie geschrieben werden, als vielmehr darum, weil alles, was aufgeschrieben wird, die Zuhörer dazu animiert, es abzuschreiben. Wenn die Situation es erlaubt, können Sie Ihre Zuhörer auch offen auffordern, die wichtigsten Gedanken mitzuschreiben. Sie vergeben sich dabei nichts.

Der entscheidende Impuls für die Zusammenarbeit der Sinne geht offenbar vom Mandelkern aus, in dem die eingehenden Sinneseindrücke miteinander verbunden werden. Betrachten wir z. B. eine Orange, so wird der visuelle Eindruck, den wir erhalten, mit Erinnerungen an den Geruch und Geschmack früherer Orangen verknüpft, aber auch an die Art, wie man sie schälen und zerteilen kann. Danach laufen diese Informationen zum Hypothalamus, wo unsere *Wertmaßstäbe* gespeichert sind, d. h., zusätzlich zu Aussehen, Geruch und Geschmack der Orange erfolgt nun auch noch die Abfrage, ob sie uns schmeckt oder nicht. Erst diese Gesamtheit von Eindrücken – so *Edelmann* – macht das Gedächtnis des Menschen aus (nach *Röthlein*).
Allerdings ist in der Praxis zu unterscheiden zwischen zwei verschiedenen Formen der Erinnerung, einmal dem Wiedererkennen, das darin besteht, eine früher abgespeicherte Information zu erinnern, sobald sie mir wieder begegnet, und ein anderes Mal jenem Erinnern, das darin besteht, bestimmte Informationen wie auf Knopfdruck zu reproduzieren. Generell ist unsere Fähigkeit zu ersterem wesentlich besser ausgebildet. Das kennen wir alle aus dem Alltag. Dort sind wir ohne weiteres in der Lage, Hunderte von Gesichtern auseinanderzuhalten, obwohl das eigentlich sehr schwer sein müßte. Denn die Gesichtsformen von Menschen – zumindest, solange sie denselben Kulturkreisen entstammen – weisen wesentlich mehr Gemeinsamkeiten als Unterschiede auf.

Erinnerung ist nicht gleich Erinnerung

- Zeigt man Versuchspersonen in kurzer Zeit Tausende von Dias, dann sind sie nach einigen Tagen kaum noch in der Lage, eine nennenswerte Anzahl der Motive zu reproduzieren. Zeigt man ihnen jedoch die Dias erneut, dann erkennen sie fast alle wieder (*Vroon*).
- Vielfach erkennt man Personen dann nicht mehr (oder kann sie zumindest nicht richtig zuordnen), wenn man sie plötzlich und unerwartet in einer ungewohnten Umgebung antrifft.
- Gibt man Versuchspersonen einen Text an die Hand, in dem ein Haus beschrieben wird, und fragt sie nachher nach bestimmten Details, so wird ihre Erinnerung anders ausfallen, je nachdem, ob sie den Text aus der Sicht eines Hauskäufers oder eines potentiellen Einbrechers gelesen haben (*Anderson / Pichert*).

- Viele Menschen machen im Urlaub die Erfahrung, daß sie – für sie selbst völlig überraschend – mehr Fremdsprachenkenntnisse haben, als sie zu Hause auch nur zu hoffen wagten.
- Läßt man Versuchspersonen im halbtrunkenen Zustand Vokabeln lernen, dann erinnern sie sich im nüchternen Zustand nur noch schwach an das Gelernte. Nehmen diese Personen dann jedoch wieder Alkohol zu sich, steigen sofort die Leistungen wieder an (*Vroon*).

Aus diesen Überlegungen lassen sich zwei interessante Gesetzmäßigkeiten ableiten, die sich auch der Redner zunutze machen kann.

- Erinnerungen sind dann am ehesten gewährleistet, wenn sie am selben Ort initiiert werden, an dem sie auch gelernt wurden.
- Sie sind am ehesten dann zu erwarten, wenn sich der Erinnernde im selben Zustand befindet, in dem er sich während des Lernens befand.

Vor allem bei der Abfassung von Stichwortmanuskripten kann sich der Redner diese Erkenntnisse zunutze machen: Er muß nur darauf achten, daß er bereits bei der Ausarbeitung des Textes die Perspektive der Abrufsituation imaginiert.

Wie aber werden die Informationen überhaupt im Gedächtnis festgehalten? Lange Zeit dachte man, es handle sich einfach um ein Bündel elektrischer Impulse, die an einer Stelle des Gehirns fokussiert werden. Diese Vorstellung führt jedoch bei näherer Betrachtung nicht weiter, weil selbst Personen, deren elektrische Hirntätigkeit eine Zeitlang aussetzt, nach ihrer »Wiedererweckung« noch über ihr altes Gedächtnis verfügen. Eine andere Vorstellung ging davon aus, die Informationen würden im Gedächtnis in Form von Eiweißmolekülen gespeichert. Vielleicht haben Sie noch Schlagzeilen wie »Schlau durch Gedächtnispillen« in Erinnerung, die auf diese Sichtweise abzielten und die vor allem auf Versuche des Neurologen *Karl Lashley* fußten, dem es angeblich gelungen war, undressierten Ratten bestimmte Substanzen dressierter Artgenossen so zu injizieren, daß sie deren Kunststücke ohne Training reproduzieren konnten. Es ist jedoch in der folgenden Zeit nie mehr eindeutig gelungen, diese Versuche zu wiederholen, so daß heute keinerlei Anlaß mehr besteht, dieser Vorstellung zu folgen (*Röthlein*).

Statt dessen spricht man von *Engrammen*, die im Nervensystem des Gehirns ihre Spuren hinterlassen. Gemeint sind damit die spezifischen Erinnerungs*muster*, die während der Verarbeitung eingehender Informationen entstehen und deren Basis jetzt nicht mehr – wie bei *Platon* – als Wachstafel vorgestellt, sondern eher mit der Festplatte eines Computers verglichen wird. Dennoch bestehen erhebliche Unterschiede. Während der

Computer nämlich immer hierarchisch aufgebaut ist und deshalb seine Informationen nach einer Art Fließdiagramm abruft, arbeitet das Gehirn zu einem wesentlichen Teil mit Assoziationen – und diese sind multidimensional vernetzt. Mit anderen Worten: Erinnerungen sitzen eben nicht fest an einer Stelle der Großhirnrinde und lassen sich dort ablesen wie die festen Zahlenreihen eines Computers, sondern sie sind dem Gehirn auf eine ungleich kompliziertere, gleichwohl aber flexiblere Art und Weise verhaftet, nämlich – so *Edelmann* – in Form einer »ständigen dynamischen Änderung in den Synapsen innerhalb der Erregungsmuster«.
Damit freilich ist man *im Grunde genommen* wieder zu Platons Vorstellungen zurückgekehrt. Denn etwas grundsätzlich anderes als dessen Wachstafeln stellen die Engramme auch nicht dar. Selbst die Vorstellung, daß Erinnerungen verblassen, wenn sie lange Zeit nicht »aufgefrischt« werden, ist wieder da. Denn offenbar verlieren die Synapsen mit der Zeit ihre Effektivität wieder, und das Muster ihrer Erregung ist nicht mehr so stark wie bei frischen Erinnerungen. Erinnern Sie sich noch an das Beispiel von Paris?

Und noch einmal Paris

»Angenommen, Herr M. war im Frühjahr in Paris. Es war zwar kalt, aber trokken, und so spazierte er durchs Quartier Latin. In seiner Erinnerung war das ein hübscher, lebendiger Stadtteil mit vielen kleinen Geschäften. Sein Gehirn hatte also die Synapsen aktiviert, die gemeinsam das Bild »kalt, hübsch, viele Läden, lebendig« ergaben.
Als Herr M. jedoch Ende Juli wieder nach Paris kam, durch dieselben Straßen und Gassen schlenderte, bot sich ihm plötzlich ein völlig neues Bild: Ein großer Teil des Lebens spielte sich nun im Freien ab. Die Straßencafés waren dicht besetzt, die Geschäfte boten einen Teil ihrer Waren vor der Tür feil, und die Gehsteige quollen über von jungen Leuten und Touristen. All diese Wahrnehmungen, die über seine Sinnesorgane sein Gehirn erreichten, aktivierten und verstärkten neue Synapsen, aber gemeinsam mit denen, die von seinem letzten Besuch her schon verstärkt waren. Dies ist es, was *Edelman* als »dynamische Änderungen« in den Synapsen bezeichnet. Sie laufen ununterbrochen in unserem Kopf ab, keineswegs nur in der groben Form wie in unserem Paris-Beispiel. So sind wir in der Lage, unsere Erinnerung ständig auf dem neuesten Stand zu halten und flexibel auf die Umwelt zu reagieren« (*Röthlein*).

Die Gedächtnisarten

Die Verarbeitung von Information im Gehirn erfolgt jedoch nicht immer an der gleichen Stelle, sondern ist auch noch davon abhängig, was für einen

Charakter die Informationen haben. Die Gedächtnisforschung unterscheidet in diesem Sinne zwischen dem prozeduralen, dem deklarativen, dem semantischen und dem episodischen Gedächtnis.

- Im *prozeduralen Gedächtnis* sind unsere Bewegungsabläufe gespeichert. Was hier lagert, wird im Prinzip nicht mehr verlernt. Wir können aus der Übung geraten, aber wir verlernen nicht mehr, wie man radfährt. Dennoch können wir nicht darüber reden, *was* wir eigentlich behalten haben. Selbst durch langes Nachdenken werden wir nicht drauf kommen. Das prozedurale Gedächtnis ist beheimatet im Hirnstamm und im Kleinhirn.

- Im *deklarativen Gedächtnis* ist all das gespeichert, worüber man auch reden kann. Dieses Gedächtnis ist stammesgeschichtlich jünger als das prozedurale und liegt auch in einer anderen Region des Gehirns: in der Hirnrinde und im Zwischenhirn. Wahrscheinlich hat es auch eine andere Biochemie als das prozedurale Gedächtnis. *Endel Tulving* hat 1973 das deklarative Gedächtnis noch einmal unterteilt: in ein *semantisches* und ein *episodisches* Gedächtnis, vgl. *Metzig / Schuster*.

  1. Das *semantische Gedächtnis* (manchmal auch *generisches Gedächtnis* genannt) bewahrt Bedeutungen von Wörtern oder Wortkonzepten auf, also allgemeines Wissen über die Welt. Das kann eine fremdsprachige Vokabel sein, das kann aber auch die Straßenverkehrsordnung oder der Inhalt Ihrer letzten Rede sein. Es ist also das semantische Gedächtnis, das in Aktion tritt, wenn (mehr oder weniger) gezielte Lernprozesse initiiert werden sollen, sei es durch sture Wiederholung, sei es durch bewußtes Anknüpfen an Bekanntes, sei es durch gezielten Einsatz von Lern- und Behaltenstechniken.

  2. Das *episodische Gedächtnis* bewahrt Geschehnisse der eigenen Lebensgeschichte auf, also Ereignisse, Handlungen und Situationen, die an einen bestimmten Ort und an eine bestimmte Zeit gebunden sind und an denen man selbst beteiligt war. Es ist also das episodische Gedächtnis, das angesprochen wird, wenn Sie sich an Ihren letzten Urlaub oder an die Umstände Ihrer letzten Rede erinnern; und das episodische Gedächtnis ist in der Regel auch gemeint, wenn wir sagen, jemand habe ein gutes Gedächtnis: Wir wollen dann nämlich sagen, daß er sich an relativ viele Geschehnisse seines Lebens noch erinnert. Das Abspeichern episodischer Informationen erfolgt in der Regel beiläufig: Die wenigsten Menschen prägen sich irgendwelche Ereignisse gezielt ein. Dementsprechend ist bei der Erinnerung meistens auch

ein ganzes Set von Bildern und Szenen beteiligt, das allerdings sehr stark subjektiv bedingten Veränderungen unterliegt. Ein anschauliches Beispiel hierfür liefert die Praxis der Gerichte, wo immer wieder festgestellt wird, daß sich Zeugenaussagen auch bei bestem Willen der Befragten erheblich unterscheiden können.

Die Gedächtnisstufen

Neben der Unterscheidung nach dem *Inhalt* der Gedächtnisspeicher ist jedoch für den Redner auch noch eine weitere Unterscheidung von Bedeutung, die sich auf die *Verweildauer* der Informationen bezieht. Eine Antwort auf diese Frage liefert das Modell der Gedächtnisstufen (manchmal auch *Dreispeichermodell* genannt). Es besagt, daß Informationen immer erst bestimmte Schwellen passieren müssen, ehe sie dort angelangt sind, wo sie dauerhaft und auf unbestimmte Zeit aufbewahrt werden können. Hierbei ist zu berücksichtigen, daß es sich beim Begriff der Gedächtnisstufen eigentlich um ein falsches Bild handelt, weil der Begriff der *Stufe* klar voneinander abgegrenzte Bereiche suggeriert. Dies ist jedoch, wie wir im folgenden noch sehen werden, durchaus nicht der Fall.
Das Modell der Gedächtnisstufen unterscheidet zwischen drei verschiedenen Systemen:

- dem sensorischen Speicher (oft auch Ultrakurzzeitgedächtnis genannt),
- dem Kurzzeitspeicher (oft auch Kurzzeitgedächtnis genannt) und
- dem Langzeitspeicher (oft auch Langzeitgedächtnis genannt).

Diese Aufteilung wird zwar hier und da kritisiert, sie ist jedoch in allen einschlägigen Lehrbüchern sowohl der allgemeinen Psychologie als auch der Gedächtnispsychologie noch enthalten. Sie beruht auf der Erkenntnis, daß es auf der einen Seite zwar Informationen gibt, die offensichtlich ein ganzes Leben lang behalten werden, auf der anderen Seite aber auch die meisten Menschen die Erfahrung machen, daß sie manchmal z. B. Telefonnummern oder die Details eines Vortrags, der ihnen nicht besonders interessant erscheint, recht schnell wieder vergessen.

Der sensorische Speicher

Der sensorische Speicher repräsentiert in gewisser Weise den ersten Kontakt des Gehirns mit einer beliebigen Information. Reize aus der Umwelt lösen eine Aktivität oder Erregung in den Sinnesorganen aus, werden dann

zum Gedächtnis transportiert und dort in Form elektrischer Schwingungen wahrgenommen.
Hierbei kann es vorkommen, daß die Aktivierung oder Erregung auch nach dem Verschwinden des Reizes am Sinnesorgan noch weiterbesteht. Wie lange das ist, hängt davon ab, auf welchem Eingangskanal die Reize angekommen sind. *Baddeley* nennt für akustisches Material eine Zeit von bis zu drei, für visuelle Informationen jedoch nur eine Zeit von etwa 0,1 Sekunden. Das Interessante daran ist, daß die Informationen, obwohl sie offensichtlich nur sehr kurze Zeit gespeichert werden können, immer vollständig vorhanden sind.

Kaum gesehen, schon geschehen

Um dies zu beweisen, zeigte *Sperling* einer Reihe von Versuchspersonen ganz kurz eine Buchstabenmatrix und bat sie dann, anzugeben, an welche Buchstaben sie sich noch erinnerten. In der Regel waren dies drei bis vier Buchstaben. Daraufhin stellte Sperling zwei Vermutungen an, woran dies liegen könnte.

① In dieser kurzen Zeit können einfach nicht mehr Informationen aufgenommen werden.
② Schon während die Buchstaben aus dem sensorischen Speicher abgerufen werden, geht Information verloren.

Diese Vermutungen testete *Sperling* anschließend, indem er nach der Darbietung einen zufällig ausgewählten Buchstaben durch einen schwarzen Balken »markierte«. Fragte er nun die Versuchspersonen direkt anschließend, welcher Buchstabe sich an der markierten Stelle befunden hatte, so konnten diese *in allen Fällen* den richtigen Buchstaben angeben. Das bedeutet, daß *kurz nach der Darbietung* noch die gesamte visuelle Information gespeichert ist. Sie muß also erst später, während des »Analyseprozesses«, wieder verlorengehen.

Dieses Ergebnis bedeutet aber auch, daß der sensorische Speicher Informationen enthält, die uns offensichtlich nicht bewußt sind. Manche Autoren vergleichen diese Art der Information mit dem Nachbild, das auf der Retina entsteht, wenn man in eine helle Lampe oder in die Sonne blickt. Andere ziehen die Parallele zum Echo – das die eingegebene Information ja auch nur über eine kurze Zeitspanne erhält und anschließend zerfällt – und sprechen demzufolge auch vom »echoischen Speicher« (so *Jüttner*). *Metzig/Schuster* fassen die Schlußfolgerungen aus *Sperlings* Experiment wie folgt zusammen:

- Der sensorische Speicher speichert die Informationen der Sinne.
- Die Speicherdauer ist sehr kurz.
- Die Informationen, die gespeichert sind, werden nicht alle bewußt, d. h., sie liegen vor der Aufmerksamkeit.
- Die gespeicherte Informationsmenge ist sehr hoch.

Wie im Eingangsbeispiel mit der uninteressanten Rede schon angedeutet, kommt es auf dieser Stufe der Speicherung vor allem darauf an, daß man den zur Disposition stehenden Informationen hohe Aufmerksamkeit schenkt, sonst gehen sie wieder verloren (*Norman*). Deshalb ist es eines der Hauptziele der Gedächtnistechniken, möglichst die *gesamte* Aufmerksamkeit auf die zu lernende Information zu lenken.
Es ist klar, daß uns dies bei Informationen, die uns interessieren, leichter fällt als bei solchen, an denen wir eigentlich kein Interesse haben oder bei denen wir nicht genau wissen, ob wir sie interessant finden sollten oder nicht. Das ist auch der Grund dafür, daß wir in der Regel überhaupt keine Schwierigkeiten haben, neue Informationen über unser Hobby zu speichern. So ist Pädagogen z. B. schon lange aufgefallen, daß sie oftmals Schüler haben, die kaum eine Information behalten können, die aber den gesamten Computermarkt mit allen aktuellen Preisen überblicken. Über die Fokussierung der Aufmerksamkeit hinaus stehen uns jedoch keinerlei Möglichkeiten zur Verfügung, die Verweildauer von Informationen im sensorischen Speicher zu beeinflussen.
Die Funktionsweise des sensorischen Speichers läßt sich am Beispiel des Anschauens von Filmen verdeutlichen. Der Betrachter nimmt eigentlich nur eine Vielzahl von Einzelbildern wahr. Diese erscheinen ihm aber zusammenhängend, da der sensorische Speicher die visuellen Informationen so lange zur Verfügung stellt, bis das nächste Bild gezeigt wird. In der Gesamtwirkung ergibt sich auf diese Weise ein fließender Übergang von Bild zu Bild (*Lehner / Ziep*).

Das Kurzzeitgedächtnis

Im Gegensatz zum sensorischen Speicher kann der Speicher des Kurzzeitgedächtnisses in der Sprache der Computerwelt als eine Art Arbeitsspeicher betrachtet werden. Hier findet die *grundsätzliche* Verarbeitung der Informationen statt, und hier fällt auch die Entscheidung darüber, ob etwas überhaupt behalten wird und – wenn ja – ob es unkompliziert wieder abgerufen werden kann. Denn hier werden alle im sensorischen Speicher eingelaufenen Informationen, die nicht wieder ausscheiden, nach dem Grad ihrer Bedeutsamkeit gewichtet. Der Unterschied zum Geschehen im sensorischen Speicher, in dem die beteiligten Prozesse noch automatisch ablaufen, liegt also in der Aktivierung der *Aufmerksamkeit*. Die Fähigkeit hierzu ist jedoch von Mensch zu Mensch sehr unterschiedlich ausgeprägt.

Was* Gerald Ford *von* Napoleon *unterscheidet

So eilte etwa *Gerald Ford* der Ruf voraus, nicht einmal gleichzeitig spazierengehen und Kaugummi kauen zu können. Von *Napoleon* hingegen wird berichtet, er sei in der Lage gewesen, vier Briefe gleichzeitig zu diktieren. Und es gibt Devisenmakler, die es schaffen, mit bis zu fünfzehn Telefonen gleichzeitig zu jonglieren.

Entscheidend für unsere Belange ist nun die Erkenntnis, daß es sich bei solchen Doppelleistungen *nicht* etwa um Automatismen handelt, sondern – wie *Hirst, Neisser* und *Spelke* bereits 1978 nachwiesen – um eine Fähigkeit, die sich durch Übung gut trainieren läßt. Welche Erfolge man dann erzielen kann, schildert der Psychologe *Peter Polson* von der Universität von Colorado in der folgenden Geschichte, die wir in den Worten *Stemmes* und *Reinhardts* wiedergeben:

Wie* John Conrads *sein Kurzzeitgedächtnis überlistete

»Bei einem Abendessen in einem Luxusrestaurant war ihm der Kellner aufgefallen. Der Mann in Schwarz konnte, ohne sich auch nur die kleinste Notiz zu machen, an verschiedenen Tischen umfangreiche Bestellungen mit mehreren Gängen in seinem Gedächtnis speichern, bis zu zwanzig Menüs ohne den geringsten Fehler.

Polson bat den Kellner – sein Name lautete *John Conrads* –, sich als Versuchsperson der Universität von Colorado zur Verfügung zu stellen. Bei den nun folgenden Tests stellte der Psychologe als erstes fest, daß *Conrads* keineswegs über eine außergewöhnliche Begabung verfügte, die ihm die Natur mit in die Wiege gelegt hatte. Der Oberkellner besaß ein Kurzzeitgedächtnis wie die meisten anderen. Doch er hatte seine Fähigkeiten trainiert. Um sich kurzfristig die einzelnen Menügänge merken zu können, griff *Conrads* zu Tricks. Das Hauptgericht beispielsweise assoziierte er stets mit dem Gesicht eines Gastes: starke Kinnbacken gleich Riesensteak. Hatte er Glück, paßte zum bestellten Truthahn ein Putengesicht. Es gab kein Detail eines Gast-Gesichtes, das der Oberkellner nicht als plastischen Vergleich zu einem wie auch immer ausgewählten Hauptgang hätte in Beziehung setzen können.

Auch was aus der Reihe fiel, brachte *John Conrads* nicht in Verlegenheit. Rippenstück mit Reis wurde umgewandelt in ›ungewöhnlich‹ und ›anders‹. Für alles suchte er einen Code.«

Stemme und *Reinhardt* erklären die Technik, die der Kellner verwandte, anhand eines Fernglases. »Ein Fokus bietet die Möglichkeit zur Scharf- wie auch zur Unschärfeeinstellung. Wie bei einem Fernglas kann man die Linse auf Nähe oder Weite fixieren. Wer mit einem auf die Ferne eingestellten Glas ein Objekt aus der Nähe erkennen will, dem bietet sich naturgemäß nur eine undeutliche, verschwommene Optik. Umgekehrt gilt das gleiche.«
Der Kellner *Conrads* hatte es also geschafft, seine gesamte Aufmerksamkeit auf die entscheidenden Merkmale zu fokussieren. Das freilich fiele den meisten Menschen ziemlich schwer, und sie würden wahrscheinlich in den meisten Fällen die falsche Brennweite wählen. Ihre Aufmerksamkeit wäre dann, gemessen am Ziel, *falsch fokussiert*. Einer der Gründe hierfür ist die begrenzte Aufnahmekapazität des Kurzzeitspeichers.

The Magical Number Seven

Bittet man etwa Versuchspersonen, sich eine Anzahl von Ziffern zu merken, und beginnt man nun, langsam einzelne Ziffern vorzulesen, so wird man feststellen, daß etwa ab der siebten bis neunten Ziffer eine merkwürdige Unruhe entsteht: Die Versuchspersonen sind offensichtlich von der Aufgabe überlastet. Wiederholt man nun das Experiment und bietet statt der Ziffern Wörter, stößt man auf dasselbe Phänomen; und auch, wenn man ganze Sätze vorzulesen beginnt, ändert sich das Verhalten der Versuchspersonen nicht. Immer werden nur etwa sieben bis maximal neun Elemente abgespeichert. Die Beschränkung der Aufnahmekapazität gilt also auch für Gedächtnismaterial, das nicht aus Zahlen besteht.

Den Mechanismus dieses Vorgangs, von *Miller* bereits im Jahre 1956 als *The Magical Number Seven* beschrieben, kann man sich am besten vergegenwärtigen, wenn man sich – hier folgen wir einem Vorschlag *Metzigs / Schusters* – die Plätze im Kurzzeitspeicher als *Schubladen* vorstellt, in denen immer nur ein Objekt abgelegt werden kann. Was allerdings ein Objekt ist, das kann ganz unterschiedlich sein. Es kommt ganz darauf an, inwieweit es dem Gehirn gelingt, verschiedene Einzelteile einer Information zu einer *Einheit* zusammenzufassen. Eine solche Einheit ist bereits dann gegeben, wenn Sie z. B. Telefonnummern zu Zweierblöcken zusammenfassen: 55-86-19 sind im Grunde genommen keine sechs Informationseinheiten, sondern nur drei. Hierbei kann es sich genausogut um *Sinn*einheiten handeln, also um Einheiten, die durch eine Zusammenfassung nach *inhaltlichen* Kriterien zustande kommen. So lassen sich z. B. die Informationseinheiten »Hund – bellen – Angst – Flucht« allein deswegen wesentlich besser einprägen als die Informationseinheiten »Het – Zub – Orb – Pöm«, weil sie zu einem gemeinsamen Sinnzusammenhang gehören.

Auch der »Trick« des Kellners bestand darin, die vorgegebenen »Zufallswerte« der Bestellung zu *einer* Einheit, in der Sprache der Psychologie »chunk« genannt, zusammenzufassen. Wie aber ist das möglich? Sehen Sie sich zur Demonstration bitte die folgende Abbildung an, die wir dem Buch von *Metzig* und *Schuster* entnahmen. Sie sehen dort dreimal das Wort *Wind* geschrieben. Einmal besteht es aus einer Reihe von einzelnen diagonalen und horizontalen Linien, einmal aus vier einzelnen Buchstaben und einmal aus nur einem Wort. Im ersten Fall werden im Gedächtnis zehn Speicherplätze belegt, im zweiten Fall vier und im dritten Fall nur einer.

Für die Verarbeitung möglichst vieler Informationen gleichzeitig kommt es also darauf an, so viele Subeinheiten wie möglich zu einem Chunk zusammenzufassen. Dies gelingt um so besser, über je mehr *Vorinformationen* wir verfügen. So ist es uns in unserem Beispiel nur möglich, die Information *Wind* in nur *einem* Chunk abzuspeichern, wenn wir auch der deutschen Sprache mächtig sind. Beherrschen wir diese Sprache nicht, können aber lesen, sind wir bereits auf die zweite Ebene angewiesen; und wenn wir auch nicht lesen können, bleibt uns nichts anderes übrig, als zehn Speicherplätze zu belegen – womit wir dann schon eindeutig überfordert wären. So gesehen kann die *tatsächliche* Informationsmenge im Kurzzeitspeicher also erheblich schwanken. *Krämer* und *Walter* nennen ein ähnliches Beispiel (s. Seite 98).
Auch für das Kurzzeitgedächtnis des Kellners *Conrads* waren natürlich mehr als sieben bis neun Menübestellungen zuviel. Dennoch schaffte er es immer wieder, auch größere Bestellungen fehlerfrei aufzunehmen. Dies gelang ihm, weil auch er gleichsam auf Vorinformationen zurückgriff, nämlich auf bestimmte Muster, die er sich antrainiert und in seinem Gehirn abgespeichert hatte. Bestellten z. B. vier Kunden an einem Tisch vier Steaks in vier verschiedenen Zubereitungsarten (roh, halbroh, mittel und durchgebraten), so rief er sofort das entsprechende Muster ab, das diesen Zuberei-

»Brille« auf japanisch

めがね

»Stellen Sie sich vor, Ihnen würde das Wort ›Brille‹ gezeigt und Sie müßten es aus dem Gedächtnis aufschreiben. Diese Aufgabe stellt so lange kein Problem dar, wie es sich um das Wort in deutscher Sprache handelt. Aufgrund unserer Vorkenntnisse fassen wir die einzelnen Informationen, die Buchstaben, zu einem Block zusammen, dem Wort ›Brille‹. Etwas schwieriger, aber durchaus noch zu leisten, ist die Aufgabe, wenn das Wort zwar in einer Ihnen fremden Sprache, aber in lateinischer Schrift geschrieben ist. Auch hier wird die Informationsmenge reduziert, weil uns die Schrift bekannt ist. Fast unlösbar aber ist die Aufgabe, wenn das Wort in japanischen Schriftzeichen geschrieben ist. Die Schriftzeichen bestehen aus einer großen Anzahl von Einzelinformationen, die wir, weil wir sie nicht gliedern, ordnen und zusammenfassen können, kaum korrekt wiedergeben. Ohne Kenntnis der japanischen Schrift können wir auch nicht entscheiden, welche Informationen für die Darstellung des Wortes wesentlich sind.«

tungsarten entsprach. Bei der Bestellfolge »mittel, roh, mittel« war dies z. B. eine Zickzacklinie, die einem Gebirgszug ähnelte.

Die Technik, Einzelinformationen zu Chunks zusammenzufassen, bezeichnet man als »clustering«. Dieses Clustering kann einerseits gezielt geübt werden und andererseits auch beim Einprägen von Informationen bewußt eingesetzt werden. Daß aber eine gezielte Fokussierung der Aufmerksamkeit überhaupt möglich ist, liegt hauptsächlich daran, daß uns – im Gegensatz zum sensorischen Speicher – im Kurzzeitspeicher verschiedene Kontrolltechniken zur Verfügung stehen, die es erlauben, zu verhindern, daß die gespeicherte Information vergessen wird. Überlegen Sie einmal, was Sie tun, wenn Sie eine gerade gehörte Information – etwa eine Telefonnummer – unbedingt im Gedächtnis behalten wollen. Richtig, Sie werden sie möglichst immer wieder leise – oder im Geiste – wiederholen. Diese Technik ist intuitiv richtig. Denn auch beim Kurzzeitspeicher ist der Zeitraum, den eine Information im Gedächtnis verbringt, nicht beliebig. Wie groß er jedoch genau ist, läßt sich nur schwer sagen. Fest steht nur, daß zur optimalen Ausnutzung der Information diese unbedingt eine *Wiederholung* erfahren muß.

Nur dann bleibt sie dem Gedächtnis erhalten. Verzichtet man auf diese Wiederholung oder wird man beim Vorgang des Wiederholens unterbrochen, geht die Information nach einer bestimmten Zeit verloren. *Lindsay* und *Norman* sprechen deshalb auch von »Erhaltungswiederholung«.
Wie lange es jedoch dauert, bis eine Information tatsächlich wieder aus dem Bewußtsein verschwindet, läßt sich nach dem derzeitigen Stand der Forschung nur schwer sagen, da man bis heute von außen nicht feststellen kann, ob überhaupt eine Wiederholung stattgefunden hat. Manche Autoren, so etwa *Lehner* und *Ziep*, warnen deshalb vor der Illusion, man könne die Speicherzeiten des Kurzzeitgedächtnisses exakt bestimmen. Mehr als eine ungefähre Angabe im Sekunden- oder Minutenbereich lassen diese Autoren nicht zu. Andererseits reicht die Wiederholung allein auch nicht aus, um sicherzustellen, daß die Information »überlebt«. Fast jeder von uns kennt die Erfahrung, daß ihm trotz aller Anstrengung – und trotz mehrmaliger leiser Wiederholungen – die Nummer dann doch noch entfallen ist. Das liegt daran, daß es einen Unterschied macht, ob eine Information »nur« gelernt oder ob sie langfristig eingeprägt wird.
Den besten Erfolg verspricht hier eine Technik, nach der der Redner seine Rede so aufbaut, daß er die Zeit, die er dem Publikum zur Verfestigung seiner Botschaften einräumt, so aufteilt, daß er hiervon 60 Prozent für die Reproduktion (das Überprüfen des Gesagten) zur Verfügung stellt und 40 Prozent auf Wiederholungen verwendet.

Das Langzeitgedächtnis

Jeder Mensch macht die Erfahrung, daß einige Informationen in seinem Gehirn so gespeichert sind, daß er sie nicht mehr vergißt (ausgenommen pathologische Fälle). Dazu zählen z. B. die Muttersprache und der eigene Name. Aber auch an Episoden aus ihrer Jugend können sich viele alte Menschen noch sehr genau erinnern.
Diese Fähigkeit verdanken wir dem Langzeitgedächtnis. In ihm sind nach dem gegenwärtigen Stand der Forschung nicht nur alle Informationen, die einmal hier angelangt sind, auf ewig abgespeichert, sondern diese stehen zusätzlich auch permanent zur Verfügung. Wie Experimente zur Hypnose nämlich zeigen, sind die Informationen, von denen man sagt, daß man sie vergessen hat, nicht etwa aus dem Speicher gelöscht, sondern nur momentan nicht auffindbar (*O'Connel* u. a.). Dies gilt sogar dann, wenn z. B. durch einen Unfall die gesamte elektrische Aktivität eines Gehirns ausgeschaltet wird. In diesem Fall können zwar alle Inhalte des Kurzzeitspeichers schlagartig gelöscht werden, nicht jedoch die langfristigen Speicherungen. Allerdings kann sich im Alter die Aufnahmefähigkeit des Langzeitspeichers verringern.

Es leuchtet ein, daß das Gehirn für seine riesigen Informationsmengen ein Ordnungssystem benötigt, das ihm das Auffinden einer bestimmten Information ermöglicht. In der Literatur – z. B. bei *Lindsay/Norman* und bei *Baddeley* – findet sich hierzu oft der Vergleich mit einer Bibliothek. Dieser Vergleich ist gar nicht so schlecht; allerdings gibt er nur bruchstückhaft die wahre Leistung unseres Langzeitgedächtnisses wieder. So können wir uns ohne weiteres – das Beispiel stammt von *Metzig* und *Schuster* – an »ein dikkes rotes Buch über Psychologie« erinnern, »das im Cover die Farben weiß/blau verwendet. Aus einer Bibliothek können wir aber Bücher nach Autor und höchstens noch nach Sachgebiet suchen. Die Frage nach dem roten Buch mit mehr als 300 Seiten über Farbpsychologie würde einen Bibliothekar fassungslos zurücklassen.«

Das Dreispeichermodell in der Übersicht

	Sensorischer Speicher	Kurzzeitspeicher	Langzeitspeicher
Kapazität	bis 16 000 bit (hoch)	7 + 2 Elemente (gering)	alle Lebenserinnerungen und Kenntnisse (sehr hoch)
Dauer	bis 250 Millisekunden	3 Minuten	die gesamte Lebensspanne
Format	in der Art der Sinnesinformation	vorwiegend phonemisch	Organisation nach Bedeutungen

(nach Metzig/Schuster)

Was folgt aus dem Stufenmodell des Gedächtnisses für den Redner?

- Das Gedächtnis hat zwar theoretisch – selbst wenn wir festhalten, daß Informationen auch ganz verblassen können – eine unbegrenzte Speicherkapazität und kann deshalb auch eine unbegrenzte Menge an Informationen speichern, dennoch sollte ein Redner – zumindest wenn er will, daß seine Zuhörer das Gesagte längere Zeit behalten – seine Zuhörer nicht mit zu vielen Informationen überfrachten. Der Grund liegt darin, daß das Gedächtnis Erholungspausen benötigt, um eine Information von der anderen abzusetzen. Verweigert der Redner dem Zuhörer solche Erholungsphasen, wird dieser letztendlich nichts behalten.

- Damit seine Botschaften das sensorische Gedächtnis der Zuhörer passieren, muß der Redner dafür sorgen, daß der Lernstoff ein hohes Maß an subjektiver Bedeutsamkeit für seine Zuhörer aufweist. Dies ist immer dann der Fall, wenn die Zuhörer in der neu aufgenommenen Information irgendein Schema oder Muster entdecken, das bereits in ihrem Langzeitgedächtnis gespeichert ist – also auch (bei längeren Reden) über eine intensive Verknüpfung der Redeteile mit anderen, bereits früher aktivierten oder indizierten Mustern. Dies sollte eigentlich jedem geschickten Redner gelingen, denn »kaum eine Information ist so neu, daß sie nicht an eine bereits bestehende Regelmäßigkeit oder ein vorhandenes Muster erinnern könnte« (*Stemme/Reinhardt*). Redner sollten sich also davor hüten, ihre Informationen »detaillistisch« darzubieten.

- Für den Zuhörer ist es prinzipiell schwerer, sich auf eine Rede zu konzentrieren, die ihn nicht interessiert, als auf eine Rede, an deren Thema er großes Interesse hat. Die vornehmste Aufgabe des Redners wird es also immer sein, Interesse zu wecken. Muß der Redner davon ausgehen, daß dieses Interesse nicht vorhanden ist, empfiehlt es sich oftmals, den Zuhörer bereits im Vorfeld mit Fakten zu beliefern, etwa indem er an seinem Platz einen Zettel mit Informationen zum Thema vorfindet. Denn oft fällt das Einprägen neuer Informationen auch deshalb so schwer, weil (eben wegen des mangelnden Interesses) wenig Hintergrundwissen vorhanden ist, mit dem die neuen Fakten verknüpft werden können.

- Da die Kapazität des Kurzzeitgedächtnisses begrenzt ist – und demzufolge immer wieder Informationen verlorengehen –, ist es wichtig, daß der Redner seine *Kernsätze* geschickt wiederholt – und zwar auf möglichst vielfältige Art und Weise. Dennoch sollte sich der Redner darüber im klaren sein, daß auch die Wiederholung wichtiger Passagen *alleine* kein Garant dafür ist, daß die Botschaft auch tatsächlich langfristig behalten wird. Selbst wenn er über Kontrollfragen feststellt, daß seine Zuhörer die Inhalte präsent haben, muß er damit rechnen, daß sie sie nach einigen Stunden wieder vergessen haben.

- Der Redner sollte vor allem den Satz*anfängen* seiner Rede Beachtung schenken, denn soll der Zuhörer den Inhalt eines gesprochenen Satzes begreifen, so muß er sich unbedingt an den Satzanfang erinnern können. Sämtliche Informationen über einen Satz aber werden zunächst im Kurzzeitgedächtnis gespeichert.

- Ist eine Information einmal im Kurzzeitgedächtnis der Zuhörer angelangt, verbleiben dem Redner noch 20 Minuten, um sie so umzuwandeln, daß sie auch in deren Langzeitgedächtnis eingeht. Das bedeutet, daß bei jeder Rede, die länger dauert als diese 20 Minuten, der Redner *spätestens* nach 15 Minuten Redezeit eine Wiederholungsphase starten sollte. Nur so hat er eine Chance, daß seine Worte auch in das Langzeitgedächtnis des Publikums Einlaß finden. Die optimale Vorgehensweise ist folgende:

1. Formulieren Sie zuerst ihre Kernsätze in einer Länge von sieben bis maximal zwölf Wörtern.

2. Wiederholen Sie dann innerhalb von 20 Sekunden das wichtigste Schlüsselwort. Scheuen Sie sich nicht vor dieser Wiederholung. Sie benötigen sie, damit die Information vom sensorischen Speicher in den Kurzzeitspeicher übergeht.

3. Danach haben Sie 20 Minuten Zeit, Ihre Informationen weiter zu variieren, d. h., sie so umzuwandeln, daß sie anschließend (nach Ihrer Rede) im Langzeitspeicher Ihrer Zuhörer abgelegt werden. Bei kurzen Reden erfüllt diesen Zweck eine Zusammenfassung kurz vor Schluß der Rede. Bei langen Reden müssen Sie aufpassen: Verpassen Sie den 20-Minuten-Termin, wird die Information mit großer Wahrscheinlichkeit nicht lange haftenbleiben.

(teilweise entnommen aus Reden und Rhetorik von A – Z)

Strategien der Erinnerung

Der beste Weg, ... Ideen oder Wörter erinnern zu können ist, sie irgendwie einzigartig zu machen. Das macht dann buchstäblich Eindruck ...
(Matti Bergström)

Die oben beschriebene Tatsache, daß das Gehirn ein Ordnungssystem benötigt, das ihm das Auffinden einer bestimmten Information ermöglicht, weist zunächst darauf hin, daß jede neue Information zwingend mit den schon vorhandenen Informationen in eine bestimmte Beziehung gesetzt werden muß. Denn nichts anderes bedeutet das Prinzip der Ordnung. Das heißt aber auch gleichzeitig, daß diese neue Information für das Gehirn in gewisser Weise *sinnvoll* sein muß. Und genau das ist der Knackpunkt jedes Erinnerungsaktes. Denn viele der Informationen, die wir uns aus irgendeinem Grunde merken wollen (etwa ein Termin oder eine Telefonnummer), erscheinen dem Gehirn zunächst einmal *nicht* als sinnvoll. Woher auch? Es

entsteht also das Problem, willkürlich aussehende Informationseinheiten irgendwie für das Gehirn sinnvoll zu *machen*. In der Psychologie nennt man diesen Prozeß, der im Grunde genommen auch als eine Art Verschlüsselung verstanden werden kann, »elaborative Codierung«. Elaborativ ist diese Codierung deshalb, weil der eingehenden Information etwas *hinzugefügt* wird mit dem Ziel, sie möglichst deutlich erkennbar *im richtigen Regal* des Langzeitspeichers abzustellen.
Was aber heißt im richtigen Regal? Oben hatten wir gesagt, unser Langzeitgedächtnis arbeitet wie eine Bibliothek. Spinnen wir doch dieses Bild einmal weiter. In der Bibliothek des Gedächtnisses gibt es, wie in jeder Bibliothek, bestimmte Bücher und Klassen von Büchern, die besonders schnell erreichbar und griffbereit sind, während andere im letzten Winkel vor sich hin stauben. Das sind in der Regel die, die entweder besonders alt sind, besonders selten ausgeliehen werden oder beides. Aber auch diese Bücher sind immer noch Bestandteil der Bibliothek, und wenn sie tatsächlich mal jemand ausleihen möchte, dann können sie – im Prinzip jedenfalls – auch gefunden werden. Das heißt, daß es richtiges Vergessen in dem Sinne, daß eine Information spurlos verschwindet, eigentlich gar nicht gibt. Auch die oben angesprochene Eigenschaft der Engramme, bei Nichtbenutzung zu verblassen, weil die Synapsen mit der Zeit ihre Effektivität verlieren, widerspricht dem nicht, denn »verblassen« bedeutet ja nicht, daß sie restlos verschwinden. Sie verblassen eben nur, d. h., sie sind weit schwieriger wieder aufzufinden als solche Erinnerungen, die immer mal wieder aufgefrischt – oder, wie Platon sagte: eingeschürft – werden. Der Mensch, der etwas vergißt, ist nach dieser Sichtweise also nur momentan nicht fähig, Gelerntes zu reproduzieren, d. h., ihm fehlt eine geeignete *Suchroutine*.

Wer suchet, der findet: Suchroutinen

Vergleichbar ist dies mit dem Problem der Organisation der Bibliothek. Auch dort entscheidet die Effizienz der Suchroutine darüber, ob ein Buch gefunden wird oder nicht und wie aufwendig dies ist. In diesem Sinne gleicht jemand, der sagt, er habe »etwas auf der Zunge liegen«, komme aber im Moment nicht darauf, dem Bibliothekar, der weiß, daß seine Bibliothek ein bestimmtes Buch enthält, dem aber im Moment nicht einfällt, wo er es abgestellt hat. Das herauszufinden ist unter Umständen gar nicht so einfach, denn wie wir gesehen haben, werden die Informationen im Gehirn ja nicht einfach wie mit einer Kamera fotografiert und dann als Eins-zu-eins-Abbild abgelegt, sondern als eine Art universales *Muster* abgespeichert, noch dazu unter mehreren *verschiedenen* Merkmalen. Auch dies kann man sich so ähnlich vorstellen wie das Karteisystem einer Bibliothek, in dem der Hinweis auf den Standort eines Buchs in der Regel unter mehreren Stich-

wörtern erscheint. Die Gesamtheit dieser Stichwörter bildet dabei eine Art Netzwerk, und jedes einzelne von ihnen stellt ein spezifisches *Abrufsignal* für ein bestimmtes Buch dar. Solche Abrufsignale, die auch im Gehirn in der Gesamtheit ihrer Verknüpfungen ein riesiges kompliziertes Netzwerk bilden, sind in unserem Gedächtnis in großer Zahl vorhanden.
Ab hier jedoch versagt der Vergleich des Gedächtnisses mit einer Bibliothek. Man darf sich die Abrufsignale des Gedächtnisses nämlich auf keinen Fall so vorstellen, als handle es sich hierbei – wie bei den Stichwörtern auf einer Karteikarte – um die Abspeicherung rein digitaler Informationen. Schon der Abschnitt über das Kurzzeitgedächtnis hat ja gezeigt, daß oftmals auch andere, räumlich und zeitlich gleichzeitig auftretende, Informationen mit abgespeichert werden, also etwa Melodien, Geschmäcker oder Gerüche. Und je sinnvoller all diese Informationen miteinander verknüpft sind und aufeinander verweisen, um so effektiver funktioniert der Erinnerungsprozeß. Man könnte auch sagen, es müssen möglichst viele redundante Informationen vorliegen. Jemand, der perfekt war in der Verknüpfung möglichst vieler Informationen, war der Journalist *Schereschewski*, dessen ungewöhnliche Gedächtnisleistungen uns durch eine Fallstudie von *Alexander R. Lurija* bekanntgeworden sind.

Kleines Portrait eines großen Gedächtnisses

Schereschewski war dadurch aufgefallen, daß er sich bei seiner Arbeit als Journalist nie Notizen machte. Alles, was er sah und hörte, bewahrte er offensichtlich ohne jede Abnutzungserscheinung in seiner Erinnerung auf und konnte es jederzeit wieder abrufen. Selbst Ereignisse, die bereits lange zurücklagen, machten ihm keinerlei Schwierigkeiten. *Lurija* beobachtete diesen Mann jahrelang, und ihm gelang es schließlich, ihn ausführlich zu befragen. Dabei stellte sich heraus, daß *Schereschewski* nicht einzelne Tatsachen abspeicherte, sondern quasi alles, aber auch wirklich alles, auf irgendeine Art und Weise in seinem Gehirn miteinander verknüpfte. Die Folge war, daß z. B. Bilder in seiner Erinnerung immer auch verbunden waren mit Farben, Gerüchen, Tönen und Gefühlen. Manchmal ertrank er geradezu in dieser Flut von Eindrücken. *Lurija* schreibt dazu: »Bei *S.* gab es nicht jene klare Grenze, die jedem von uns das Sehvermögen vom Gehör, das Gehör vom Tast- oder Geschmackssinn trennt. Jene Überbleibsel von ›Synästhesien‹, die sich bei vielen Menschen in rudimentärer Form erhalten (wer weiß nicht, daß tiefe und hohe Töne unterschiedlich ›gefärbt‹ sind, daß es ›warme‹ und ›kalte‹ Töne gibt, daß ›Freitag‹ und ›Montag‹ eine unterschiedliche Färbung haben), waren bei *S.* ein wesentliches seelisches Konstituens.«
Auch Zahlen verband *Schereschewski* nicht nur mit einem mathematischen Begriff, sondern verlieh ihnen gleichsam sinnliche Qualitäten. So schilderte er

z. B. die Eins als »eine spitze Zahl, . . . etwas Abgeschlossenes, Festes«, die Zwei als »etwas Flacheres, Viereckiges, Weißliches, manchmal auch ein wenig Graues«, die Drei als »eine spitze Linie«, die sich »dreht«. Wollte er sich eine Zahlen*reihe* merken, dann ordnete er jeder Zahl eine Person zu und postierte sie auf einer bestimmten Straße. Ging er dann später in Gedanken diese Straße wieder ab, dann erinnerte er sich der dort »stehenden« Personen – und mit ihnen der zugehörigen Zahlen. Aufgrund dieser Technik vermochte er auch solche Aufgaben noch im Kopf zu lösen, die andere nur in Verbindung mit konkreten Gegenständen lösen können. Andererseits hatte er große Probleme mit abstrakten Dingen. Weil er immer konkrete Bilder vor sich sah, war es ihm fast unmöglich, zu begreifen, daß es Dinge gibt, die man nicht sehen kann. Der Begriff der Unendlichkeit z. B. stellte ihn vor eine unlösbare Aufgabe. *Schereschewski*, der einmal gesagt hatte: »Die anderen denken, ich sehe«, nutzte im übrigen später seine außergewöhnliche Begabung, indem er in einem Varieté als Gedächtniskünstler auftrat, der sich endlos lange Zahlenreihen oder Wortkombinationen merken konnte.

Einen anderen Fall von Supergedächtnis schildert *Borges* in seiner Erzählung »*Funes*, der Erinnerer«, eine Schilderung, die *Ornstein* offenbar für so realistisch hält, daß er sie in seinem Buch zitiert:

Funes, *der Erinnerer*

»Wir können mit einem Blick gerade eben drei Gläser auf einem Tisch erfassen; *Funes* erfaßte alle Blätter und Ranken eines Weinstocks. Er kannte die Umrisse der südlichen Wolken bei Tagesanbruch des 30. April 1982 auswendig. Und er konnte sie in seinem Geist mit der gesprenkelten Marmorierung eines Buches, das er nur einmal in seinem Leben gesehen hatte, vergleichen. Seine Erinnerungen waren nicht einfach: Jede visuelle Vorstellung, jedes Bild war mit muskulären Empfindungen, Wärmewahrnehmungen etc. verknüpft. Er konnte all seine Träume und Tagträume rekonstruieren . . . Er sagte nur: ›Ich habe allein mehr Erinnerungen in mir als die gesamte Menschheit seit Anfang der Welt.‹ Und weiter: ›Meine Träume sind wie die wachen Stunden von euch anderen.‹ Und, gegen Morgengrauen: ›Mein Gedächtnis ist wie ein Müllhaufen.‹ Ein Kreis auf einer Wandtafel, ein Dreieck oder ein Rhombus, das sind Formen, die jeder von uns sofort erfassen kann. *Ireneo* konnte dasselbe mit der wehenden Mähne eines Pferdes tun, mit einer Viehherde auf einem Hügel, mit dem sich wandelnden Feuer und all den dazugehörigen Aschen, mit den vielen Gesichtern eines Toten während einer langen Totenwache. Ich weiß nicht, wie viele Sterne er am Himmel sehen konnte.«

Es wäre wahrlich seltsam, hätte ein solch gutes Gedächtnis, wie *Schereschewski* und *Funes* es hatten, nicht auch seine Nachteile. *Schereschewski* z. B. hatte das Problem, daß er schlechtweg nichts mehr vergessen konnte. Hierdurch wuchs der Bestand seiner Erinnerungen ständig an – und nahm schließlich einen solch großen Raum ein, daß er sie nur noch als große Last empfinden konnte. Bei *Funes* bestand das Problem darin, daß er ungefähr die gleiche Zeit brauchte, um sich an Ereignisse genau zu erinnern, wie diese Ereignisse ursprünglich gedauert hatten. »Zwei- oder dreimal« – berichtet *Borges* – »›erinnerte‹ er einen ganzen Tag; er zögerte nie, aber jede Rekonstruktion dauerte einen ganzen Tag.« Wer aber einen Tag braucht, um einen Tag zu erinnern, für den gibt es auch keine Zukunft mehr – es sei denn, er stellte die Tätigkeit des Erinnerns ganz ein. Das aber ist – bewußt – unmöglich. Das können Sie sehr leicht selbst feststellen.

Die Wahrsagerin hat immer recht oder
Das Gehirn kennt keine Negationen

Machen Sie einmal folgendes Gedankenexperiment. Nehmen wir einmal an, Sie gehen zu einer Wahrsagerin, um von ihr zu erfahren, wie Sie möglichst schnell und bequem zu Geld kommen können. Die Wahrsagerin wiegt darob bedeutungsvoll ihr Haupt und erzählt Ihnen, da gebe es eine Möglichkeit, allerdings: Wenn sie Ihnen die Lösung verriete, verringerte sich auch Ihre Chance, tatsächlich an das Geld zu gelangen. Andererseits sei die Chance viel höher, wenn sie Ihnen den Trick nicht erzählte. Was tun Sie? Wollen Sie den Trick kennenlernen oder nicht? Nehmen wir einmal an, Sie entscheiden sich dafür.

Die Wahrsagerin kassiert daraufhin ihren Obulus und beginnt mit Ihrer Geschichte. Tief im Boden Ihres Gartens, an der Wurzel des größten Baumes – so sagt sie –, liege ein Schatz vergraben. Dieser könne jedoch nur gehoben werden, wenn Sie *persönlich* zur Schaufel griffen. Dies sei die erste Bedingung. Sie frohlocken und verlangen, nun die zweite Bedingung zu hören. »Die zweite Bedingung« – haucht nun die weise Frau – »ist die: Sie werden den Schatz nur finden, wenn Sie bei Vollmond zwischen Mitternacht und ein Uhr graben. Wenn Sie bis ein Uhr den Schatz nicht gefunden haben, werden Sie nie mehr reich werden.«

Sie überlegen eine Weile und beschließen dann, das Risiko einzugehen. Vielleicht – so denken Sie – können Sie ja vorher auch noch trainieren, um die entsprechenden Muskeln zu bekommen. Auch könnten Sie warten, bis sie eine Vollmondnacht erwischen, bei der es vorher geregnet hat, dann ist der Boden weicher. Kurzum, Sie verlangen nach der dritten, der letzten Bedingung. Wieder kassiert die Wahrsagerin. »Die dritte Bedingung« – hebt sie an und beugt sich leicht zu Ihnen nach vorne, und ihre Stimme wird leiser – »ist die schwerste und entscheidende.« Ihr Atem stockt. Soll ich noch ausscheiden, denken Sie, immerhin gibt es auch noch andere Möglichkeiten, reich zu werden. Dann merken Sie, wie Sie unwillkürlich nicken. Die Wahrsagerin sieht Sie noch einmal durchdringend an, ein Ruck geht durch ihren Körper, dann verkündet sie mit fester Stimme: »Während Sie am Fuße des größten Baumes in Ihrem Garten graben, dürfen Sie an alles denken, was Ihnen in den Sinn kommt, nur an eines nicht: Denken Sie auf keinen Fall an ein Nilpferd!«

Damit wäre für Sie der Fall erledigt, denn Sie können unmöglich denken, daß Sie sich *nicht* erinnern wollen. Und das war auch das Dilemma von »*Funes*, dem Erinnerer«. Er war – wie *Ornstein* erläutert – einfach nicht in der Lage, »eine leicht abrufbare und vereinfachte Version der Ereignisse« abzuspeichern. Damit hätten wir ein zweites Prinzip der Erinnerung: Erinnerungen repräsentieren immer nur einen *Teil* der Ereignisse, die wir erlebt haben, d. h., es handelt sich immer um eine *vereinfachte* Version des tatsächlichen Lebens. In welchem Maße diese Vereinfachungen unseren Alltag steuern, läßt sich an einer einfachen Beobachtung demonstrieren.
Stellt man Versuchspersonen die Frage: »Welcher Tag ist heute?«, dann müßte die Zeit, die jemand für die Antwort benötigt, in etwa immer gleich sein. Warum auch sollte es dienstags länger dauern als donnerstags? Tatsächlich aber dauert es bei den meisten Menschen an einem gewöhnlichen Wochentag länger als an einem Wochenende, bis sie diese Frage beantwortet haben. Und am längsten dauert es am Mittwoch. Woran liegt das? Machen Sie hierzu bitte zunächst ein Experiment (nach *Ornstein*).

Können Sie alle Monate des Jahres aufzählen?
Versuchen Sie doch bitte einmal folgendes:
① Sagen Sie die Monate des Jahres in der richtigen Reihenfolge auf. Stoppen Sie dabei Ihre Zeit: ______
② Zählen Sie nun alle Monate rückwärts auf. Stoppen Sie dabei wieder die Zeit, und zählen Sie anschließend Ihre Fehler: ______ ______
③ Sagen Sie nun alle Monate in alphabetischer Reihenfolge auf.

Was stellen Sie fest?
Wenn Sie so reagiert haben wie die meisten Menschen, müßte die erste Aufgabe reibungslos geklappt haben. Bei der zweiten müßten Sie zwar länger gebraucht haben, aber allzu viele Fehler werden Sie auch hier nicht gemacht haben. Die dritte Aufgabe schließlich wird überraschend schwierig gewesen sein. Und das, obwohl Sie erstens die Monate ganz genau kennen, obwohl sie zweitens deren Namen gerade erst zweimal aufgesagt haben und obwohl sie drittens ganz genau wissen, was eine alphabetische Reihenfolge ist.

Die Schwierigkeit – vermutet *Ornstein* – liegt wahrscheinlich darin, daß unser mentales System einfach so ausgelegt ist, daß es bestimmte Dinge besser kann als andere und bestimmte Dinge gar nicht. Entscheidend ist im vorliegenden Fall wahrscheinlich die Gewohnheit: Wann benötigen wir schon einmal die Monate in ihrer alphabetischen Reihenfolge? Ähnliches gilt für die Frage, um welchen Tag es sich heute handelt. Auch in diesem Fall geht es um Gewohnheit, diesmal darum, daß wir uns wahrscheinlich angewöhnt haben, die Wochentage nach ihrer Nähe zum Wochenende zu beurteilen. Gewohnheit aber ist ein geradezu klassisches Ordnungsprinzip – und anscheinend eines, das für den Prozeß der Erinnerung besonders günstig ist.

Manipulation durch Ordnung

Es stellt sich nun also die Frage, wie ein Ordnungssystem beschaffen sein muß, damit sich ein Gedächtnis möglichst effektiv erinnert. Die Beantwortung dieser Frage dürfte für einen Redner von großer Bedeutung sein, weil die Kenntnis des Systems ihm die Möglichkeit bietet, Reihenfolge und Art seiner Darbietung zu überdenken. Hierzu ein Experiment von *Bousfield*, gefunden bei *Metzig / Schuster*.

Die Ordnung der Dinge

Versuchspersonen wurden vier Listen mit je 15 Substantiven vorgelegt, verbunden mit der Aufforderung, diese 60 Wörter zu lernen. Nach einiger Zeit wurden sie aufgefordert, die gelernten Begriffe ohne Rücksicht auf die Reihenfolge niederzuschreiben. Die spannende Frage für die Forscher war jetzt nicht die nach der *Anzahl* der Wörter (hier lag die mittlere Leistung bei 25), sondern die, ob diese nach einem bestimmten *System* geordnet werden, und wenn ja, nach welchem. Denkbar wäre etwa eine Sortierung nach der gleichen Buchstabenanzahl oder – was auf den ersten Blick am wahrscheinlichsten klingt – nach der Ähnlichkeit im Klangbild.

Bei der Auswertung ergab sich jedoch ein vollkommen anderes Bild. Die Versuchspersonen verfolgten *eindeutig* die Tendenz, die Wörter nach *Kategorien* zu ordnen, in diesem Fall nach Tieren, Vornamen, Berufen und Gemüsearten. Fiel also einer Versuchsperson ein Tiername ein, dann folgten diesem mit hoher Wahrscheinlichkeit auch noch weitere Tiernamen. Die Orientierung an Kategorien war so stark, daß in einigen Fällen sogar anstelle des vorgegebenen Begriffs ein phonologisch völlig anderes, aber bedeutungsähnliches Wort abgerufen wurde, z. B. Kraftfahrer statt Autofahrer.

Dieses Ergebnis wird von anderen Untersuchungen bestätigt. Hierbei zeigt sich auch, daß die Reproduktionsleistungen um so höher sind, je *stabiler* die

Ordnung ist, nach der kategorisiert wird. Wird man nämlich durch irgendeinen Umstand daran gehindert, eine stabile Organisation aufzubauen, dann fällt die Gedächtnisleistung sofort rapide ab (*Bower*). Wie wirksam die organisierende Tätigkeit tatsächlich ist, zeigt sich auch daran, daß Versuchspersonen, die die Aufgabe erhielten, 100 Begriffe nach eigenen Kategorien (nur) zu *ordnen*, anschließend die gleichen Erinnerungserfolge hatten wie andere, die die Begriffe regelrecht *lernen* sollten (*Mandler*). Es ist also der Ordnungsakt selbst, der hier zu Erinnerungsleistungen führt.

Für den Redner besonders interessant dürfte in diesem Zusammenhang die Beobachtung sein, daß es offensichtlich überhaupt nicht darauf ankommt, die Kategorien auch selbst zu *erstellen*. Wichtig ist nur, daß sich eine bestimmte Ordnungsleistung im Gehirn vollzieht. Denn fast *immer*, wenn bestimmte Kategorien den Versuchspersonen implizit vorgegeben wurden, nahmen diese das Angebot auch an – und verzichteten auf einen eigenen Versuch der Kategorisierung. Gleichzeitig erwies sich diese Strategie auch als hervorragendes Mittel, zu verhindern, daß u. U. ganze Kategorien vergessen werden (*Tulving/Pearlstone*).

Damit hat der Redner ein Steuerungsinstrument erster Güte in der Hand. Denn nicht nur stellt dies den deutlichen Beweis dafür dar, daß strukturierte (organisierte) Reden grundsätzlich besser behalten werden als unstrukturierte »chaotische«, sondern nun erwächst ihm auch die Chance, ein erfolgreiches Eindrucksmanagement zu betreiben, indem er durch geschickte Kategorisierung die Denkrichtung seiner Zuhörer praktisch vorgibt. Handelt es sich hierbei um Kategorien, die die rechte Gehirnhälfte ansprechen, wird der Erfolg um so größer sein. Wann aber kann man eine Rede als organisiert bezeichnen?

Der hierarchische Abrufplan

Eine gute Strategie, die Erinnerung zu verbessern, sind hierarchische Abrufpläne. In Tests lagen die Erinnerungsleistungen etwa dreimal so hoch wie bei der Darbietung ungeordneter Informationen. Dabei erwies es sich noch nicht einmal als nötig, daß die Logik, nach der die Informationen geordnet waren, auch den Gesetzen der formalen Logik entspricht. Es ist z. B. genauso möglich, einen Abrufplan nach einer ganz individuellen, persönlichen Logik zu konstruieren.

Für den Redner wird sich dies allerdings nur dann als sinnvoll erweisen, wenn es ihm tatsächlich nur um die *eigene* Erinnerung geht, wenn er den Abrufplan also nur dazu einsetzen möchte, sich seine Rede möglichst gut einzuprägen, etwa bei einer Stichpunktrede. Beabsichtigt er jedoch, mit dem Mittel der impliziten Kategorisierung, wie wir sie oben geschildert haben, die Erinnerung der *Zuhörer* zu steigern, dann sollte er auf jeden Fall auf möglichst leicht nachvollziehbare Hierarchien zurückgreifen. Auch dann muß es sich durchaus nicht um einen Plan nach den Regeln der formalen Logik handeln. Denkbar ist vielmehr auch hier eine Gliederung nach inhaltlichen Kriterien. Ein Beispiel hierfür bietet *Bower* mit einem hierarchischen Abrufplan zum Thema »Mineralien« (nach *Metzig / Schuster*).

- Mineralien
  - Metalle
    - Selten
      - Platin
      - Silber
      - Gold
    - Häufig
      - Aluminium
      - Kupfer
      - Blei
      - Eisen
    - Legierungen
      - Bronze
      - Messing
  - Gestein
    - Edelstein
      - Saphir
      - Smaragd
      - Diamant
      - Rubin
    - Bausteine
      - Kalkstein
      - Granit
      - Marmor
      - Schiefer

Wie Sie sehen, liegt das Geheimnis eines guten Abrufplanes in einer möglichst exakten Auswahl und Einteilung der Kategorien in Hierarchiestufen. Doch wenn diese gelingt, dürfte die Wahrscheinlichkeit, bei der Rekonstruktion des Textes etwas zu vergessen, ziemlich gering sein.

Die Vorspann-Technik

Folgt man *Ausubel*, dann behalten Zuhörer um so mehr, je besser es ihnen gelingt, die neue Information in bereits vorhandenes – geordnetes! – Wissen zu integrieren. Ausschlaggebend für diesen Prozeß ist allerdings, daß bei ihnen bereits kognitive Strukturen vorliegen, die der neuen Information in irgendeiner Weise entsprechen. Und genau hier beginnt das Problem des Redners. Da er nämlich oftmals gerade *nicht* davon ausgehen kann, daß diese Strukturen tatsächlich vorhanden sind, empfiehlt es sich, diese gleichsam präventiv erst herzustellen. *Ausubel* schlägt hierfür die Technik des »Vorspanns« vor (in der englischen Literatur als *advance organizer* beschrieben):
Um zu verstehen, wie ein solcher Vorspann funktioniert, lesen Sie bitte einmal den folgenden Text von *Taylor*, den wir bei *Metzig / Schuster* gefunden haben:

»Es handelt sich weder um eine Kunst noch um eine Wissenschaft, sondern eher um eine erlernbare Fertigkeit. Viele werden abgeschreckt, weil sie es sich nicht zutrauen, und andere, die darüber nachlesen, bekommen den Eindruck, daß man eine Menge Kenntnisse, Geschicklichkeit und Schnelligkeit dafür benötigt. In Wirklichkeit ist die Sache sehr einfach. Man braucht nur die richtige Ausrüstung und etwas Übung. Ohne geeignetes Werkzeug ist es zu anstrengend, und man könnte sich dabei verletzen. Andererseits ist es sehr einfach und sicher mit der geeigneten Ausrüstung. Es empfiehlt sich, die beste Ausrüstung zu wählen und diese in gutem Zustand zu halten. Wenn Sie beginnen, bedenken Sie, daß sehr feines Papier verwendet wird und daß der Winkel deshalb nicht größer als 15° sein sollte. Sie können den Winkel so prüfen: Der vordere Teil des Papiers liegt auf einer glatten Unterlage, der hintere auf Ihrem Daumen, der seinerseits ebenfalls die Unterlage berührt. Dann stimmt der Winkel. Wenn Sie das Gerät benutzen, so bewegen Sie es vorsichtig hin und her. Versuchen Sie niemals, es vor dieser Bewegung zu schließen, das Ergebnis würde katastrophal sein. Versuchen Sie immer, denselben Winkel einzuhalten, achten Sie auf gleichmäßigen Umfang. Mit ein wenig Übung werden Sie es bald beherrschen und Ihre Freunde und Bekannten damit beeindrucken können.«

Tragen Sie nun bitte in die folgende Skala ein, wie verständlich der Text für Sie war.

sehr unverständlich — sehr verständlich

1	2	3	4	5	6	7

Notieren Sie jetzt bitte (in Stichpunkten) alles, was Sie vom Text behalten haben. Sollten Sie der Meinung sein, daß Sie eigentlich gar nicht wissen, worum es in diesem Text geht, dann ergeht es Ihnen wie vielen anderen Versuchspersonen auch. Probieren Sie es trotzdem. Lesen Sie bitte nicht weiter, bevor Sie dies gemacht haben.

____

____

____

____

____

Die Vorspann-Technik geht davon aus, daß gezielte Vorinformationen einen Text eindeutiger und leichter verständlich machen. Stimmt diese These, dann müßte auch eine *nachträgliche* Information noch einen erhellenden Effekt haben. Dies können Sie jetzt an sich selbst überprüfen: Bei dem Text, den Sie eben gelesen haben, handelt es sich um eine Anweisung für das Drehen von Zigaretten . . .
Nun gehört zu einem guten Vorspann natürlich mehr als nur der Hinweis darauf, worum es im zu erwartenden Text geht. Gefordert ist vielmehr eine Art kleine Zusammenfassung der Grundgedanken, die die später notwendige Organisation der neuen Informationen erleichtern soll. Ob dieses Verfahren tatsächlich funktioniert, ist in der Literatur umstritten; allerdings konnte nachgewiesen werden, daß immer dann positive Effekte auftreten,

- wenn der Text eine große Anzahl von Fakten enthält,
- wenn die vermittelten Informationen anschließend direkt angewendet werden können,
- wenn tatsächlich bereits vorhandenes mit neuem Wissen verknüpft wird,
- wenn die Zuhörer tatsächlich *nicht* bereits über geeignete kognitive Konzepte verfügen,
- wenn der Vorspann hilft, die logischen Beziehungen innerhalb des Textes zu durchschauen.

Übertragen wir diese Erkenntnisse auf eine Redesituation, dann ergibt sich folgendes Bild: Die Vorspann-Technik ist dann geeignet, wenn es sich um eine Rede handelt, die erstens vor Publikum stattfindet, dem Aspekte des Themas bereits bekannt ist, und die zweitens das Ziel hat, einen bestimmten hohen Prozentsatz an Fakten zu transportieren. In diesem Fall

- sollte sich der Redner bemühen, seine Fakten mit Beispielen zu garnieren, in denen möglichst plastisch und bildhaft auf Anwendungsmöglichkeiten und Konsequenzen hingewiesen wird;
- sollte der Redner möglichst ungewöhnliche Anforderungen an die kognitive Struktur seiner Zuhörer stellen, indem er möglichst ungewöhnliche Kategorisierungen vorgibt;
- sollte der Redner darauf achten, daß der Vorspann einen direkten logischen Bezug zum Rest der Rede hat, d. h., er sollte möglichst aus mehr bestehen als aus einem illustrativen Redeeinstieg.

Die Dimensionen der Verständlichkeit

Ein gutes Beispiel dafür, wie das Prinzip der Organisation auf die Verständlichkeit eines Textes einwirkt, stellt auch eine Untersuchung von *Langer* und seinen Mitarbeitern dar. Die Autoren gingen von der allgemeinen Erfahrung aus, daß Texte mit gleichem Sachverhalt, aber unterschiedlicher Darstellungsform vom Leser oder Hörer unterschiedlich gut verstanden und behalten werden. In langen Versuchsreihen versuchten sie herauszubekommen, welche Textmerkmale die gute »Verständlichkeit« eines Textes ausmachen.
Sie stießen dabei auf vier sogenannte – weitgehend voneinander unabhängige! – »Dimensionen der Verständlichkeit«, die sehr viel mit dem zu tun haben, was wir das »Reden in Bildern« nennen.

- *Einfachheit:* Sie bezieht sich in erster Linie auf den Satzbau und die Wortwahl eines Textes. Ihr Gegenpol ist die Kompliziertheit. Einfachheit eines Textes ist dann gegeben, wenn seine Sätze kurz sind, er geläufige Wörter benutzt und möglichst konkret und anschaulich ist. Das Optimum in dieser Kategorie stellt maximale Einfachheit dar. In unserem Zusammenhang interessant ist die Tatsache, daß einfache Texte auch wesentlich besser geeignet sind, bildhafte Vorstellungen zu erzeugen.

- *Gliederung und Ordnung:* Diese Dimension meint die übergreifende *Organisation* eines Textes, die ihn folgerichtig und übersichtlich erscheinen läßt und für den »roten Faden« sorgt. Dies ist ein entscheidender Punkt dafür, ob eine Information behalten wird. Die Dimension Gliederung und Ordnung wird in zwei Unterdimensionen gefaßt:

  – Die *innere* Gliederung und Ordnung eines Textes sorgt dafür, daß seine Sätze folgerichtig aufeinander bezogen sind und die in ihnen enthaltene Information sinnvoll geordnet ist. Als Beispiel für eine solche sinnvolle Ordnung haben Sie bereits den hierarchischen Abrufplan kennengelernt.

  – Eine *äußere* Gliederung und Ordnung eines Textes ist dann gegeben, wenn der Leser oder Zuhörer deutlich erkennen kann, welche Teile inhaltlich zusammengehören. Dies erreicht man z. B. durch Zusammenfassungen oder dadurch, daß man Wesentliches von Unwesentlichem usw.

- *Kürze und Prägnanz:* Prinzipiell kann die Information in Redetexten – in Relation zu ihrem Redeziel – entweder knapp und gedrängt oder eher weitschweifig präsentiert werden. Hier liegt das Optimum für die Verständlichkeit in der Mitte zwischen diesen beiden Polen.

- *Zusätzliche Stimulanz:* Diese Dimension ist stark abhängig von der Erfüllung der zweiten Forderung (Gliederung und Ordnung). Denn bei schlecht gegliedertem Text erweist sich zusätzliche Stimulanz eher als störend. Stimulanz kann alles sein, was den Text anregend, interessant und abwechslungsreich macht und ihm eine persönliche Note verpaßt. Stimulanzien dienen in der Hauptsache dazu, den Zuhörer zusätzlich zu motivieren. Aber Vorsicht: *Zuviel* Stimulanz vermindert die Verständlichkeit ebenso wie zuwenig, d. h., auch hier liegt das Optimum im mittleren Bereich.

Das Entscheidende an diesen vier Dimensionen ist die Tatsache, daß ein nach ihren Maßgaben optimierter Text von *allen* Zuhörern besser verstanden wird als ein beliebiger anderer Text. Unterschiede etwa in der Schulbildung, der Intelligenz oder dem Alter spielen keine Rolle!

Sehen Sie im folgenden eine Übersicht über die vier Dimensionen:

Einfachheit

Verständliches Deutsch!
- Fremdwörter vermeiden
- kurze Sätze
- Sprechdeutsch

Überforderung vermeiden!
- Wissensstand nicht überschätzen
- Intelligenz nicht unterfordern
- wichtige Punkte abtrennen; Zusammenhang herstellen
- geschickte Auswahl der Information

Bilder benutzen!
- Symbole
- Redeschmuck

Gliederung und Ordnung

Orientierungshilfen geben!
- neue Punkte kennzeichnen
- Agenda liefern

Gedankliche Übersichten schaffen!
- Ziele, Ausblicke, Rückblicke, Zusammenfassungen

- Bereiche, Stufen, Phasen, Wege, Blöcke
- Kapitel, Gruppen, Segmente, Teile, Aufgaben
- Grob- und Feinziele, Haupt- und Nebenpunkte
- Primär- und Sekundärprobleme

In logische Abläufe ordnen!
- Einzelbilder zu Gesamtbild verschmelzen
- Zerstückelung von Inhalten vermeiden

Kürze und Prägnanz

Wenig Erklärungen geben, viel Nutzen aufzeigen!
- Gegenüberstellung von Pro und Contra, Vor- und Nachteil, Empfehlung und Ablehnung (aber *nicht*: von gut und schlecht, falsch und richtig)
- auch negativ erscheinende Aspekte prüfen und vom Publikum nachvollziehen lassen

Erkenntnisse schaffen!
- Empfehlungen nachvollziehen lassen
- statt vieler Einzelideen wenige kontrastreiche Ideen ansprechen
- Aha- und Erfolgserlebnisse herausstellen

Visualisierungen anbieten!
- grafische Denkmodelle
- schematische Übersichten
- Symbole

Stimulanzien

Interesse wecken!
- Fragetechniken einsetzen
- Fragen stellen und selbst beantworten
- Vorschläge und Lösungen in Frage stellen
- mit Zitaten fesseln
- witzige Formulierungen benutzen
- Reizworte einsetzen

Motivation durch Lob und Anerkennung!
- neben Fakten auch Gefühle ansprechen
- Bedürfnisse befriedigen
- Hörer direkt ansprechen
- Beispiele und Vergleiche einsetzen

Wirksame Schlußsätze formulieren!
- Aufforderung zur Handlung
- Appell zur Mithilfe
- Tips zum weiteren Vorgehen
- gemeinsame Schlußregeln offenlegen
- gemeinsame Vorsätze vereinbaren

Subjektive Bedeutsamkeit

Bereits bei der Behandlung des sensorischen Gedächtnisses haben wir darauf aufmerksam gemacht, daß die subjektive Bedeutsamkeit eines Textes eine große Rolle dafür spielt, daß er ins Langzeitgedächtnis einwandert. Wir haben in diesem Zusammenhang gesagt, daß es hierbei vor allem darauf ankommt, neue Redeteile möglichst effektiv mit schon vorhandenen, bereits früher aktivierten oder indizierten Mustern zu verknüpfen. Dies gelingt immer dann am besten, wenn das Publikum die neuen Informationen so erlebt, als ob sie eine direkte – über das Thema und den Anlaß der Rede hinausgehende – Relevanz für die *eigene* Person hätten. Dies liegt zum großen Teil darin begründet, daß die so hergestellte subjektive Bedeutsamkeit stark mit *Affekten* besetzt ist – und jede Beteiligung von Affekten das Lern- und Erinnerungsvermögen erheblich steigert.
Warum das so ist, liegt für die Forschung großenteils noch im dunkeln, aber es handelt sich hierbei um eine Erfahrung, die im Grunde genommen jeder aus eigener Anschauung kennt. Wir alle behalten die Telefonnummer eines »Flirts« besser als die einer beliebigen anderen Person. Und wir alle können uns relativ gut merken, wieviel Geld wir wem geliehen haben. Das gleiche Phänomen ist auch dann im Spiel, wenn man sich – das kann man experimentell nachweisen (*Wagner*) – bei Diskussionen besser an die eigenen Wortbeiträge als an die der anderen Diskussionsteilnehmer erinnert oder wenn Zuhörer – was ebenfalls gezeigt werden konnte (*Keenan* u. a.) – vor allem jene Passagen eines Vortrags behalten, die besonders ironisch und persönlich gehalten sind. Auch in diesen beiden Fällen sind in der Regel Emotionen beteiligt, die der Situation einen gewissen *Erlebnischarakter* verleihen. Wir haben das an anderer Stelle (Rede & Karriere, H. 2/1995) als Erlebnisrhetorik beschrieben.
Wenn Sie versuchen wollen, diesen Erlebnischarakter in Ihrer Rede zu erzeugen, berücksichtigen Sie doch einmal bei der Abfassung Ihres Manuskripts folgende Fragen, die wir aus dem Buch von *Metzig* und *Schuster* herauskristallisiert und für unsere Zwecke modifiziert haben. Es versteht sich von selbst, daß dies um so besser gelingt, je mehr Sie hierbei die Prinzipien des bildhaften Denkens berücksichtigen.

Welche Fragen Sie sich stellen sollten, wenn Sie eine Rede mit Erlebnischarakter schreiben wollen

- In welcher Beziehung könnte das, was ich sagen will, zu den vermuteten Interessen des Publikums stehen?
- Welche Fragen könnte ein Zuhörer *mir* zum Thema stellen, die ich wahrscheinlich nicht beantworten könnte?
- Wie könnte *ich selbst* von meinem eigenen Redebeitrag profitieren?
- Wie könnten die Zuhörer mit dem, was ich in der Rede sagen möchte, Geld verdienen?
- Welche Was-wäre-wenn-Szenarien (denken Sie bitte an das Was-wäre-wenn-Spiel) sind möglich?
- Inwieweit ist das, was ich sagen will, auch über den Redeanlaß hinaus für die Zuhörer relevant? Wie könnten sie es *praktisch* einsetzen?
- Fällt mir ein Gedankenexperiment ein, das meine Intention unterstreichen kann?
- Gibt es Analogien zum Thema, die ich gewinnbringend einsetzen kann?
- Wie müßte mein Text beschaffen sein, wenn ich ihn verfilmen wollte?
- Wie müßte mein Text geändert werden, wenn das Publikum ein anderes wäre?
- Was habe ich selbst bereits *vor* meiner Vorbereitung zum Thema gedacht und gewußt?
- Welche Assoziationen habe ich bei meinen Schlüsselwörtern?
- Was geschieht, wenn ich die entscheidenden Schlüsse und Argumente meines Textes einfach umkehre?
- Welche Gegenargumente gibt es zu meinem Text, auf die ich nicht eingehen kann oder nicht eingehen will?

Gerade dem letzten Punkt sollten Sie unter dem Stichwort subjektive Bedeutsamkeit Ihre besondere Beachtung schenken. Denn persönlich bedeutend wird ein Argument für den Zuhörer oft erst dann, wenn ihm die Möglichkeit des Gegenargumentes aufscheint. Das liegt daran, daß er sich dann auf einer Stufe mit dem Redner fühlt. Das ist auch das hauptsächliche Argument dafür, daß Sie *nicht* alle möglichen Gegenargumente schon vorwegnehmen sollten, d. h., Ihr Vortrag sollte möglichst so aufgebaut sein, daß das Publikum die entscheidenden Schlüsselpunkte nach und nach selbst herausfindet. Sie haben während des Vortrags noch genügend Zeit – z. B. in der Zusammenfassung –, Ihren vollen Standpunkt »rüber«zubringen. *Gelb* weist in diesem Zusammenhang auf den Sinn des Wortes »Erziehung« (Edukation) hin, das vom lateinischen Verb *educare* abgeleitet ist und soviel heißt wie »herausziehen« (und nicht »hineinstopfen«). »›Ziehen‹ Sie also Ihr Publikum so oft wie möglich heraus«, empfiehlt er. »Ich sehe einen Vortrag als Gelegenheit, einen Rahmen zu schaffen, in dem die Zuhörer von selbst auf die Inhalte stoßen, die ich ihnen vermitteln will. Meine Rolle als Redner ist es, diesen Prozeß zu vereinfachen, die gemachten Entdeckungen zu bestätigen und deutlicher herauszuarbeiten« (*Gelb*).

Einzigartigkeit

Machen Sie doch einmal folgenden Test, den wir dem Buch »Kopftraining« von *Tony Buzan* entnahmen. Lesen Sie aber bitte zuerst diese Anweisungen zu Ende. Im Anschluß an diese finden Sie eine Liste von Wörtern. Lesen Sie jedes Wort dieser Liste einmal, schnell und in der gegebenen Reihenfolge. Decken Sie anschließend diese Liste zu und notieren auf einem Blatt Papier so viele dieser Wörter wie möglich. Versuchen Sie dabei, die Reihenfolge einzuhalten. Natürlich werden Sie nicht alle Wörter behalten können; versuchen Sie einfach, sich so viele wie möglich zu merken. Sie können beim Lesen der Wörter auch eine »Sehhilfe« benutzen, die Sie von Zeile zu Zeile weiterschieben. Beginnen Sie jetzt den Test.

ging
der
Buch
Arbeit
und
gut
und
Start
von
der
spät
weiß
und
Papier
Mohammad Ali
Licht
von
Können
der
eigen
Treppe
notieren
und
ritt
wird
Zeit
Heim

Decken Sie bitte jetzt die obenstehende Liste zu, und notieren Sie im folgenden, welche Wörter Sie behalten haben.

_____

_____

_____

_____

_____

Vergleichen Sie jetzt bitte Ihre Notizen mit der obenstehenden Liste, und beantworten Sie sich dann folgende Fragen:

- An wie viele Wörter vom Beginn der Liste erinnerten Sie sich, bevor Sie den ersten Fehler machten?
- An wie viele Wörter, die mehr als einmal in der Liste genannt wurden, erinnern Sie sich?
- An wie viele der letzten fünf Wörter erinnern Sie sich?
- Erinnern Sie sich an irgendein Wort aus der Liste, das sich erheblich von den anderen Wörtern unterschied?
- An wie viele Wörter aus dem Mittelteil der Liste erinnern Sie sich, die Sie nicht bereits bei der Beantwortung früherer Fragen notiert haben?

Das Ergebnis dieses Tests sagt viel darüber aus, an welche Teile der Rede sich die Zuhörer eines Vortrags nach der Rede noch erinnern werden. Folgende Ergebnisse sind üblich. Es bleiben in Erinnerung:

- zwischen zwei und acht der Wörter vom Anfang der Liste
- die meisten mehrfach genannten Wörter (»der«, »und«, »von«)
- eines oder zwei der letzten fünf Wörter
- das aus dem Rahmen fallende Wort »Mohammad Ali«
- nur sehr wenige Wörter aus dem Mittelteil

Das heißt, es werden immer folgende Teile einer Rede am besten erinnert:

- der Anfang
- das Ende
- alles, was wiederholt wird
- alles, was einen Sinn ergibt
- alles, was sich reimt
- alles, was ausgefallen ist

Nicht oder schwach erinnert wird vor allem der gesamte Mittelteil. Für den Redner ergeben sich daraus folgende Regeln:

- Beginnen Sie mit einem Knaller. Stellen Sie Ihre Kernaussagen bereits am Anfang Ihres Vortrags dar.
- Geizen Sie nicht mit Wiederholungen, und liefern Sie bei Bedarf auch zwischendurch noch öfter einen Überblick über Ihre Hauptpunkte.
- Betonen Sie auf ungewöhnliche Art (Ausgefallenes!). Veranschaulichen Sie Ihre Hauptanliegen auf ungewöhnliche Art und Weise. Setzen Sie Humor ein (Erlebnisrhetorik!).

- Fördern Sie die Beteiligung Ihrer Zuhörer, und bieten Sie Ihnen möglichst viele Gelegenheiten, sich in Ihren Vortrag einzubringen.
- Packen Sie alles, von dem Sie glauben, es müsse zwar gesagt werden, sei aber nicht weiter wichtig, in den Mittelteil der Rede. Manchmal will man ja auch, daß die Zuhörer etwas *nicht* genau mitbekommen.
- Setzen Sie Ihren Schluß deutlich und für alle erkennbar. Wiederholen Sie noch einmal Ihre Kernaussagen, und hören Sie dann mit einem Paukenschlag auf.

Besonderes Augenmerk möchten wir an dieser Stelle noch einmal auf Mohammad Ali werfen, dessen Name *immer* erinnert wird. Es hat *noch keinen einzigen Fall* in unserer Praxis gegeben, wo das nicht der Fall war – während es bei allen anderen Ergebnissen immer noch eine gewisse Streuung in der Gruppe gibt. Offensichtlich ist das Verfahren, Informationen einzigartig zu machen, eines der wirksamsten Mittel, sie im Gedächtnis zu behalten. Diese Einzigartigkeit können Sie in der Redepraxis systematisch herstellen. Denn es kommt nur auf die Umgebung an, in der sich eine Information befindet:

»*Amos Tversky* und *Danny Kahneman* lasen Studentengruppen Listen mit den Namen von ziemlich bekannten Persönlichkeiten vor. Die Listen enthielten sowohl Männer als auch Frauen. Die Listen waren so zusammengestellt, daß jeweils die Angehörigen eines Geschlechts berühmter waren als die des anderen. Wenn man die Studenten aufforderte, die Anzahl der vorgelesenen Männernamen mit der Anzahl der vorgelesenen Frauennamen zu vergleichen, überschätzten sie regelmäßig die Größe der Gruppe, die die bekannteren Namen enthielt. Wenn also in einer Liste unter Frauen sehr bekannte Frauen aufgeführt wurden und unter den Männern nur mittelmäßig bekannte, schätzten die Studenten die Anzahl der Frauen in dieser Liste zu groß ein. Ihre Einschätzungen wurden also durch die Leichtigkeit, sich an bestimmte Personen erinnern (eben an die berühmten), beeinflußt« (*Metzig/Schuster*).

Kopf-Kino III: Visuelle Merktechniken

Unser Geist ist nichts anderes als eine Assoziationsmaschine.
(William James)

Wenn Sie sich entschlossen haben, sich mit visuellen Merktechniken zu beschäftigen und sie womöglich in Zukunft einzusetzen, dann hat das für Sie gleich einen fünffachen Nutzen:

- Erstens werden Sie sehr viel darüber lernen, wie Sie Ihre Informationen so aufbereiten und präsentieren können, daß Sie Ihr Publikum möglichst wirkungsvoll erreichen;
- zweitens werden Sie in Zukunft wesentlich weniger Schwierigkeiten haben, sich eine Rede mit all ihren Fakten und Beispielen einzuprägen;
- drittens wird es Ihnen in Zukunft auch leichter fallen, eine Rede zu halten;
- viertens befinden Sie sich dann in einem fortlaufenden Übungsprozeß zum Bildermachen;
- und schließlich werden Sie nach einiger Zeit eine deutliche allgemeine Steigerung Ihrer Gedächtnisleistungen feststellen.

Natürlich gibt es auch andere Methoden, die Gedächtnisleistung zu beeinflussen, und es hat schon immer Bestrebungen gegeben, dies auch auf andere Art und Weise zu erreichen. Eine der spektakulärsten ist der Einsatz von – im weitesten Sinne – Suchtstoffen. So konnte z. B. nachgewiesen werden, daß Kaffee und Amphetamine die Erfolgsquote bei der Erledigung von Gedächtnisaufgaben steigern. Auch ist – zumindest bei Ratten – bereits der Nachweis gelungen, daß die Gedächtnisleistung durch den Einsatz von Medikamenten erhöht werden kann: »Gedopte« Tiere konnten – wie *Gary Lynch* berichtet *(Zeit 8/95)* – sich im Experiment doppelt so gut an Futterstellen erinnern wie ihre »ungedopten« Artgenossen. Auch lernten sie wesentlich schneller, wo unter einer Wasseroberfläche tiefe Stellen verborgen waren.
Interessant sind diese Untersuchungen vor allem deswegen, weil die eingesetzten Medikamente pikanterweise an der gleichen Stelle wirken wie Alkohol (allerdings mit umgekehrter Wirkung), nämlich durch Einwirkung auf die Glutamat-Rezeptoren, eine Art Schleusentore in der Membran von Nervenzellen. Diese Schleusentore – das erste, das 1983 gefunden wurde, ist der sogenannte NMDA-Rezeptor – werden um so bereitwilliger geöffnet, je häufiger sie benutzt werden. Damit scheint ein weiterer wichtiger Baustein für das Funktionieren des Gedächtnisses gefunden: Die Erinnerung ebnet sich gleichsam selbst die Bahn, an der entlang sie später wieder aufgerufen werden kann.

Metakognition

Unabhängig von chemischen oder medizinischen Eingriffen ist es vor allem der geschickte *Umgang* mit dem Gedächtnis, der die Lernleistung beeinflußt. Dabei scheint – wie Experimente mit Kindern zeigen – eine große Rolle den sogenannten metakognitiven Fähigkeiten zuzufallen, also jenen Fähigkeiten, die es erlauben, den Lernprozeß zu planen, zu überwachen und zu kontrollieren. Eine solche Situation ist bereits immer dann gegeben, wenn dem

Lerner zu Beginn des Lernprozesses Nutzen und Grenzen der eingeschlagenen Strategie deutlich gemacht werden. Etwas Ähnliches haben Sie ja bereits mit der Vorspann-Technik kennengelernt. Nicht der reine Drill erweist sich also als das geeignete Vorgehen zur Verbesserung der Lernleistung, sondern die Vermittlung oder Aneignung geeigneter Lerntechniken. Hierbei ist zu beachten, daß es bezüglich der optimalen Lernleistung sowohl ein Zuviel als auch ein Zuwenig des Lernens gibt. Die Unterschiede sind allerdings in hohem Maße individuell, so daß letztendlich jeder für sich selbst herausfinden muß, was für ihn das günstigste Maß ist. Auch die günstigsten Umstände – bis hin zur günstigsten Tageszeit – sind höchst individuell. Dennoch gibt es eine durchschnittliche Leistungskurve, die bei allen Menschen *ähnlich* ist, die jedoch eine geregelte Lebensführung voraussetzt.

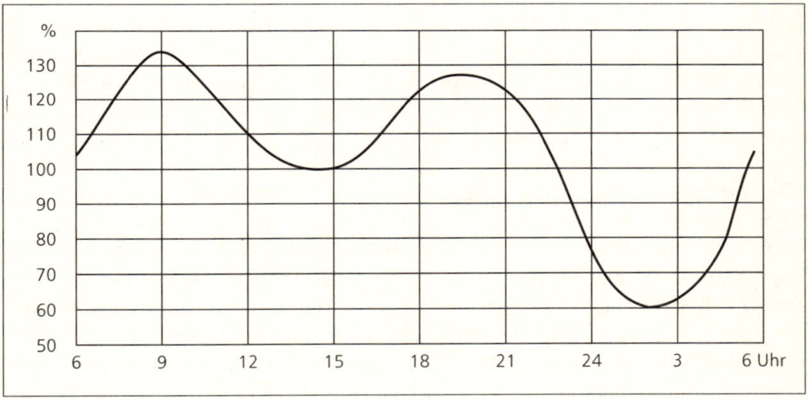

(Tagesleistungskurve, nach Krämer/Walter)

Gedächtnistechniken haben in der Regel das Ziel, dem Anwender zu ermöglichen, eine neue Information eindeutig und möglichst leicht einem bereits existierenden Gedächtnisinhalt zuzuordnen. Denn die Speicherung von Informationen garantiert – wie wir gesehen haben – noch lange nicht, daß diese auch jederzeit wieder abgerufen werden kann. Metakognitive Fähigkeiten zu erlernen und anzuwenden heißt deshalb immer auch, zu lernen, die Schlüsselideen eines bestimmten Inhaltsbereiches in die eigene Situation zu übertragen. Wie Untersuchungen zeigen, reichen hierfür Kenntnisse in einem Fachgebiet nicht aus. Vielmehr gelingt dies immer dann am besten, wenn der Anwender zusätzlich noch über die grundlegenden *psychologischen* Vorgänge informiert ist.

Das Basiswissen hierzu haben Sie in den voranstehenden Kapiteln erworben. Nun wenden wir uns einer weiteren Reihe von Techniken zu, die auf

dem Einsatz bildhafter Elemente beruhen. Hierbei war natürlich die Frage interessant, auf welche Merkmale von Bildern sich diese Techniken denn überhaupt konzentrieren sollten. Die Antwort richtet sich nach den oben referierten Erkenntnissen: Da die Erinnerungsleistung des Gedächtnisses auf die Reproduktion von *Mustern* abgestellt ist, erscheint es wenig sinnvoll, auf möglichst detaillierte Vorstellungen abzuheben. Statt dessen kommt es vor allem darauf an, sein Augenmerk z. B. auf die räumliche Anordnung oder auf typische Formen des bildhaften Materials zu richten.
Diesbezüglich konnte sogar nachgewiesen werden, daß solche Orientierungen sogar dann fruchtbar sind, wenn sie sich auf Gegenstände beziehen, die sich optisch (im Kopf-Kino) gegenseitig verdecken: etwa wenn ein Schlüssel vorgestellt werden soll, der sich in (!) einer Schublade befindet (*Neisser/ Kerr*).
Daß Personen mit lebhaften visuellen Vorstellungen es hierbei von Haus aus leichter haben, leuchtet ein. Dennoch sollten Sie sich auch dann nicht davon abhalten lassen, bildhafte Techniken einzusetzen, wenn Sie das Gefühl haben, nicht zu diesem Personenkreis zu gehören. Denn einerseits sagt die Tatsache, daß jemand von solchen Vorstellungen berichtet, noch lange nichts darüber aus, ob er auch tatsächlich Erfolg beim Einsatz von Merktechniken (*Hall*) hat, andererseits arbeiten auch alle professionellen Gedächtniskünstler, die z. B. mit ihren Tricks regelmäßig das Fernsehpublikum in Erstaunen versetzen, mit ebendiesen Gedächtnistechniken. Erst vor kurzem z. B. machte ein Mann aus dem englischen Blackpool Furore, den die Forscher »*TM*, das Zahlenwunder« nennen und der die Telefonnummern sämtlicher Hotels in der Gegend auswendig kann – und das sind 15 000. Auch multipliziert er auf der Bühne zweistellige Zahlen und quadriert anschließend das Ergebnis – alles im Kopf. Sein »Geheimnis«, das die Gedächtnisforscher *Elizabeth Valentine* und *John Wilding* jetzt herausfanden: *TM* visualisiert die Zahlen im Gehirn.

Wer sich einmal daran gewöhnt hat, mit Visualisierungen zu arbeiten, kann mit außerordentlich ungewöhnlichen Transfereffekten rechnen: So konnten etwa *Düker* und *Tausch* nachweisen, daß mit visuellen Hilfsmitteln nicht nur solche Teile eines Lernstoffes besser gelernt wurden, die sich gleichsam handfest vor den Augen des Publikums befanden (also das konkrete Anschauungsmaterial), sondern auch andere Informationen, die in der Situation gar nicht präsent waren, die aber durch ein Medium symbolisiert wurden. Als Beispiel diente den Autoren der Verbreitungsraum eines bestimmten Tieres, der sich schon dadurch besser im Publikum einprägte, daß man ihm ein ausgestopftes Exemplar der Gattung zeigte.
In diesem Sinne könnte etwa ein Redner, der über die komplizierten Vermarktungsmechanismen südamerikanischer Bananen referiert, das Ver-

Psychologen befragten ein mnemotechnisches Genie

Geübtes Gedächtnis

Der 25jährige wäre eine Bereicherung für das Fremdenverkehrsamt im englischen Blackpool: Er kennt die Telephonnummern sämtlicher Hotels der Gegend auswendig, und das sind nicht weniger als 15 000. Allerdings führt er seine Fähigkeit lieber auf der Bühne vor. Dort multipliziert er auch zweistellige Zahlen, die ihm die Zuhörer zurufen, und quadriert das Ergebnis noch einmal – alles im Kopf.

Die Gedächtnisforscher John Wilding und Elizabeth Valentine von der Universität London fanden heraus, wie der Gehirnartist das schafft: Der in ihrem Bericht kurz als »TM« bezeichnete Gedächtniskünstler visualisiert Zahlen. Für jeweils zwei Ziffern steht ein Bild, 00 ist ein Fahrrad, 57 Tomatensoße, 39 Hitler, 41 seine Mutter (so alt war sie, als er dieses System ausklügelte). Um sich die Telephonnummer eines Hotels zu merken, kombiniert er die Bilder zu einem Gesamtkunstwerk, etwa einer Flasche Tomatensoße, die auf einem Fahrrad sitzt. Auch ein zum Hotelnamen passendes Bild baut TM in sein geistiges Gemälde ein. Die so entstandenen absurden Szenen lassen sich besonders gut merken.

Das geistige Jonglieren mit Quadraten funktioniert genauso. Solche Operationen lassen sich ja ohne weiteres in Rechnungen mit handlichen kleinen Zahlen aufspalten, die Zwischenergebnisse merkt sich TM dank Hitler und Mama. Mit seinem Merksystem hat der Gedächtnisartist freilich nur eine alte Methode perfektioniert. Schon lange ist bekannt, daß sich beispielsweise Einkaufszettel mit ihrer Hilfe gut memorieren lassen.

Doch um seine Hochleistungen zu vollbringen, muß TM jeden Tag mehrere Stunden üben. Versagt seine Methode, ist sein Gedächtnis ebenso löchrig wie das seiner Mitmenschen. Das zeigte sich, als die britischen Psychologen TM zu Gedächtnistests baten. Immer wenn er seine Technik benutzen konnte, war er brillant, etwa bei Wörtern und Zahlen. Er schaffte es auch, Bilder von Schneekristallen wiederzuerkennen: Er prägte sich beispielsweise ein, daß eine Zacke wie ein Schädel aussah.

Doch bei anderen Aufgaben schnitt er sogar schlechter ab als Versuchspersonen, die sich noch nie um Hochleistungen des Gedächtnisses bemüht hatten. Als die Forscher ein afrikanisches Volksmärchen erzählten, das von einer Jagdexpedition mit übernatürlichen Erlebnissen handelte, schaffte es TM nicht, die Schilderung aus einer fremden Welt in sein Merksystem zu übersetzen. Andere Versuchspersonen, die statt dessen auf den Inhalt achteten, konnten das Erzählte anschließend weit besser wiedergeben.

Auch andere Gedächtniskünstler haben kein generell besseres Erinnerungsvermögen. Das stellten Psychologen bei Experimenten mit solchen Artisten immer wieder fest. Allerdings ist noch nicht klar, ob es wirklich jeder, der wie TM jahrelang fleißig übt, zu ähnlichen Höchstleistungen bringen kann. Möglicherweise besitzt TM eine ungewöhnlich gute visuelle Vorstellungskraft. Der Beginn seiner Laufbahn als Gedächtnisriese deutet darauf hin. Als er eines Tages nach Hause ging, bespritzte ihn ein vorbeifahrendes Auto mit Dreck. Er ärgerte sich einige Minuten, bis ihm auffiel, daß er das Kennzeichen des Wagens im Gedächtnis behalten hatte. Auf dem Rest des Heimwegs fand er heraus, daß er dieses Kunststück wiederholen konnte, und arbeitete von da an systematisch an seinen Fähigkeiten. *Jochen Paulus (Die Zeit 11/95, S. 53)*

ständnis seiner Zuhörer für bestimmte wirtschaftliche Zusammenhänge schon dadurch steigern, daß er seine Ausführungen mit einer echten Banane visualisiert! Der Grund liegt darin, daß das »Lernen« von Bildern grundsätzlich anders vonstatten geht als das Lernen von verbalem Material. Zum einen repräsentieren Worte immer schon einen gespeicherten *Fall von* etwas (denken Sie etwa an *Batesons* Satz: »Die Zahl Fünf ist nicht fünfhaft«), d. h., sie benennen im Gegensatz zu den *einzigartigen* Bildern keine *individuellen* Unterschiede; zum anderen gilt für Bildmaterial – und hierbei handelt es sich um eine relativ neue Erkenntnis – eine andere »Vergessenskurve«, ein Phänomen, das *Erdelyi* als »Hypermnesie« bezeichnet. Während nämlich beim verbalen Lernen die Lernleistung innerhalb eines bestimmten Zeitintervalls deutlich abnimmt, steigt bei bildhaftem Material – unter der Voraussetzung, daß bei den Wiedergabeversuchen keine Rückmeldung gegeben wird, ob die Leistungen richtig oder falsch waren – die Reproduktionsleistung mit der Zeit sogar an!

Leider haben wir keine genaue Kurve gefunden, die dies dokumentiert, aber bei der »normalen« Vergessenskurve ist die Menge des Vergessenen erstaunlich hoch – jedenfalls was die Details angeht. Die Zahlen schwanken zwischen 60 Prozent und 80 Prozent des Gelernten, das bereits nach einem Tag wieder vergessen ist. Sehen Sie hier eine Kurve, die 80 Prozent ausweist. Sie basiert auf einer einstündigen Lernperiode.

All dies spricht eine deutliche Sprache, und es kann heute eigentlich keinen vernünftigen Grund mehr geben, visuelle Merktechniken abzulehnen. Allerdings erfordert ihre Anwendung einen gewissen *Grad an Übung*.

Erinnerungsmenge

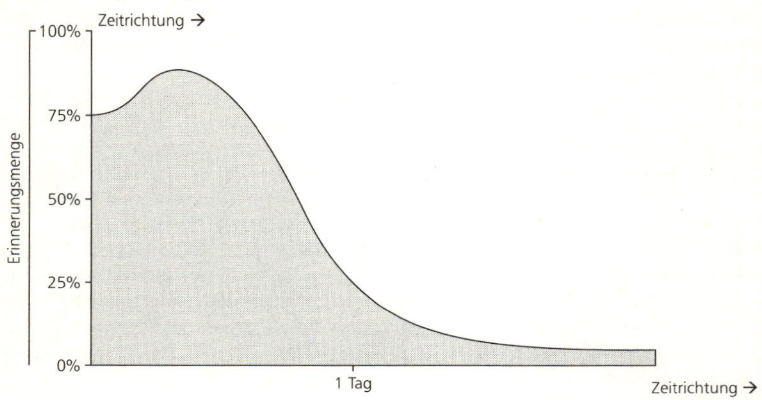

(Die Kurve zeigt den Verlauf des Erinnerns nach Buzan: Bereits nach 24 Stunden sind 80 Prozent vergessen)

Ungeübte Personen geraten z. B. bei Experimenten, in denen sie unter Zeitdruck bestimmte Merktechniken einüben sollen, immer wieder so in Streß, daß sich ihre Behaltensquote sogar *verschlechtert*. In der Praxis stellt dies ein echtes Problem dar, denn erfahrungsgemäß müssen viele Menschen erst regelrecht *überredet* werden, die neuen Techniken einmal auszuprobieren. Das liegt zum großen Teil daran, daß ihr Einsatz zu Beginn auf jeden Fall mit einem Mehraufwand an Energie verbunden ist. Es ist eben viel einfacher, die eigenen Glaubenssätze (»Das bringt sowieso nichts«, »Das ist viel zu kompliziert«, »Der Aufwand ist viel zu hoch«, »Das lern' ich nie«) beizubehalten, als eine Veränderung der persönlichen Verhaltensweise in Angriff zu nehmen. Andererseits kann man immer wieder feststellen, daß eine erfolgreiche Demonstration der Effekte die skeptischen Einstellungen schnell beseitigt. Voraussetzung ist allerdings, daß den »Novizen« genügend Zeit zur Verfügung steht, die neuartigen Denk- und Verhaltensweisen auch tatsächlich in Ruhe auszuführen.

Stürzen Sie sich also mit Ruhe und etwas Geduld in das Abenteuer der visuellen Merktechniken, die im übrigen – gemäß den Gesetzen des Erinnerns, die Sie oben bereits kennengelernt haben – auf folgenden Prinzipien beruhen.

Konkretheit des Materials

Untersuchungen zeigen, daß Merktechniken, auch Mnemotechniken genannt, grundsätzlich nicht dazu geeignet sind, *abstraktes* Material zu speichern, weil es nicht in Bilder umgesetzt werden kann. Es wurde deshalb vorgeschlagen, bei abstrakten Begriffen *ähnlich* klingende Ersatzbegriffe zu verwenden und *diese* dann zu visualisieren. So könnte man z. B. den Begriff der »Freiheit« mit »Beinkleid« in Verbindung setzen und dann dieses als Bild abspeichern. Eine andere – und wie wir meinen auch bessere – Möglichkeit besteht darin, den abstrakten Begriff durch konkretes Material aus seinem semantischen Umfeld zu ersetzen. Dies wäre dann der Fall, wenn man den Begriff der »Freiheit« zusammen mit der Freiheits*statue* imaginiert. Auf die gleiche Weise könnte der Begriff »Wut« durch das Bild einer Person abgespeichert werden, die sich erregt bei einer Politesse über einen Strafzettel an ihrem Auto beschwert.

⬇

Interaktion

Die Behaltensleistung läßt sich nun noch dadurch weiter steigern, daß man die Begriffe, um die es geht, in der bildlichen Vorstellung miteinander interagieren läßt. Will man sich z. B. an die Begriffe »Freiheit« und »Wut« gleichzeitig erinnern, kann man sich vorstellen, wie die Freiheitsstatue sich bei der Politesse beschwert.

Lebhaftigkeit
Eine weitere Steigerung der Gedächtnisleistung wird dadurch erreicht, daß man das verwendete Bild so lebhaft und aktiv wie möglich macht. Hierzu müßte das Bild der Freiheitsstatue, die sich bei der Politesse beschwert, möglichst detailliert ausgeführt werden. So könnte man sich z. B. vorstellen, daß die Statue rot angestrichen ist und während des Protestes heftig ihre Fackel hin und her schwenkt.

Gefühlsbeladenheit
Emotional aufgeladene Bilder ziehen ebenfalls signifikante Verbesserungen der Gedächtnisleistung nach sich. Dabei ist es ohne Belang, ob die zugeordneten Gefühle positiv oder negativ sind. Bei unserem Standardbeispiel wäre das Problem also schon gelöst, da die »Wut« ja auf jeden Fall mit einem negativen Gefühl verbunden ist.

Bizarrheit
Dieses Kriterium wird relativ häufig in der Literatur genannt. Die Bilder – so wird dann gesagt – sollten möglichst merkwürdig, unlogisch und absurd sein. Allerdings legen Untersuchungen nahe, daß Bizarrheit keinen *zusätzlichen* Vorteil verschafft, wenn die erinnerten Bilder bereits die ersten vier Forderungen (konkret, lebhaft, interaktiv und emotionsgeladen) erfüllen. Auch hat sich herausgestellt, daß viele Menschen Schwierigkeiten haben, bizarre Vorstellungen zu erzeugen. Es reicht daher vollkommen aus, wenn Sie ihre Bemühungen auf die ersten Punkte beschränken.

Einen kleinen Wermutstropfen gilt es jedoch noch zu registrieren: Wie *Metzig* und *Schuster* berichten, besteht trotz der vielfach nachgewiesenen Effizienz mnemonischer Techniken die Gefahr, daß man semantisch ähnliche Begriffe verwechselt. Die Autoren betonen allerdings, daß diese Fehlerquelle nur dann von Belang sei, wenn man auf eine *wortwörtliche* Wiedergabe Wert legt. In Reden dürfte dies nur bei wichtigen Zitaten der Fall sein. Versuchen Sie also erst gar nicht, sich solche Passagen mittels einer Mnemotechnik einzuprägen, sondern merken Sie sich lieber, an welcher Stelle ein Zitat beginnt, und lesen Sie es dann ab. Das erhöht sogar noch ihren Glaubwürdigkeitswert.

Die Loci-Technik

Bereits die Rhetorik der Antike kannte visuelle Gedächtnistechniken. Die älteste Methode, die sogenannte Loci-Technik, geht auf den griechischen Dichter *Simonides von Keos* (556–468 v. Chr.) zurück, der dafür bekannt war, daß er stundenlange Reden ohne Manuskripte halten konnte. Von ihm überliefert *Yates* folgende Anekdote (nach *Metzig / Schuster*).

Wie* Simonides von Keos *die Loci-Technik erfand

»*Simonides* hatte den Auftrag, in einer Gesellschaft ein Gedicht zu Ehren des Gastgebers vorzutragen. In sein Gedicht flocht er einige Verse zum Lob der Götter *Castor* und *Pollux* ein. Nach dem Vortrag zahlte der Gastgeber nur die Hälfte des vereinbarten Honorars und riet *Simonides*, sich die andere Hälfte von *Castor* und *Pollux* zu holen. Kurz danach wurde *Simonides* von zwei jungen Männern – *Castor* und *Pollux* – hinausgebeten. Während er draußen war, stürzte das Gebäude zusammen und begrub alle im Haus unter sich. Als man die Toten ausgrub, konnten die Verwandten ihre Angehörigen nicht mehr erkennen. *Simonides*, der sich erinnerte, wer an welchem Platz gesessen hatte, identifizierte die Opfer.«

Angeregt durch dieses Ereignis, kam *Simonides* auf den Gedanken, sich künftig bei der Vorbereitung (und später bei der Rekapitulation) seiner Reden solche Orte vorzustellen und ihnen bildliche Informationen zuzuordnen. Seine Vorgehensweise, in die er fortan auch seine Schüler unterrichtete, hat sich bis heute erhalten:

- Zuerst denken Sie sich eine Ihnen gut bekannte Folge von Orten aus. Das können ganz bestimmte Gebäude in ganz verschiedenen Städten sein (also z. B. Dom in Köln, Eiffelturm in Paris, Petersplatz in Rom usw.), das können bestimmte Plätze in Ihrer Heimatstadt sein, das können aber auch bestimmte Gebäude an einer bestimmten Straße sein. Manche antiken Redner orientierten sich auch an den Statuen in einem Museum. Entscheidend ist, daß Sie sich die Reihenfolge merken können. *Schuster* und *Metzig* schlagen deshalb solche »Sets« vor, die in die Alltagsroutine eingebunden sind, also die eigene Wohnung, einzelne Räume, das Büro, der Weg zur Arbeit, schulische Räumlichkeiten, die Körperteile von Kopf bis Fuß, das Auto, die festgelegte Sitzordnung von Konferenzteilnehmern usw.
- Haben Sie dann den zu lernenden Text vor sich (oder hört man ihn), dann ordnen Sie diesen Orten in der festgelegten Reihenfolge irgendwelche bildlichen Vorstellungen zu, die sie spontan mit den Schlüsselbegriffen des Textes assoziieren.

- Wollen Sie nun den Text rekapitulieren, dann fungieren die Orte als Abrufsignale, d. h., Sie gehen nun im Geiste von Ort zu Ort und rufen dadurch die ihnen zugeordneten Bilder ab. Der Erfolg ist natürlich abhängig von Ihrer Kunst, Bilder zu produzieren, aber wenn die gesuchten Informationen gut visualisiert sind, fallen sie Ihnen fast ganz ohne große Anstrengung wieder ein. Sehen Sie im folgenden ein Beispiel von *Metzig* und *Schuster*:

Wie der Dom zum Telefon wird

Zu lernen sind – in der vorgegebenen Reihenfolge – die folgenden 20 Wörter:
Nase, Buch, Kamel, Brot, Finger, Tasche, Schreibmaschine, Büroklammer, Locke, Auto, Stein, Geige, Kuchen, Schiff, Fahne, Regentropfen, Koffer, Telefon, Baum, Scheck.
Die Ortsreihenfolge, die hierfür in Anspruch genommen wird, könnte der Weg von Ihrer Wohnung zum Arbeitsplatz sein. Auf diesem Weg kommen Sie nacheinander an folgenden Plätzen vorbei:
Haustür, Wohnhaus des Schriftstellers X, Ampel, Holzstoß, Eisenbahnschranke, Tunnel, Kraftwerk, Ortsschild »Locum«, Fluß, Berg, Kilometerstein, Flughafen, Fabrik, Gasthaus, Kornfeld, Reklameschild, Mietshaus, Dom, Biergarten »Zur Linde«, Fenster eines Bankgebäudes.
Die zu lernenden Wörter werden nun mit den Orten bildhaft verknüpft:
Als Sie Ihr Haus verlassen, ragt Ihnen eine Nase durch die Tür. Sie fahren los und kommen am Haus des Schriftstellers X vorbei, das anstelle des Dachs mit einem Buch abgedeckt ist. Die Ampel, die Sie dann passieren, befindet sich im Bauch eines Kamels. Auf Ihrem Weg kommen Sie dann an einem Holzstoß vorbei, der fast von einem riesigen Brot verdeckt wird. Die Bahnschranke, auf die Sie zufahren, wird von einem Finger auf und ab bewegt. Sie müssen das Fahrlicht einschalten, weil Sie in einen Tunnel einfahren, der wie eine Tasche aussieht. Die folgenden Stationen sind ein Kraftwerk, das wie eine Schreibmaschine aussieht, das Ortsschild »Locum«, das mit einer Büroklammer befestigt ist, der Fluß, in dem Locken schwimmen, und der Berg, der durch ein Auto fast verdeckt ist. Sie fahren dann an einem Stein vorbei, der als Kilometerstein dient. Den Flugplatz verbinden Sie mit dem Bild einer Geige und die Fabrik mit einem Stück Kuchen. Die Gaststätte »Zur Fregatte« ist im Bauch eines Schiffes, im Kornfeld dient ein Halm als Mast für eine Fahne, von dem dann folgenden Reklameschild fallen große Regentropfen. Nachdem Sie an dem häßlichen Mietshaus, das aussieht wie ein Koffer, vorbeigekommen sind, fahren Sie auf den Dom zu, dessen Längsschiff Sie sich als Telefon vorstellen. Am Biergarten »Zur Linde« stellen Sie sich einen Baum vor, und aus dem Fenster des Bankgebäudes kommt Ihnen ein Scheck entgegengeflattert.

Hier die Visualisierungen:

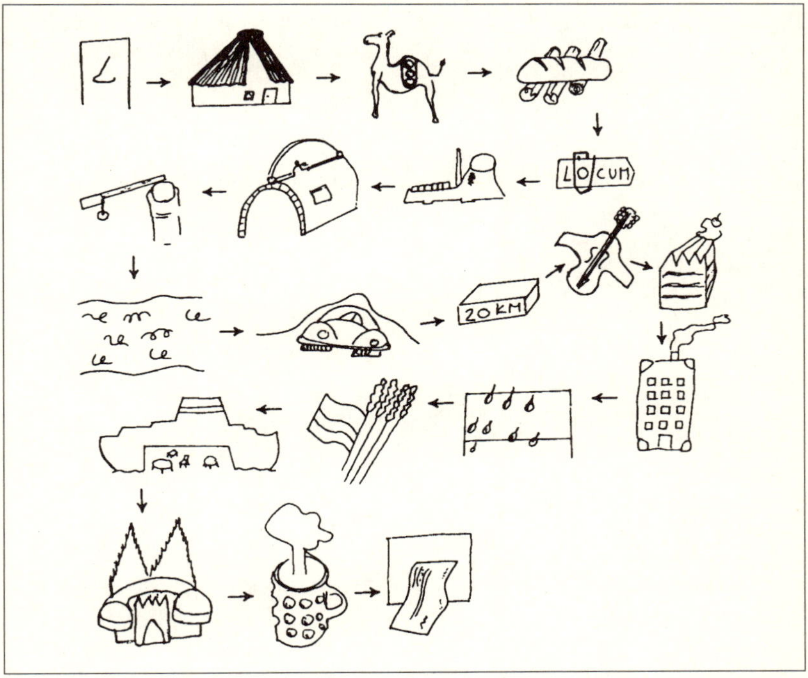

Wie Sie sehen, sind die bildhaften Vorstellungen völlig unabhängig von dem zu lernenden Material. Das hat den entscheidenden Vorteil, daß Sie ruhig auch einmal ein Element der Reihe vergessen können. Zumindest führt dies nicht zwangsläufig auch zum Vergessen aller folgenden Begriffe. Setzen Sie also ruhig Ihren Weg fort. Die Erfahrung zeigt, daß die vergessene Information oftmals noch nachträglich vor dem geistigen Auge erscheint, wenn man den Weg am Ende der Erinnerungskette einfach noch einmal geht. Natürlich ist es auch möglich, ihn in umgekehrter Reihenfolge zu gehen, so daß nun auch die gelernten Begriffe in der umgekehrten Reihenfolge erscheinen.
Hier ein weiteres Beispiel, wie sich *Altmann* mit der Loci-Technik eine ganze Tagesschau merkte. Aufgeführt sind die ersten fünf Nachrichten. Es handelt sich um die Tagesschau vom 30. Oktober 1977, und wir fanden es ganz interessant, einmal 20 Jahre alte Meldungen zu nehmen. Der Autor hat zu seinem persönlichen Ortefundus eine Reihe von Städten mit einem Gebäu-

de oder einem Platz gewählt. Seine ersten fünf Orte, die hier zur Anwendung kommen, lauten: *Altötting* (Rathaus), *Burghausen* (Gymnasium), *Tittmoning* (Salzachbrücke), *Salzburg* (Domplatz), *Rosenheim* (Heimatmuseum).

Wie sich* Altmann *die Tagesschau merkte	
Kontroverse Schleyer-Tonband Innenminister *Maihofer* wehrt sich gegen Vorwürfe von *Strauß*, daß Bundeskriminalamt und Polizei im Fall der *Schleyer*-Entführung versagt haben sollen. Anlaß dazu war ein Tonband *Schleyers* an *Kohl*, das *Strauß* zur Veröffentlichung preisgegeben hatte.	*Vor dem Rathaus in Altötting* steht ein Tonbandgerät. Aus den Fenstern im 1. Stock schauen *Maihofer* und *Strauß*, weisen mit dem einen Arm auf das Tonband und mit dem anderen anklagend auf ihren Gegner. Im Fenster *Maihofers* sind noch ein Polizist und ein Kriminaler zu sehen.
Jubiläumstagung der Jungen Union Auf dieser Tagung in München wurde neben dem erfreulichen Anwachsen der Mitgliederzahl auf 250 000, hervorgerufen durch den Eintritt von Schülern und Studenten, der relative Rückgang von jungen Arbeitern und Angestellten beklagt.	*Vor dem Gymnasium in Burghausen* sitzen an einem runden Tisch Delegierte und schauen zu zwei Fenstern hoch. Aus einem Fenster versuchen gleich 20 Personen herauszuschauen. Aus dem anderen schauen nur zwei (Arbeiter, Angestellte). Über dem Schulportal hängt eine kranzgeschmückte Tafel. Auf ihr steht: 250 000.
Entführung Caransas Bisher weiß die Polizei bei der Entführung des niederländischen Millionärs *Caransas* noch nicht, ob es sich um Südmolukker oder RAF-Terroristen handelt. Die Angehörigen *Caransas* haben die Geiselnehmer aufgefordert, direkt mit ihnen Kontakt aufzunehmen.	*Auf der Salzachbrücke in Tittmoning* steht ein eiserner Käfig, in dem ein Mann sitzt. Um den Käfig herum laufen verschleierte Gestalten, denen vom Ufer einige Personen (Angehörige) zuwinken.
Geiselnahme in Mauretanien 13 Franzosen sind in Mauretanien von der Befreiungsbewegung *Polisario* gefangengenommen worden. Da die Anrainerstaaten einen Fallschirmjägerüberfall Frankreichs befürchten, haben sie vorsorglich dagegen protestiert.	*Vor dem Dom in Salzburg* knien 13 Menschen an Ketten gefesselt, in der Mitte eine blauweißrote Fahne. Bewacht werden sie von Beduinen, die plötzlich zum Himmel zeigen, wo ein Fallschirm mit einem Fragezeichen sichtbar wird.
Waffenembargo für Südafrika Trotz Waffenembargo befürchtet Südafrika keine größeren Schwierigkeiten, da es heute bereits 75 Prozent seines Waffenbedarfs selbst herstellt. Darüber hinaus gilt die südafrikanische Armee als die beste Schwarzafrikas.	*Bei dem Heimatmuseum in Rosenheim* ist eine Tür vernagelt, doch aus der anderen kommen ein Panzer und ein Flugzeug nach dem anderen. Auf dem Parkplatz werden alte Panzer repariert. Davor exerziert eine Truppe.

Die Effizienz der Loci-Technik ist empirisch gut abgesichert. Es gibt eine ganze Reihe von Untersuchungen, die belegen, daß sie dem üblichen Lernen durch einfaches Wiederholen der Begriffe weit überlegen ist. Fehler passieren eigentlich nur beim Aufsuchen der Orte. Ist der Ort einmal gefunden, dann klappt die Erinnerung an den visualisierten Begriff fast perfekt (*Lea*). Voraussetzung hierfür ist allerdings eine prinzipielle Bereitschaft, sich auf solch ungewöhnliche Kombinationen wie dem Dom mit dem Telefonhörer einzulassen. Das ist nicht jedermanns Sache, kann aber – wie Sie ja mittlerweile wissen – ebenfalls erlernt werden.
Kompliziert wird es allerdings immer dann, wenn die Begriffe, die man sich einprägen will, *abstrakt* sind, also etwa der Begriff »Freiheit«. Aber auch hierfür gibt es eine Lösung. Ersetzen Sie in diesem Fall den Begriff durch ein konkretes Symbol, z. B. – wie oben vorgeschlagen – durch die Freiheitsstatue. Auf dieselbe Art und Weise können Sie auch den Begriff »Besprechung« durch einen runden Tisch oder den Begriff »Glück« durch ein Kleeblatt symbolisieren. Achten Sie nur darauf, daß keine Fehldeutungen möglich sind. So wäre es z. B. denkbar, daß Sie später beim Abrufen die Freiheitsstatue als Symbol für die Stadt New York identifizieren... Dann haben Sie praktisch keine Chance mehr, denn die Leistung der Loci-Technik liegt nicht in der *Speicherung* von Information, sondern im besseren *Zugriff* auf sie.

Legt man nämlich zwei Gruppen von Versuchspersonen, von denen eine mit Hilfe der Loci-Technik, die andere nach herkömmlichem Muster gelernt hat, nach fünf Wochen eine Liste mit Begriffen vor, so sind die Teilnehmer *beider* Gruppen ausnahmslos in der Lage, die gelernten Begriffe zu benennen. Beim bloßen *Erinnern* jedoch liegt die Loci-Technik-Gruppe weit vorn: Im Schnitt erinnern ihre Teilnehmer noch *doppelt* (!) so viele Wörter wie die Kontrollgruppe, und das, obwohl sie beim Erlernen der Begriffe sogar weniger Zeit brauchen (*Groninger*).
Von einer Variante der Loci-Technik berichtet *Zielke*. Sie besteht darin, daß der Redner eine Reihe von Räumen geistig mit einer Farbe markiert. Hierzu notiert man bereits bei der Ausarbeitung und Gliederung eines Vortrags seine Gedanken auf verschiedenfarbige Blätter. Jede Farbe stellt einen bestimmten Raum dar, in dem Informationen abgelegt werden. Beim Vortrag versetzt man sich dann jeweils in einen der farbigen Räume und verläßt ihn nicht eher wieder, als bis die darin abgelegte Information abgearbeitet ist.

Die Assoziations-Technik

Die Assoziations-Technik basiert auf der Erfahrung, daß man sich leichter an Informationen erinnern kann, wenn diese untereinander verknüpft sind.

Auf diese Weise gewinnen Sie eine ganze Assoziationskette, in der die Erinnerung an eines ihrer Elemente automatisch die Erinnerung an das folgende hervorruft. Dabei geht man folgendermaßen vor:

Zuerst entwickelt man zu einer Information eine bildhafte Vorstellung.

⬇

Dann assoziiert man diese bildhafte Vorstellung mit der bildhaften Vorstellung der nächsten Information.

Wollen Sie etwa die Begriffe *Hut – Kugelschreiber – Arzt – Löwe – Tulpe – Zahn – Schlüssel – Lampe – Tasse – Kamin* miteinander verbinden, dann wäre folgende Lösung möglich:

Hut – Kugelschreiber ➡ ein Hut, der anstelle von Straußenfedern mit Kugelschreibern geschmückt ist

⬇

Kugelschreiber – Arzt ➡ ein Kugelschreiber, mit dem gerade ein Arzt im weißen Kittel blau angemalt wird

⬇

Arzt – Löwe ➡ ein Arzt, der gerade einen Löwen operiert

usw.

Die Assoziations-Technik eignet sich also besonders für das sogenannte serielle Lernen, also für das Erlernen von Informationen, die immer in der gleichen Reihenfolge abgerufen werden sollen. Das können z. B. profane Wegbeschreibungen oder Zug- und Busfahrplän, das können aber auch die Stichwörter für einen Vortrag oder der Ablauf einer Konferenz sein. Auch Zuhörer können sich so den Inhalt einer Rede einprägen. Sogar viele Arbeitsabläufe, bei denen es darauf ankommt, bestimmte Handlungssequenzen in festgelegter Reihenfolge immer wieder zu wiederholen (davon ist nicht nur die klassische Fließbandarbeit betroffen, sondern auch viele Arbeitsabläufe im Büro!), können so optimiert werden (Verringerung von Fehlerquoten; Verkürzung von Einarbeitungszeiten; Verbesserung von Prüfungsleistungen). Kurz: Die Assoziations-Technik ist immer dort angebracht, wo es darum geht, den »roten Faden« nicht zu verlieren.

Wichtig ist hierbei vor allem, daß die Assoziationen *so klar und eindeutig wie möglich* visualisiert werden. Denn weil diese Technik darauf beruht, daß jedes Glied der Kette ein *Abrufsignal* für das folgende darstellt, bricht der Erinnerungsfluß ab, sobald Ihnen aus irgendeinem Grunde – z. B. wegen falscher oder zu schwacher Visualisierung – ein Begriff nicht mehr einfällt. Und dann besteht die Gefahr, daß Sie auch die folgenden Informationen nicht mehr erinnern können. Besonders problematisch ist dies beim ersten Begriff der Reihe, für den ja kein Abrufsignal vorhanden ist. Wenn Sie diesen vergessen, stockt Ihre Assoziationskette also bereits ganz zu Beginn. Einige Autoren empfehlen deshalb, den ersten Begriff mit einer »Informationsquelle« zu verknüpfen. Das könnte bei einem Vortrag z. B. der Veranstalter oder der Veranstaltungsort sein. Ein großer Vorteil der Assoziations-Technik besteht aber darin, daß Sie die von Ihnen gebildete Assoziationskette auch rückwärts abrufen können.

Die Geschichten-Technik

Eine weitere bekannte Methode, Informationen miteinander zu verknüpfen, die in einer festgelegten Reihenfolge abgefragt werden sollen, besteht darin, sie in eine zusammenhängende Geschichte einzubinden. Nehmen wir als Beispiel doch einfach wieder die uns schon bekannte Begriffsreihe:

Wenn Sie sich die Begriffe *Hut – Kugelschreiber – Arzt – Löwe – Tulpe – Zahn – Schlüssel – Lampe – Tasse – Kamin* mit der Geschichten-Technik merken wollen, dann könnte die Geschichte, die Sie dazu ersinnen, folgendermaßen aussehen:
Ein alter Hut soll repariert werden. Mit dem Kugelschreiber notiert sich der Arzt, dem der Hut gehört, daß der Hutmacher in der Löwenstraße wohnt. Für die Frau des Hutmachers schneidet er eine Tulpe und geht los. Obwohl ihn sein Zahn schmerzt, vergißt er nicht, mit dem Schlüssel abzusperren. Der Hutmacher besieht sich den alten Hut genau unter der Lampe, trinkt genüßlich aus seiner Tasse und wirft ihn verächtlich in den offenen Kamin (nach *Metzig/Schuster*).

In der Praxis funktioniert die Geschichten-Technik auch ohne Visualisierung, weil alle Informationen in einen logischen und übergreifenden Bedeutungszusammenhang gestellt werden. Sie eignet sich daher vor allem für Menschen, denen die Produktion bildlicher Vorstellungen Schwierigkeiten macht. Fest steht aber auch, daß der Erfolg mit einer zusätzlichen Visualisierung erheblich gesteigert werden kann. Überhaupt ist die Effizienz der Methode erstaunlich hoch, was zum großen Teil auch daran liegt, daß man fast zwangsläufig zu bildlichen Vorstellungen greift. Möglicherweise ist ein Teil des Effektes auch darauf zurückzuführen, daß Sätze, die durch sogenannte Konjunktionen (etwa »und« oder »denn«) miteinander verbunden sind, immer besser behalten werden als unverbundene Sätze (*Micko / Thüring*). Als Nachteil mag man allerdings empfinden, daß – vor allem bei langen Texten – der Aufwand erheblich ist. Auch das »Lesen« von hinten nach vorne gestaltet sich schwieriger als bei der Loci-Technik und bei der Assoziations-Technik.

Die Kettenwort-Technik

Die sogenannte Kettenwort-Technik oder Kettenmethode arbeitet mit visuellen Ketten. Sie sollten sie immer dann einsetzen, wenn Sie eine Rede *völlig frei* halten müssen, d. h., wenn Sie auch keine Stichwortkarten zur Verfügung haben. Natürlich müssen Sie auch dann Ihren Vortrag zuerst einmal schriftlich fixieren. Steht das Kunstwerk, dann unterstreichen Sie zunächst die Schlüsselwörter. Nehmen wir einmal an, diese sind (Beispiel nach Ebeling):

> *Klassenzimmer, weißer Tisch, Stehlampe, gelber PKW, Streichhölzer, Goldmünze, Weihnachtsbaum, schwarze Uhr, die Aufschrift: »Viel Erfolg«*

Machen Sie nun folgendes (Sie können dies auch als Test begreifen und aktiv mitmachen):

- Schauen Sie sich die einzelnen Wörter an, und versuchen Sie, sich die Begriffe *bildlich* vorzustellen.
- Versuchen Sie dann, diese Bilder zu »übertreiben«, indem Sie sie etwa mit grellen Farben versehen oder sie ungewöhnlich groß bzw. klein machen.
- Versuchen Sie dann, diese übertriebenen Bilder zu einer Bilderkette aneinanderzureihen. Übertreiben Sie auch diese in Form und Farbe.
- Schließen Sie jetzt die Augen, und stellen Sie sich die zusammenhängende Kette vor.

Der gesamte Vorgang könnte folgendermaßen abgelaufen sein:

> ***Der gelbe PKW im Klassenzimmer***
> Sie denken an Ihre Schulzeit und sehen ein ganz bestimmtes *Klassenzimmer* vor sich. Je genauer Sie es sehen, um so besser ist es. In diesem Klassenzimmer steht ganz vorn ein *weißer Tisch*, auf dem sich eine riesige hölzerne *Stehlampe* mit einem riesigen roten Schirm befindet. Plötzlich durchbricht ein *gelber PKW* die Wand des Klassenzimmers. In seinem geöffneten Aschenbecher befinden sich *Streichhölzer*, die, als der Wagen zum Stehen kommt, sich wie von Geisterhand entzünden und zu brennen beginnen. Sie stürzen zum PKW und wollen das Feuer löschen. Dabei stolpern Sie über eine riesige *Goldmünze*, die auf dem Boden liegt. Als Sie sich wieder aufrappeln, ist das Feuer bereits von allein erloschen, und der Kofferraum des Wagens steht auf. Neugierig blicken Sie hinein und entdecken einen *Weihnachtsbaum*, komplett geschmückt und mit brennenden elektrischen Kerzen. Daneben liegt eine große *schwarze Uhr* ohne Ziffern und ohne Ziffernblatt, auf der ein Zettel klebt mit der *Aufschrift »Viel Erfolg«*.

Wahrscheinlich wird es Ihnen jetzt leichtfallen, alle Schlüsselwörter aus dem Stand zu nennen. Und wenn Sie es jetzt noch schaffen, den letzten Begriff mit dem ersten zu verknüpfen, dann können Sie von jedem Glied der Kette aus starten.

Die Kennwort-Technik

Eng verwandt mit der Loci-Technik ist auch die Kennwort-Technik, die allerdings oft mit der Schlüsselwort-Technik verwechselt wird. Hierbei werden die zu lernenden Begriffe an bereits vorhandene (= bekannte) Begriffe gekoppelt. Das kann alles mögliche sein, aber bewährt haben sich Begriffe aus ein und demselben Bedeutungsraum, z. B. aus dem Bereich des Hobbys. Diese werden dann in eine bestimmte Reihenfolge gebracht, wobei sich die Buchstaben des Alphabets anbieten. Nehmen wir einmal an, Sie seien ein Tierliebhaber, dann könnte Ihre Kennwort-Reihe so aussehen (Beispiel nach *Metzig / Schuster*):

A	Affe
B	Bär
C	Chamäleon
D	Dachs
E	Elefant
F	Fuchs
G	Gans
H	Hase
I	Igel
J	Jaguar
K	Kuh
L	Lamm
M	Maus

N	Nashorn
O	Ochse
P	Panther
Q	Qualle
R	Rabe
S	Sau
T	Tintenfisch
U	Uhu
V	Vase
W	Wolf
X	Xylophon
Y	Yak
Z	Zebra

Sie können eine solche Liste relativ schnell erlernen, wenn Sie bereits hierbei mit bildhaften Vorstellungen arbeiten.
Stellen Sie sich jetzt vor, Sie wollen sich eine Checkliste einprägen, mit deren Hilfe Sie bei einer Autopanne mögliche Ursachen erkennen können. Eine solche Checkliste könnte wie folgt aussehen.

A ➡ Warnblinkanlage einschalten
B ➡ Warndreieck aufstellen
C ➡ Kontrolle Treibstoff
D ➡ Kontrolle elektrische Kabel (lose?)
E ➡ Kontrolle Kühlwassertemperatur (zu hoch?)
F ➡ Kontrolle Öldruck (Öldrucklampe an?)
G ➡ Kontrolle Reifen (platt?)

Nun müssen Sie diesen Maßnahmenkatalog durch bildhafte Vorstellungen in Ihrem Gedächtnis verankern. Welche Bilder Sie dabei benutzen, bleibt natürlich Ihnen überlassen. Aber sie können nach derselben Methode überzeichnet sein wie in der Kettenwort-Technik. Wir stellen Ihnen hier die Bilder vor, die *Metzig* und *Schuster* vorschlagen:

A Affe, der im Takt der eingeschalteten Warnblinkanlage auf und nieder hüpft

BBär, der mit dem Warndreieck spielt
CChamäleon, das aus dem Reservekanister lugt
DDachs mit einem losen Kabel im Maul
EElefant, der mit dem Rüssel Kühlwasser nachfüllt
FFuchs mit rotleuchtenden Öldrucklampen als Augen
GGans, die versucht, mit ihrem Schnabel einen Reifen plattzubeißen

Die Kennwort-Technik hat den Vorteil, daß sie den unmittelbaren Zugriff zu einem beliebigen Element der gesamten Serie erlaubt. Allerdings stellte sich heraus, daß sie einfachem Wiederholen nur dann überlegen ist, wenn man auch tatsächlich mit bildlichen Vorstellungen arbeitet, wenn man also den Affen und die Qualle auch *wirklich visualisiert*. Ansonsten lagen die Ergebnisse von Versuchspersonen deutlich unter denen mit einfachem Wiederholen (*Santa* u. a.). Außerdem müßte es sich – wie oben empfohlen – um *konkrete* Begriffe handeln, und diese müßten möglichst auch noch interagierend benutzt werden.

Die Zahl-Reim-Technik

Hierbei handelt es sich um eine Variante der Kennwort-Technik, die mit sogenannten *Pseudocodierungen* arbeitet. Sie besteht daraus, daß man statt der Buchstaben Zahlen verwendet und diese dann reimt. Die Verfechter dieser Technik gehen davon aus, daß dann – aufgrund des Reims – die Erinnerungsleistungen besser sind. Dies konnte jedoch experimentell nicht bestätigt wer-

		nach *Metzig/Schuster*	nach *Buzan*
eins (ein)	➡	Mainz	Bein
zwei (zwo)	➡	Blei	Stroh
drei	➡	Brei	Brei
vier	➡	Bier	Tier
fünf	➡	Strümpf	Strümpf
sechs	➡	Hex	Klecks
sieben	➡	Rüben	Rüben
acht	➡	Tracht	Nacht
neun	➡	Scheun	Scheun
zehn	➡		Ren

den (*Santa* u. a.). Dennoch handelt es sich hierbei natürlich um eine praktikable Methode. Auf S. 140 sehen Sie zwei Vorschläge für ein solches Zahl-Reim-System, das Sie natürlich auch selbst kreieren können.
Und hier zwei Beispiele für die Anwendung der Zahl-Reim-Technik, die sich besonders für solche Situationen eignet, in denen einzelne Informationen abgerufen werden sollen.

Wie lautet das 7. Gebot?

⬇

7 ➡ Rüben ➡ Stehlen

⬇

bildliche Vorstellung eines Diebes, der Rüben stiehlt

⬇

Du sollst nicht stehlen!

Welcher Kollege sitzt im Büro Nr. 6?

⬇

6 ➡ Klecks ➡ Müller

⬇

bildliche Vorstellung einer Hexe mit den Gesichtszügen von Herrn Müller

⬇

Im Büro Nr. 6 sitzt Herr Müller

Wie Sie sehen, ist natürlich auch die Zahl-Reim-Technik dazu geeignet, sich die Gliederungspunkte eines Vortrags zu merken; aber viel effektiver kann sie in Situationen eingesetzt werden, in denen es nicht mehr auf die Reihenfolge der Informationen ankommt. Prädestiniert ist sie deshalb z. B. für eine Diskussion oder eine Journalistenbefragung im Anschluß an einen Vortrag – wenn es darum geht, Daten, die man in der Hinterhand halten möchte, sicher abzuspeichern. Im allgemeinen erwies sich aber sowohl die Kennwort-Technik als auch ihre Variante, die Zahl-Reim-Technik, im Test als weniger effizient als die Geschichten-Technik.

Die Schlüsselwort-Technik

Die Schlüsselwort-Technik basiert auf der *Lautähnlichkeit* von Begriffen und eignet sich sehr gut zum Lernen fremdsprachlicher Vokabeln. Sie erwies sich in Tests aber auch immer dann als überlegen, wenn es darum ging, Fakten zu lernen, die aus zusammenhängenden Texten herausgefiltert werden mußten, also z. B. Informationen über Städte. Auch biographische Daten lassen sich so ausgezeichnet merken. Die Anwendung erfordert allerdings etwas Übung. Und so funktioniert's:

- Verbinden Sie den zu lernenden Begriff mit einem Schlüsselwort, das möglichst ähnlich klingt (akustische Ähnlichkeit) wie der ganze Begriff oder doch zumindest ein Teil von ihm.
- Entwickeln Sie dann ein möglichst einprägsames Bild, das den zu lernenden Begriff mit dem Schlüsselwort verbindet. Achten Sie bei einem längeren Text bitte darauf, daß dieses Schlüsselwort durch den ganzen Text durchhält.

Einen Tag nach dem Erlernen von 120 Begriffen erinnerten Versuchspersonen noch 72 Prozent, eine Vergleichsgruppe kam auf lediglich 46 Prozent. Auch die Langzeitwirkung überzeugte. Bei einem unangekündigten Test etwa 43 Tage später erinnerte sich die Gruppe *mit* Schlüsselwort-Technik noch an 43 Prozent der Begriffe, die Gruppe *ohne* diese Technik jedoch nur noch an 28 Prozent. Andere Untersuchungen erbrachten sogar noch höhere Werte.

Auch die Schlüsselwort-Technik kommt ohne bildliche Vorstellungen aus, indem man z. B. den neuen Begriff mit dem Schlüsselwort in einen sinnvollen Zusammenhang bringt. Allerdings gilt auch hier, daß die Leistungen *mit* bildlicher Vorstellung signifikant besser sind.
Für Redner besonders interessant ist folgendes: Es stellte sich heraus, daß diese Methode immer dann am besten funktionierte, wenn die Versuchspersonen die Schlüsselworte *vorgegeben* bekamen. Als ungünstig erwies es sich jedoch, wenn dies auch noch bei den bildlichen Vorstellungen der Fall war (*Atkinson*). Bieten Sie also in Ihren Vorträgen Ihrem Publikum Schlüsselworte an, aber achten Sie auch darauf, daß es die bildlichen Zuordnungen selbst erzeugt!

Die Symbol-Technik

Diese Technik besteht darin, daß man sich eine Reihe von bildhaften Symbolen merkt (manche schaffen bis zu fünfzig, danach wird es allerdings ineffektiv), die für einzelne Zahlen stehen. Die Zahlen legen dabei die Reihenfolge der Stichworte fest. Wie dies funktioniert, schildert andeutungsweise *Joseph Eichendorff* in seinem Roman »Aus dem Leben eines Taugenichts«:

Warum der »Taugenichts« an eine enggeschnürte Dame mit breitem Kopfputz denkt

»Besonders das fatale Rechnen wollte mir nun erst gar nicht mehr von der Hand, und ich hatte, wenn der Sonnenschein durch den Kastanienbaum vor dem Fenster grüngolden auf die Ziffern fiel und so fix vom Transport bis zum Latus und wieder hinauf und hinab addierte, gar seltsame Gedanken dabei, so daß ich manchmal ganz verwirrt wurde und wahrhaftig nicht bis drei zählen konnte. Denn die Acht kam mir immer vor wie meine dicke enggeschnürte Dame mit dem breiten Kopfputz, die böse Sieben war gar wie ein ewig rückwärts zeigender Wegweiser oder Galgen.

Am meisten Spaß machte mir noch die Neun, die sich mir so oft, eh ich michs versah, lustig als Sechs auf den Kopf stellte, während die Zwei wie ein Fragezeichen so pfiffig dreinsah, als wollte sie mich fragen: Wo soll das am Ende noch hinaus mit dir, du arme Null? Ohne sie, diese schlanke Eins und alles, bleibst du doch ewig nichts!« (nach *Krämer/Walter*).

Wir stellen Ihnen im folgenden drei solcher Symbol-Systeme vor, die Sie zur Visualisierung einsetzen können, einmal das von *Metzig* und *Schuster*, dann das von *Birkenbihl* und schließlich das von *Altmann*. Für welches der drei Systeme Sie sich letztlich entscheiden, bleibt Ihnen überlassen; Sie können die Symbole auch mischen. Entscheidend ist, daß Sie sie sich gut merken können – und da mag jeder so seine Vorlieben haben.

Symbole nach *Metzig/Schuster*

Symbole nach *Birkenbihl*

Symbole nach *Altmann*

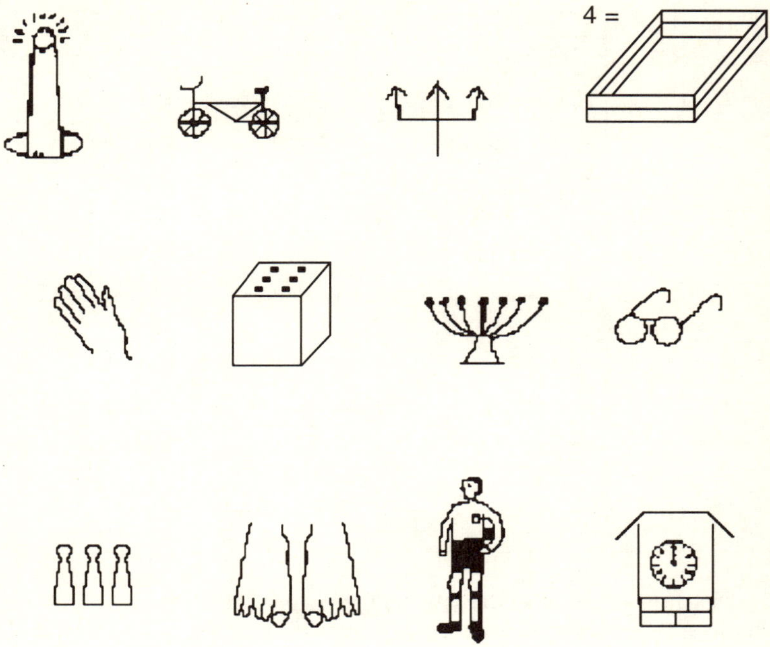

		bei *Metzig/Schuster*	bei *Birkenbihl*	bei *Altmann*
Die 1		ein Bleistift	eine Kerze	ein Leuchtturm
Die 2		ein Schwan	ein Schwan	ein Fahrrad
Die 3		ein Gesäß	eine Pyramide	ein Dreizack
Die 4		ein umgedrehter Stuhl	ein Koffer	ein Boxring
Die 5	sieht aus wie	ein moderner Sessel	eine Hand	eine Hand
Die 6		ein Tennisschläger	ein Elefant	ein Würfel
Die 7		eine Sense	eine Flagge	ein siebenarmiger Leuchter
Die 8		eine Brille	eine Sanduhr	eine Brille
Die 9		eine Lampe	ein Golfschläger	ein Kegelset
Die (1)0		ein Ball	ein Geldschein	zwei Füße
Die 11				ein Fußballspieler
Die 12				eine Turmuhr

Es ist sogar möglich – aber das ist eine Typsache –, daß Sie abstraktere symbolische Assoziationen verwenden, also etwa eine schwarze Katze für die 13 oder einen Lottozettel für die 6.

Die Visualisierung von Zahlen

Zahlen und Daten sind vor allem deshalb so schwer zu merken, weil sie der Inbegriff der Abstraktheit sind. Genau das ist aber auch der Grund, warum es den meisten Rednern nicht möglich ist, sie durch Visualisierungen anzureichern. Auf der anderen Seite zählt die Fähigkeit, Zahlen oder Zusammenhänge in Tabellen, Grafiken und Diagrammen zu visualisieren, zu den Grundlagen jeder effektiven Darstellung.
Das gilt natürlich auch für alle mündlichen Darlegungen. Wer hier in der Lage ist, spontan gute bildhafte Vergleiche zu ziehen, verschafft sich ohne Zweifel argumentative Vorteile. Doch häufig scheitert dies bereits an der Grundeinstellung vieler Redner, deren heimliches Ziel es oft ist, über das Abschießen wahrer Zahlenkaskaden nur ihrem Publikum zu verdeutlichen, wie kompetent sie doch sind. Die Zahlen dienen dann nur dazu, einen bestimmten Eindruck zu erzeugen. In der Praxis mag das im einen oder

Sind 250 Pfennig im Monat ruinös für ein Unternehmen?
»Der Standort Deutschland ist schlecht. Wir hören es jeden Tag, lesen bedrückt die Schlagzeilen. Zu hohe Löhne, zu langer Urlaub, explodierende Sozialausgaben. Düsternis allerorten. Und dann das noch: die Reform des Kindergeldes. Diese Steuergelder müssen fortan die Arbeitgeber auszahlen, es sei denn, der Betrieb hat weniger als fünfzig Beschäftigte. Die deutsche Wirtschaft tobt, acht große Spitzenverbände klagen an. Ein Anschlag auf die Wettbewerbsfähigkeit, lautet der Vorwurf. Die Bundesregierung treibe erneut die Kosten der Unternehmen in die Höhe, anstatt das Wirtschaften billiger zu machen. Niedergeschlagen schauen wir uns die Zahlen an. ›Unternehmen mit 5000 Mitarbeitern müssen mit Installationskosten von 30 000 Mark und laufenden Losten von 120 000 Mark im Jahr rechnen‹, heißt es da. Wir nehmen den Taschenrechner zur Hand. Das macht im Jahr pro Nase 30 Mark oder 250 Pfennig im Monat. Ruinös? Eher ein trauriger Rekord im Jammern. Was ist bloß aus unseren Unternehmern geworden!« (*shm, Die Zeit* vom 29. 12. 95).

anderen Fall auch gelingen, aber Sie sollten sich darüber im klaren sein, daß dieser Effekt nicht sehr lange anhält. Außerdem würde Ihr Publikum nur sehr wenig behalten. Viel besser ist es, wenn Sie sich bereits bei der Vorbereitung der Rede genau überlegen, welche Zahlen Sie bringen und welche nicht. Hierzu können Sie Ihr Zahlenmaterial in drei Kategorien unterteilen:

- Zahlen, die Sie bringen, weil Sie Ihre Kompetenz unterstreichen;
- Zahlen, die Sie bringen, weil sie einfach genannt werden *müssen*, und
- Zahlen, die Sie bringen, weil Sie möchten, daß das Publikum Sie und Ihr Anliegen versteht und die es möglichst auch behalten soll.

Dann können Sie in einem nächsten Schritt immer noch überlegen, *wie viele* Zahlen Sie dem Publikum zumuten möchten und auf welche Art und Weise Sie sie präsentieren wollen. Halten Sie sich hierbei möglichst an folgende Regeln:

Mit den goldenen Neun fahr'n Sie's in die Scheun'

① Sagen Sie sich die entscheidenden Zahlen bereits bei Ihrer Vorbereitung mehrfach sowohl leise als auch laut auf. So beziehen Sie von Anfang an mehrere Wahrnehmungsebenen ein.

② Springen Sie nicht im selben Text zwischen Prozent- und Bruchzahlen. Das wirkt auf die Zuhörer irritierend und ist deshalb nur dann anzuraten, wenn Sie bewußt verschleiern möchten.

③ Schreiben Sie alle Zahlen, die Sie unbedingt »rüberbringen« wollen, noch einmal auf einen gesonderten Zettel. Damit beziehen Sie zum einen *noch eine* zusätzliche Wahrnehmungsebene – die *haptische* – ein und haben zum anderen die Zahlen immer übersichtlich zur Hand. Das hat sich bei Zwischenfragen oder Zusatzfragen nach der Rede sehr bewährt.

④ Nennen Sie Zahlen immer möglichst exakt. Das macht Eindruck und wirkt in den meisten Fällen auch glaubwürdiger: »12,7 Millionen Tonnen Abfall« überzeugen mehr als beispielsweise »etwa 13 Millionen«.

⑤ Vergleichen Sie Ihre Zahlen mit bereits bekanntem Material: »Das ist so, als ob Sie...« Wichtig ist hierbei eine möglichst anschauliche Relation, die auch ruhig kurios sein kann: »Wenn Sie das Geld, das da verbraten wurde, in Hundertmarkscheinen austeilen und dann alle Geldscheine aufeinanderlegen, dann wird der Berg so hoch werden wie der Kölner Dom.« Sie können auch an solche Zahlen anknüpfen, von denen Sie wissen, daß das Publikum sie kennt, z. B. eine öffentliche Telefonnummer oder das Geburtsdatum des Chefs.

⑥ Teilen Sie längere Zahlenreihen in Gruppen auf, und sprechen Sie sie *rhythmisch*, z. B. 674 67 57 statt 6746757 (denken Sie an die »Magical Number Seven«). Dies erhöht die Merkfähigkeit bei den Zuhörern enorm. Achten Sie auch auf Regelmäßigkeiten wie auf- oder absteigende Reihen, Halbierungen oder Verdoppelungen.

⑦ Haben Sie eine Zahl von der Kategorie: *Muß ich zwar sagen, braucht das Publikum aber möglichst nicht zu merken*, dann benutzen Sie die Sandwich-Technik. Hierbei wird die entsprechende Zahl – wie bei einem Sandwich der Belag – zwischen zwei anderen Informationen versteckt. Bei Verkaufsgesprächen ist dies in der Regel der Preis.

⑧ Umgekehrt: Wenn Sie wollen, daß das Publikum eine Zahl auf jeden Fall behält, überlegen Sie, ob es nicht möglich ist, sie in einen Reim zu packen. »333 – bei Issos Keilerei« ist wohl eine der wenigen Geschichtszahlen, die die meisten von uns noch behalten haben. Oder kennen Sie noch sehr viele mehr?

⑨ Auch zeitliche Nähe ist ein gutes Mittel, wenn sie visualisiert wird. So prägt sich z. B. der 2. Oktober wesentlich besser ein, wenn Sie sich und den Zuhörern bewußtmachen, daß dies der Tag vor dem »Tag der Deutschen Einheit« ist.

Namen und Personen einprägen

Es ist Aufgabe der Phantasie, das vorhandene Bild umzuformen.
(Gaston Bachelard)

Personen wiederzuerkennen oder sich beim Zusammentreffen mit Personen an deren Namen zu erinnern ist oftmals ein wichtiger erster Schritt zu einem guten Kontakt. Doch zumal dann, wenn man sich – z. B. bei Konferenzen oder Seminaren – gleich mehrere Namen merken will, stoßen viele Menschen an eine Grenze. Wie also stellt man am besten sicher, daß man sich Personen und Namen auch tatsächlich einprägt und sie nicht schon im sensorischen Speicher hängenbleiben?
Zunächst einmal: Die wenigsten Menschen scheitern an der eigenen Motivation. Probleme beim Behalten von Namen bekommen sie vielmehr dadurch, daß sie von Beginn an nicht richtig oder nur unvollständig *wahrnehmen*, d. h., sie sind es nicht gewohnt, ihre Sinne gezielt zu steuern und einzusetzen. Wenn Sie die Übungen zum *Beobachten und Beschreiben* gemacht haben, werden Sie jedoch schon einen Schritt weiter sein. Schauen wir uns nun einmal an, was man denn bei Menschen, denen man zum ersten Mal begegnet, alles beobachten kann. Hier eine Liste in Anlehnung an *Bierbaum*, die sich an den Eingangskanälen ins Gedächtnis (erinnern Sie sich?) orientieren:

- *Auge:* Beobachten Sie die Kleidung, vor allem auch Schuhe und Kopfbedeckung. Achten Sie weiter auf Schmuck, Make-up und Frisur. Vergessen Sie aber auch nicht die allgemeine Erscheinung, z. B. Gesichts- und Körperform sowie die Haltung Ihres Gegenübers.
- *Ohr:* Achten Sie auf Stimmlage, Lautstärke und Kraft der Stimme, aber auch auf Betonung und Wortschatz. Eventuell fällt Ihnen auch etwas Außergewöhnliches auf, z. B. ein nervöses Klappern mit Schuhen oder Absätzen oder das Klimpern mit Schmuck.
- *Geschmacks- und Geruchssinn:* Der Geschmackssinn tritt naturgemäß nicht in Erscheinung. Um so wichtiger ist allerdings Ihr Geruchssinn, auf den Sie sich bei einiger Übung ziemlich gut verlassen können, weil er nur schwer zu täuschen ist. Achten Sie also auf Parfum, Rasierwasser, Seife, aber auch auf »körperferne« Düfte wie z. B. Küchen- oder Werkstattgerüche.
- *Fühl- und Tastsinn:* Beobachten Sie Haut und Hände Ihrer Mitmenschen. Hat Ihr Gegenüber »Berufshände«? Lachfältchen? Sieht seine Haut gesund aus? Oder welk? Wirkt er abgespannt?
- *Bewegung:* Wie bewegt sich Ihr Gegenüber? Wie ist sein »Tempo«? Kraftvoll oder kraftlos? Wie ist sein (Lebens-)Rhythmus? Hat er nervöse Ange-

wohnheiten (Ticks)? Wie ist seine Gangart? Wirkt er verklemmt oder verkrampft oder so, als ob er sich die ganze Zeit »zurücknimmt«?
- *Gefühl und Emotion:* Wie ist sein Temperament? Was hat er für eine Ausstrahlung?
- *Logik:* Hiermit ist ein möglicher Zusammenhang von Name und Beruf gemeint. Vielleicht fällt Ihnen auch ein Zusammenhang von Name und Eigenschaften auf.

Haben Sie auf diese Art und Weise ein auffälliges Merkmal gefunden, dann kommt es darauf an, eine Verbindung von Name und Gesicht herzustellen. Obwohl dies auf den ersten Blick kompliziert klingen mag, gelang es Teilnehmern von Trainingskursen bereits nach kurzer Einführung, die Namen von 40 (!) Anwesenden zu rekapitulieren (*Metzig/Schuster*). Am besten funktioniert das natürlich, wenn die betreffende Person einen Namen hat, der eine eindeutige Bedeutung hat, also etwa *Zimmermann* oder *Faßbinder*. In diesem Fall kombiniert man das durch Beobachtung gefundene auffällige Merkmal mit der Bedeutung des Namens. Nehmen wir einmal an, der Herr *Faßbinder* hat eine besonders große Nase. Dann wäre es z. B. möglich, sich ein riesiges Faß vorzustellen mit einem Erker (Nase = Gesichtserker), aus dem Herr *Faßbinder* während des Faßbindens immer herausschaut.
Wenn Ihnen das Beispiel allzu seltsam vorkommt, denken Sie bitte daran, daß die Verknüpfungen so lebhaft wie möglich sein sollten. Dabei ist es vollkommen gleichgültig, ob sie naheliegend (Herr *Hammer* wird mit einem Hammer visualisiert) oder ob sie weit hergeholt sind (Herr *Moosbacher* wird mit einer Acht visualisiert, weil die beiden o in seinem Namen wie eine liegende Acht aussehen). Kurz: Setzen Sie Ihrer Phantasie keine Grenzen. Die meisten Autoren schlagen sogar vor, die Bilder im Kopf hemmungslos zu übertreiben, sie so absurd wie möglich zu machen und mit humoristischen Elementen zu garnieren. *Ebeling* spricht in diesem Zusammenhang vom »System der Magnetisierung«. Hier einige seiner Assoziationsbeispiele (von uns geändert):

Wie Herr* Pongratz *mit einem Fußball Pingpong spielt	
Herr *Oelreich*	Sehen Sie einen Ölscheich aus Arabien, der oben auf einem Ölturm sitzt und sagt: »Ich bin durch *Öl reich* geworden.«
Frau *Holthaus*	Stellen Sie sich ein Holzhaus im Schwarzwald vor, aus dem schaut eine Frau und sagt: »Ich heiße *Holthaus* und wohne im *Holzhaus.*«
Herr *Hacker*	Herr *Hacker* ist Förster von Beruf und hat zusammen mit Frau *Holthaus* einen Baum hinter ihrem Haus abgehackt. Nun sitzt er abgespannt auf dem Baumstamm, der *Hacker.*
Herr *Gutknecht*	Denken Sie an einen guten Knecht, der schon graue Haare hat. Er geht gebückt und steht kurz vor dem Lebensabend. Der *gute Knecht* – Herr *Gutknecht*!
Herr *Pongratz*	Stellen Sie sich vor, Sie spielen mit Herrn *Pong* Pingpong. Anschließend ist er *vergrätzt*: Der Pingpongball war so groß wie ein Fußball.
Herr *Diessenbach*	Sehen wir bildlich, wie Herr *Diessenbach* an diesem Bach spazierengeht und auf einmal auf einem Stein ausrutscht. Nun liegt er in diesem Bach, der Herr *Diessenbach.*
Herr *Buchner*	Herr *Buchner* arbeitet in einem Verlag und steht hinter einer Maschine. Er ist der »*Buchner*«.

Wir finden, bis auf Herrn *Pongratz* handelt es sich bei den vorstehenden Fällen noch um recht einfach zu visualisierende Namen. Auch Herr *Diessenbach* hat ja immer noch das ziemlich konkrete »Bach« in seinem Namen. Schwieriger wird es allerdings, wenn die Namen nicht mehr »sinnvoll« sind und womöglich auch nicht mehr der üblichen Silbenfolge der deutschen Sprache entsprechen. In diesem Fall empfiehlt sich die Schlüsselwort-Technik, d. h., Sie müssen z. B. für Herrn *Samulowski* oder Herrn *Barkowski* ein ähnlich klingendes Ersatzwort finden – das dann allerdings eine Bedeutung haben sollte! Für *Samulowski* schlagen *Metzig* und *Schuster* vor, an einen »*Sammelski*« zu denken, der in einer Sammlervitrine liegt, bei *Barkowski* assoziieren sie den Barkauf eines Skis (»*bar kauf ski*«). Wir selbst kamen bei *Samulowski* spontan auf »*Sammel du doch Ski*« (und könnten dann auch mit einer Sammelvitrine aufwarten), und bei *Barkowski* waren wir von der Lösung so »benebelt«, daß uns gar keine andere mehr einfiel. Das zeigt, daß »*bar kauf ski*« ein ziemlich gutes Schlüsselwort ist.
Natürlich verlangt das Auffinden solcher Schlüsselwörter einige Übung, aber erstens trifft dies auf alle anderen hier behandelten Merktechniken

auch zu, und zweitens wird Ihre Aufmerksamkeit schon allein dadurch, daß Sie versuchen, einen Schlüsselbegriff zu finden, so auf die entsprechende Person fokussiert, daß die Wahrscheinlichkeit, ihren Namen zu behalten, bereits dadurch gewaltig steigt. Es gibt sogar Gedächtnistrainer, die mit diesem System – nach einmaligem Hören! – 500 Personen mit Nennung des Namens verabschieden konnten (*Lorayne / Lucas*). Die Effizienz der geschilderten Techniken kann also nicht mehr bestritten werden, und in der Tat existiert eine ganze Reihe von Untersuchungen, die den positiven Effekt der Verknüpfung von Namen und Gesichtern mit bildhaften Vorstellungen belegen (*Metzig / Schuster*). Sehen Sie nun, worauf Sie beim Umgang mit Namen noch achten sollten:

Darauf sollten Sie beim Umgang mit Namen achten

- Lassen Sie sich bei der Vorstellung einen Namen, den Sie sich merken möchten, ruhig noch einmal nennen, und verschaffen Sie so Ihrem Gedächtnis Zeit für die Verarbeitung.
- Rufen Sie sich auf einer Veranstaltung – das kann auch die Party sein – das Bild, mit dem Sie Namen und Gesicht bei der Vorstellung verbunden hatten, noch mehrmals in Erinnerung.
- Handelt es sich um einen vorher bekannten Teilnehmerkreis (z. B. eine Konferenz), dann versuchen Sie, bereits vor Beginn der Veranstaltung eine Anwesenheitsliste zu bekommen. Teilen Sie dann die Namen nach Berufen, Tiernamen, Kuriosa usw. ein. Das erleichtert später die Visualisation.
- Haben Sie keine Hemmungen, jemanden nach dem Namen eines anderen Anwesenden zu fragen.
- Nutzen Sie bei Veranstaltungen bereits die Zeit vor deren Beginn, um mit einigen Teilnehmern ins Gespräch zu kommen. Auch die Pausen können Sie nutzen, um sich und andere vorzustellen.
- Machen Sie während der Veranstaltung eine Skizze von der Sitzordnung der Teilnehmer. Auch dies ist eine effektive Form der Visualisierung.
- Sprechen Sie Ihre Gesprächspartner während der Veranstaltung so oft wie möglich mit Namen an. Achten Sie aber darauf, daß dies nicht aufdringlich wirkt.
- Wiederholen Sie bei der Verabschiedung noch einmal alle Namen. Ist dies laut nicht angebracht, dann tun Sie es leise. Können Sie sich an einen Namen nicht mehr erinnern, dann fragen Sie ruhig nach.
- Allgemein gilt: Gewöhnen Sie sich an, die Namen Ihrer Gesprächspartner immer aufzuschreiben. Haben Sie dazu keine Gelegenheit, dann stellen Sie sich zumindest vor, wie Sie den Namen aufschreiben (Visualisierung!).

Tips für die eigene Vorstellung

- Sprechen Sie Ihren Namen langsam und deutlich aus. Wiederholen Sie ihn eventuell nach dem *James-Bond*-Schema: »*Bond, James Bond.*« Wenn Sie den Eindruck haben, daß man ihn immer noch nicht verstanden hat, buchstabieren Sie ihn ruhig.
- Schauen Sie Ihren Gesprächspartner freundlich an, und machen Sie vor Ihrem Namen eine kleine Pause.
- Bieten Sie Ihrem Gesprächspartner Erinnerungshilfen an. Nennen Sie z. B. die Bedeutung Ihres Namens (»Das heißt auf polnisch ...«), oder machen Sie auf ein Kuriosum aufmerksam (»Mein Name ist *Engelen*, nicht *Engelein*, wie mal in meinem Personalausweis stand«). Sie können auch reimen oder Ihren Namen in eine humorvolle Redewendung einflechten.
- Immer gut: Überreichen Sie eine Visitenkarte.
- Wiederholen oder nennen Sie Ihren Namen möglichst unauffällig während der Unterhaltung: »Mein Chef sagt immer, *Bammelowski*, Sie machen das schon.«
  Wichtig: Bringen Sie Ihren Namen immer in Verbindung mit einer *positiven* Assoziation: »Mein Name ist *Schimmel*, denken Sie einfach an die tollen Lipizzanerpferde.« – Und nicht etwa: »Mein Name ist *Schimmel* – wie das Weiße am Käse.«

Bilder im Kopf: Sprache, Gefühl und Realität

Wenn du ein Schiff bauen willst, dann trommle nicht die Männer zusammen, um Holz zu beschaffen, Aufgaben zu vergeben und die Arbeit einzuteilen, sondern lehre die Männer die Sehnsucht nach dem weiten endlosen Meer.
(Antoine de Saint-Exupéry)

Der Gefühlswert der Wörter

Die Erkenntnis, daß Bilder in der rechten Hälfte unseres Gehirns verarbeitet und codiert werden, ist einer der Hauptgründe dafür, daß ein Großteil ihrer Wirkung weniger auf einer rationalen Verarbeitung als vielmehr auf dem unterschwelligen Einfluß der Bildbotschaften beruht. Doch irgendwie müssen diese Bildbotschaften auch ins Gehirn gelangt sein. Solange es sich hierbei um »echte« Bilder handelt – also um Gemälde, Fotos, Grafiken usw. –, ist dieser Weg für die meisten Menschen verständlich und gut nachvollziehbar. Doch Sprachbilder sind keine Bilder »an sich«. Sie müssen durch Worte erst *erzeugt* werden. Der Unterschied liegt also in der Qualität des *Originals*. Im ersten Fall ist dieses bereits bildhaft und wird im Wahrnehmungsprozeß nur angereichert und modifiziert, im zweiten Fall ist bereits die originäre Bildhaftigkeit das Ergebnis eines geistigen Prozesses.
Zwar erfolgt auch die gehirninterne Verarbeitung der »echten« Bilder erst auf dem Umweg über geistige Tätigkeiten wie Phantasien und subjektive Erlebnisweisen der betrachtenden Personen, doch ist es bei Sprachbildern die Phantasie des Hörers selbst, die das Bild erzeugt – auch dann, wenn dieses aufgrund sprachlicher Diktion und Konvention in gewisser Weise zwingend ist. Dieser Prozeß des »Bildhaftmachens« wird größenteils bestimmt durch den *Gefühlswert* der verwendeten Wörter. Um besser nachvollziehen zu können, was genau damit gemeint ist, vergleichen Sie bitte einmal die folgende Tabelle. Sie zeigt in ihren Zeilen jeweils verschiedene Begriffe für ein und denselben »Sachverhalt«.

Antlitz	Gesicht	Visage	Züge	Physiognomie
Roß	Pferd	Gaul	Zossen	Klepper
berauscht	betrunken	besoffen	knülle	beduselt
unverweilt	sofort	gleich	unverzüglich	brühwarm
entschlafen	sterben	verrecken	heimgehen	ableben
empfangen	erhalten	kriegen	bekommen	zuteil werden

Je nachdem, welchen der Begriffe Sie benutzen, ändert sich auch der Gefühlswert des Satzes, in dem sie stehen. Der spezifische »Klang« der Wörter lädt gleichsam die gesamte »Atmosphäre« *affektiv* auf – und bestimmt damit zum großen Teil auch, ob eine Rede rational oder emotional konnotiert wird. Damit haben Sie als Redner eine nicht zu unterschätzende Waffe in der Hand.

»Durch Worte kann der Mensch den anderen selig machen oder zur Verzweiflung treiben, durch Worte überträgt der Lehrer sein Wissen auf die Schüler, durch Worte reißt der Redner die Versammlung der Zuhörer mit sich fort und bestimmt Urteile und Entscheidungen. Worte rufen Affekte hervor und sind das allgemeine Mittel zur Beeinflussung der Menschen untereinander« (*Sigmund Freud*).

Die meisten Menschen neigen dazu, den Gefühlswert der Worte bzw. den affektiven Anteil an einer Redesituation zu unterschätzen. Damit begehen sie den gleichen Fehler wie viele Wissenschaftler, die gleichsam »von Haus aus« rationalen Prozessen während der Aufnahme von Information mehr Bedeutung zuschreiben als emotionalen. In diesem Fall werden die Emotionen als *Störungen* betrachtet, die nur dazu angetan seien, die Aufmerksamkeit des Betrachters vom Wesentlichen abzulenken. Das geht sogar so weit, daß z. B. *Razran* selbst die Debatte hierüber noch für überflüssig hält, weil seiner Meinung nach »die Grundgesetze des Lernens« auch »bei einem hypothetischen Marsbewohner, dem Emotionen etwas völlig Fremdes sind, nicht anders funktionieren« als bei uns (*Vroon*).
Den entgegengesetzten Standpunkt bezieht *Zajonc*, der behauptet, eine Reihe von Gefühlen entstehe sogar *vor* allen anderen Prozessen und färbe diese dann entsprechend ein. Machen Sie doch hierzu bitte einmal folgenden Test (nach *Kahnemann* u. a.).

Die Regierung rechnet mit dem Ausbruch einer Krankheit, die 600 Menschen das Leben kosten kann. Als Reaktionsmöglichkeit stehen zwei Programme zur Verfügung:

- Programm A wird zur Folge haben, daß 200 Menschen gerettet werden.
- Bei Programm B steht die Wahrscheinlichkeit, daß alle Menschen gerettet werden, bei eins zu drei. Gleichzeitig besteht jedoch auch eine Wahrscheinlichkeit von zwei zu drei, daß niemand am Leben bleibt.

Wenn Sie als Regierungsmitglied abzustimmen hätten: Für welches Programm entschieden Sie sich? Legen Sie sich bitte fest, bevor Sie fortfahren. Entscheiden Sie erst dann über die nächste Situation.

Wieder rechnet die Regierung mit dem Ausbruch einer Krankheit, die 600 Menschen das Leben kosten kann. Als Reaktionsmöglichkeit stehen wieder zwei Programme – diesmal jedoch zwei andere – zur Verfügung:

- Bei Programm C werden 400 Menschen sterben.
- Bei Programm D gibt es eine Wahrscheinlichkeit von eins zu drei, daß niemand stirbt, und eine Wahrscheinlichkeit von zwei zu drei, daß alle ihr Leben lassen.

Wieder haben Sie als Regierungsmitglied die Möglichkeit, für ein Programm zu stimmen. Für welches entscheiden Sie sich? Legen Sie sich auch jetzt bitte wieder fest, bevor Sie weiterlesen.

Wenn Sie so reagiert haben, wie die große Mehrzahl der Versuchspersonen, dann haben Sie sich im ersten Szenario für das Programm A und im zweiten für das Programm D entschieden. Das ist höchst interessant, denn die Folgen wären bei den Programmen A und C identisch. Trotzdem haben Sie wahrscheinlich im einen Fall *für* und im anderen Fall *gegen* die entsprechende Maßnahme gestimmt – bei gleichen Konsequenzen des Alternativprogramms! Warum?

Während noch für das erste Szenario die Möglichkeit besteht, daß Ihre Antwort durch das Interesse an einer klaren und schnellen Entscheidung beeinflußt war (bei Programm A braucht man nicht über Wahrscheinlichkeiten nachzudenken!), zieht dieses Argument beim zweiten Szenario nicht mehr – denn jetzt haben Sie sich ja *gerade* für die kompliziertere Version entschieden. Es muß also eine andere Entscheidungsbasis geben. Aber welche? Die Antwort der Autoren lautet: Wahrscheinlich sind Sie vor der entschiedenen Behauptung in C zurückgeschreckt, daß 400 Menschen *sterben* werden. Programm A jedoch haben Sie wahrscheinlich deshalb gewählt, weil hier davon die Rede war, daß 200 Menschen *gerettet* werden. Und genau das bedeutet, daß Sie sich bei Ihrer jeweiligen Entscheidung eben *nicht* von rationalen Überlegungen haben leiten lassen, sondern vom *emotionalen* Gehalt der Wörter »leben« und »sterben«.

Dies untermauert die Vermutung, daß zumindest *im täglichen Handeln* das Gefühl oft Vorrang hat vor der Kognition (ob man danach streben sollte, dies für *wissenschaftliche* Erkenntnisse auszuschließen, und ob dies überhaupt möglich und wünschenswert ist, stellte eine andere Debatte dar). Dies beweisen auch die folgenden Experimente:

Das Gefühl hat Vorrang

- Stellt man Testpersonen eine Aufgabe, die sie prinzipiell gar nicht lösen können, so verschlechtert sich mit der fortschreitenden Frustration darüber auch deren Laune. Man sollte nun erwarten, daß diese schlechte Laune wieder verschwindet, sobald die Versuchsperson darüber aufgeklärt wird, daß sie selbst keinerlei »Schuld« trifft. Erstaunlicherweise ist dies jedoch *nicht* der Fall. Das unangenehme Gefühl, das die Personen beschlichen hatte, bleibt weiterhin bestehen. Fazit: Auch die rationale Erkenntnis der wahren Situation kann also das Gefühl nicht vertreiben.
- Verstümmelt man Tonbandaufnahmen so, daß der Inhalt des Gesagten nicht mehr erkennbar ist, wird die emotionale Botschaft trotzdem noch immer verstanden. Die Versuchspersonen erkennen sie dann am *Klang* der Stimme.
- Befragt man eine Gruppe von Ärzten, ob diese bereit sind, eine neue Therapie einzusetzen, bei der mit hoher Wahrscheinlichkeit 50 Prozent der Patienten sterben werden, sind etwa 35 Prozent der Ärzte hierzu bereit. Dreht man die Frage um und fragt, ob sie bereit wären, eine Methode einzusetzen, die eine Überlebenswahrscheinlichkeit von 50 Prozent bietet, sind dagegen 70 Prozent der Ärzte bereit, dieses Verfahren anzuwenden. Beide Gruppen behaupten auf Nachfrage, sie seien absolut sicher, bei ihrer Entscheidung nicht manipuliert worden zu sein. Gleichzeitig ist aber auch klar, daß beide Situationen in ihrem Kern völlig identisch sind. Ausschlaggebend für die Entscheidung der Ärzte ist lediglich das *Gefühl*, das die beiden Worte »sterben« und »leben« in ihnen auslöst (dieses Experiment bestätigt im übrigen das oben ausführlich Rekapitulierte).
- Die meisten Menschen sind erstaunlich gut in der Lage, die Emotionen von Personen aus fremden Kulturen richtig einzuschätzen. Dies gilt sowohl für die richtige Einschätzung der Mimik als auch für die Sprache selbst. Auch wenn jemand z. B. kein Spanisch spricht, wird er in der Regel ziemlich genau mitbekommen, welche emotionale Botschaft ein Spanier einem anderen gerade übermittelt.
- Zeigt man Menschen einen Stummfilm über eine Gruppeninteraktion, dann sind sie allein aufgrund der nonverbalen Signale in der Lage zu bestimmen, wer der Ranghöchste ist.

- Wer je als Heranwachsender von seinem Vater eine Ohrfeige erhalten hat, weiß, daß das Gefühl der Demütigung ihm weitaus länger im Gedächtnis haftengeblieben ist als der Vorgang selbst.
- Versuchspersonen wurden vor folgende Entscheidungen gestellt, die Sie jetzt auch für sich einmal beantworten können. Stellen Sie sich vor, Sie seien unterwegs zu einem Fußballspiel, für dessen Eintritt Sie 20 Mark bezahlen müssen. Als sie ankommen, stellen Sie fest, daß Sie unterwegs 20 Mark verloren haben. Sie haben aber noch immer genügend Geld dabei, um den Eintritt bezahlen zu können. Sind Sie immer noch bereit, 20 Mark für die Eintrittskarte zu bezahlen? Die meisten Menschen bejahen diese Frage. Stellen Sie sich nun vor, Sie haben die 20-Marks-Eintrittskarte bereits gekauft und stellen am Tor zum Stadion fest, daß Sie sie unterwegs verloren haben. Wären Sie bereit, eine neue Karte zu kaufen? Obwohl der Verlust nun exakt der gleiche ist, lehnen in diesem Fall die meisten Menschen diesen Vorschlag ab.
- Auch wenn man Personen eine Reihe von gefühlsbetonten Wörtern und Zeichen so kurz zeigt, daß sie sie bewußt gar nicht erkennen können, reagieren diese Personen emotional auf den Gehalt des unbewußt Gesehenen.
- Bei Sensationsprozessen, bei denen es um Liebe, Sex und Verbrechen geht, haben die meisten Zuhörer das Urteil schon gesprochen, bevor der Prozeß beginnt.
- Emotionen sind grundsätzlich mit mehr Muskelbewegungen verbunden als Denkprozesse.
- Fordert man Versuchspersonen auf, eine Hand in eine Schüssel mit ziemlich heißem Wasser zu halten und die andere in eine Schüssel mit ziemlich kaltem Wasser, und veranlaßt sie anschließend, beide Hände in eine Schüssel mit lauwarmem Wasser zu tunken, dann werden sie die Hand, die vorher in kaltem Wasser steckte, als ziemlich heiß erleben und die Hand, die vorher in heißem Wasser steckte, als kalt: Jede Hand (genauer: das Gehirn) vergleicht die Temperatur des lauwarmen Wassers mit der Temperatur, der sie vorher ausgesetzt war. Und dabei nutzt es überhaupt nichts, wenn man »weiß«, daß beide Hände sich in demselben Wasser befinden: Das Gefühl bleibt bestehen.
- Den meisten Menschen fällt es enorm schwer, ihre Gefühle in Worte zu fassen, obwohl sie zu gleicher Zeit mühelos auf der nonverbalen Ebene kommunizieren können.

Daß dennoch so viele Menschen der Meinung sind, beim Anhören von Reden reagierten sie primär auf deren *rationalen* Gehalt, mag – neben einem der Aufklärung verpflichteten Selbstbild – auch daran liegen, daß nicht nur die Fähigkeit zu einem bestimmten Gefühls*ausdruck*, sondern auch die zur Gefühls*wahrnehmung* von Mensch zu Mensch erheblich differiert. Manche Menschen haben enorme Schwierigkeiten, ihre Gefühle überhaupt wahrzunehmen, selbst in sehr klaren Situationen. »Für manche Menschen ist die Gefühlsdimension die einzige Grundlage ihres Lebens, für andere ist es eine Dimension, die sie weitgehend ignorieren. Diejenigen, die ihre Gefühle ignorieren, betrügen sich ziemlich sicher nur. Denn es sind eindeutig unsere Gefühle, die unsere Meinungen bestimmen, ob wir das nun zugeben oder nicht« (*Ornstein*). Zur Illustration verweist *Ornstein* auf eine für unsere Thematik äußerst interessante Begebenheit aus dem amerikanischen Wahlkampf:

Warum siegte Reagan _gegen_ Carter?
Im Jahre 1980 lieferten sich *Jimmy Carter* und *Ronald Reagan* im Rahmen der Präsidentschaftswahlkämpfe ein Fernsehduell. Die meisten Zuschauer, die die Debatte am Fernseher verfolgt hatten, waren der Meinung, *Reagan* habe gewonnen. Gerade umgekehrt äußerten sich jedoch die meisten derjenigen, die die *Transskripte* dieses Gesprächs gelesen hatten. Für sie war *Carter* der Sieger. Die weitere Entwicklung ist bekannt: *Reagan* wurde Präsident.

Ornstein behauptet (und wir stimmen ihm hierin voll zu), daß *Reagan* diesen Erfolg zum größten Teil dem Umstand verdankte, daß er in dieser Debatte – die Wahlforscher übrigens im nachhinein als entscheidend für den Ausgang der Wahl ansahen – mehr *positive Gefühle* ausgestrahlt hatte. Und diese erhöhen – das ist ganz entscheidend für die Wirkung des Redners auf seine Zuhörer – deren Grad der *Zufriedenheit*. Also: Der Befriedigungsgrad der Zuhörer liegt um so höher, je besser es der Redner versteht, eine *positive* Stimmung zu erzeugen.

Eine positive Stimmung hebt den Grad der Zufriedenheit bei den Zuhörern

- So konnte man z. B. feststellen, daß Menschen, die gerade einen lustigen Film gesehen hatten, nicht nur zu ihrem persönlichen Leben, sondern auch ganz allgemein zur Lage der Politik deutlich *positivere* Urteile abgaben als andere, die noch vor der Kinokasse standen.
- Umgekehrt schätzten Menschen, die gerade aus einem aggressiven oder tragischen Film kamen, sowohl ihre persönliche als auch die allgemeine gesellschaftliche Situation sehr viel negativer ein.
- Auch konnten Testpersonen eine Reihe von Problemen besser lösen, wenn sie vorher lustige Videos gesehen hatten.

Dieses Phänomen der manipulierenden Wirkung positiver Gefühle bzw. positiver Stimmung machen sich im übrigen auch die in letzter Zeit auch bei uns in Mode gekommenen Sit-Coms zunutze, also jene mit kleinem Etat

gedrehten Fernsehkomödien, die ohne Publikum eingespielt werden und bei denen das Lachen der Zuhörer vom Band kommt (wahrscheinlich bei uns am bekanntesten: »Eine nette kleine Familie«). Obwohl die meisten Menschen bei Befragungen angeben, sie lehnten das Lachen aus der Konserve ab und fänden es sogar widerlich (!), lachen dieselben Zuschauer weniger, wenn es fehlt – und sie mögen die Show auch weniger!
Die Diagnose ist eindeutig: Wir reagieren auf Situationen eben nicht rational, sondern zunächst einmal emotional, und zwar auch dann – denken Sie bitte an die Geschichte mit der Karte zum Fußballspiel –, wenn uns der direkte Vergleich ohne große Probleme möglich ist. Und diese emotionale Reaktion ist für uns selbst um so befriedigender, je positiver die Stimmung ist, durch die sie ausgelöst wurde. (Zur Anschauung: Es gibt in der Verkaufspsychologie übrigens den Satz: »Wer lacht, der kauft«.)

Gefühlsansprache durch Anschaulichkeit

Ein gängiges Verfahren, Gefühle anzusprechen, besteht darin, abstrakte Sachverhalte zu veranschaulichen. Hier ein Beispiel von *Herrmann*:

»Wiesbaden (*dpa*) – Der bisher größte Schlag gegen den Kokainhandel in der Bundesrepublik Deutschland ist den Behörden mit der Sicherstellung von einer Tonne der weißen Droge in Frankfurt/Main gelungen. Diese Menge hat nach Angaben des Zolls einen Marktwert von rund 200 Millionen Mark. Das Rauschgift hätte ausgereicht, um fast 10 000 Kokainabhängige ein Jahr lang zu versorgen, berichtete das BKA am Mittwoch in Wiesbaden« (*Süddeutsche Zeitung* vom 11. 10. 1990).

Wie Sie sehen, wird das Gefühl der Zuhörer hier durch die Verwendung von Beispielen und Vergleichen erzielt. Eine Tonne Kokain ist für die meisten Leser eine relativ abstrakte Information. Ein Marktwert von 200 Millionen Mark ist da schon konkreter. Und daß mit dieser Tonne Kokain gleich 10 000 (!) Abhängige ein Jahr lang versorgt werden können, wird jeden Leser endgültig aufschrecken.
Welches Beispiel oder *welchen* Vergleich der Redner jeweils wählt, hängt zu einem großen Teil von seinem Redeziel ab. Es ist z. B. etwas völlig anderes, ob Sie sich bei der Festlegung Ihrer Redeziele dazu entscheiden, einen Sachverhalt als groß und bedeutend erscheinen zu lassen, oder ob es Ihnen lieber ist, daß das Publikum ihn für klein und unscheinbar hält. Beantworten Sie doch bitte einmal möglichst spontan und aus dem ersten Gefühl heraus folgende Fragen (nach *Herrmann*):

- Was erscheint Ihnen schwerer: 20 Zentner, 1 Tonne oder 1000 Kilogramm?
- Was würden Sie in der Lotterie lieber gewinnen? 500 000 Mark oder eine halbe Million?

Es dürfte klar sein, worauf wir hinauswollen: Für die meisten Menschen *klingen* 1000 Kilogramm nach mehr als 1 Tonne, und eine halbe Million *klingt* nach mehr als 500 000 Mark. Auch hier ist also nicht rationale Überlegung am Werke, sondern gefühlsmäßige Einschätzung.
Den gleichen Effekt machen sich im übrigen viele Verhandlungsführer zunutze, die mit Minimalisierungen oder Maximalisierungen arbeiten. Wenn Sie z. B. sagen: »Etwa 90 000 Menschen sterben jährlich auf Europas Straßen« und dann hinzufügen: »Dies bedeutet 250 Verkehrstote jeden Tag«, dann wird sich die zweite Aussage für die meisten Menschen schrecklicher anhören als die erste. Und jede weitere »Verkleinerung« der Einheit wird den identischen Sachverhalt auf der *emotionalen* Ebene für die Zuhörer noch prekärer erscheinen lassen. So könnte etwa ein Redner, dem es um den Ausbau von Sicherheitsmaßnahmen im Straßenverkehr geht, auch von »mehr als zehn Toten pro Stunde« oder von »einem Verkehrsopfer alle fünf Minuten« sprechen ... (Beispiel nach *Herrmann*).
Die Technik, die hierbei angewandt wird, folgt in groben Zügen der sogenannten Adaptionsniveautheorie (nach *Helson*). Diese besagt zum einen, daß alles Denken und Entscheiden immer auch in Beziehung zu Wahrnehmungsprozessen steht, und zum anderen, daß diese Wahrnehmungsprozesse an einem imaginären Nullpunkt orientiert sind, der abhängig ist vom jeweiligen Erfahrungsdurchschnitt.

Warum* Hilmar Kopper *in die Peanuts-Falle tappte

Wenn man z. B. entscheiden soll, ob eine Kugel groß oder klein ist, wird man dies immer im Hinblick auf eine ganz bestimmte Kugel tun (die man kennt oder die man imaginiert). Wir empfinden ein Ei als klein, wenn wir es mit einem Kohl vergleichen, aber als groß, wenn wir es mit einer Murmel vergleichen. Wir haben also permanent einen Maßstab im Kopf, eine Bewertungsskala mit einem imaginären Nullpunkt. Und dieser Nullpunkt wird immer sofort gesucht, sobald wir eine Bewertung vornehmen. Auf diese Art und Weise kam *Hilmar Kopper* im *Schneider*-Skandal zu seinem berühmten Ausspruch von den »Peanuts«. Er hatte schlicht übersehen, daß *sein* Maßstab ein anderer war als der seiner Zuhörer. Verglichen mit dem Geschäftsvolumen der Deutschen Bank, hatte er sicherlich recht, verglichen mit unserem Kontostand, sicherlich nicht ...

Sehen Sie nun eine Gegenüberstellung »wörtlicher« Aussprüche aus verschiedenen Presseorganen und ihren möglichen sachlichen Pendants (zusammengestellt von *Altmann*):

Gefühlsbetonte Ansprache	*Sachliche Vortragsweise*
Die Energielücke halte ich für einen Knüppel, mit dem der Bürger zur Kernenergie geknüppelt werden soll.	Die Energielücke soll gegenüber den Bürgern als Druckmittel für die Kernenergie angewendet werden.
Der Leitsatz »Und willst du nicht mein Bruder sein, so schlag' ich dir den Schädel ein« ist noch nie als Grundlage sachlicher Zusammenarbeit geeignet gewesen.	Grobe Verunglimpfungen sind noch nie als Grundlage sachlicher Zusammenarbeit geeignet gewesen.
Der Lohnsteuerzahler darf nicht ständig zur Melkkuh der Nation gemacht werden. Diese Politik gleicht einem Acker, auf dem falsches Getreide angebaut wurde.	Der Lohnsteuerzahler darf vom Staat nicht ständig überfordert werden. Diese Politik handelt unter falschen Voraussetzungen.
Der Bürgerblock im Rathaus betrachtet sich als die Feuerwehr, die linke Brände löscht.	Der Bürgerblock im Rathaus hat das Ziel, eine Linkspolitik zu vermeiden.
Industrieabwasser haben diesen lieblichen kleinen Fluß zu einer übelriechenden Kloake gemacht.	Die Industrieabwasser haben diesen schönen Fluß verschmutzt.
Landrat A ist 1980 in Startlöcher gestiegen, die weniger geeignet schienen, Halt zu geben, als dem Startenden ein Bein zu brechen.	Landrat A hat unter schwierigsten Umständen angefangen.
Im Vergleich zu dem Steuerpoker, für den die Karten jetzt gemischt werden, war die Steuerreform von 1974 harmloser Schwarzer Peter.	Im Vergleich zu den Verhandlungen heute war die Steuerreform von 1974 harmlos.
Der Versuch, Liberalismus zu definieren, endete bisher stets wie das Bemühen, einen Pudding an die Wand zu nageln.	Der Versuch, den Liberalismus zu definieren, endete bisher stets ergebnislos.
Natürlich gibt es auch beim Gurt kleinere Verletzungen. Aber die sollte man bewußt in Kauf nehmen: lieber blaue Flecken auf dem Bauch als weiße Chrysanthemen auf dem Grab.	Natürlich lassen sich auch durch das Anschnallen im Auto nicht immer Verletzungen ganz vermeiden. Aber ist es nicht besser, lieber diese in Kauf zu nehmen als den Tod?

Gefühlsbetonte Ansprache	***Sachliche Vortragsweise***
Die Lärmbelästigungen grenzen bereits an Terror, und Teile der Leopoldstraße erwecken zunehmend den Eindruck einer mit Pizzadeckeln übersäten Ketchup-Rutschbahn . . . und überdies brauchen wir in Schwabing keine Pseudo-Schickeria-Buden mit Schlipsträgerpublikum.	Die Lärmbelästigungen sind unerträglich. Die Leopoldstraße wird durch Essensabfälle verschmutzt, und überdies brauchen wir hier keine Boutiquen mit einem exklusiven Publikum.
Ich denke nicht daran, in eine Olympiade der Beschimpfungen einzusteigen.	Ich verzichte auf persönliche Verunglimpfungen.

Die subjektive Konstruktion der Wirklichkeit

Ein Steinhaufen hört auf, ein Steinhaufen zu sein, sobald ein einziger Mensch ihn betrachtet, der das Bild einer Kathedrale in sich trägt.
(Antoine de Saint-Exupéry)

Wenn bisher davon die Rede war, wie Gefühle unsere Wahrnehmung beeinflussen, dann ist indirekt damit auch jenes Phänomen angesprochen, das selbst in Laienkreisen unter dem Begriff der »individuellen Brille« bekannt ist. Jeder Zuhörer – davon muß ein Redner ausgehen – fügt die Informationen, die er (der Redner) ihm vermittelt, zu einer ganz individuellen Wirklichkeit zusammen. Und diese Wirklichkeit unterscheidet sich wiederum mehr oder weniger von den vielen *anderen* Wirklichkeiten, die die *anderen* Zuhörer im Blick durch *ihre* individuelle Brille konstruieren.
Diese ist zunächst einmal geprägt durch den Grad der *Aufmerksamkeit*, den man einem bestimmten Ereignis zugesteht. *Röthlein* demonstriert dies an einem Vorfall während der Fußballweltmeisterschaft 1990.

Warum sah keiner das Foul?
»70 000 Menschen saßen im Stadion und verfolgten gespannt das Fußballspiel. Es ging um den Einzug ins Halbfinale. Plötzlich hob einer der Linienrichter die Fahne und zeigte ein Foul an. Die Zuschauer waren verblüfft: Was war passiert? Niemand hatte etwas gesehen. Der Schiedsrichter beriet sich kurz mit seinem Linienrichter und stellte dann einen der Spieler vom Platz. Nach dem Spiel klärte sich der mysteriöse Vorfall auf. Der vom Platz gestellte Spieler hatte einen der Gegner geohrfeigt.«

Warum hatte keiner der Zuschauer etwas gesehen? Die Lösung ist ganz einfach: Alle 70 000 hatten natürlich dorthin geschaut, wo sich der Ball befand. Das Foul jedoch fand etwa zwanzig Meter entfernt statt. Und so gut wie keiner der Zuschauer hatte die gerade nicht beteiligten Spieler beobachtet, weder die, die sich in Position brachten, noch den, der seinen Gegner ohrfeigte.
In diesem Fall war also – was bei einem Fußballspiel nicht weiter verwunderlich sein mag – die Aufmerksamkeit der meisten Zuschauer auf denselben Aspekt des Ereignisses gerichtet. Wie aber erreicht der Redner, daß auch sein Publikum seine Aufmerksamkeit auf genau jene Aspekte der Rede richtet, die ihm wichtig sind? Machen Sie hierzu doch bitte einmal folgendes Experiment. Es stammt von *Anderson* und findet sich bei *Lehner*/

Ziep. Wir haben die Schilderung dieser Autoren für unsere Zwecke modifiziert. Beginnen Sie nun, wenn Sie Lust haben, mit dem Experiment:
Im folgenden sehen Sie vier Karten mit vier verschiedenen Symbolen.

E	K	4	7

Auf einer Seite der Karten steht immer ein Buchstabe und auf der anderen Seite immer eine Zahl. Sie dürfen jetzt zwei (aber wirklich nur zwei!) Karten umdrehen, um zu prüfen, ob für diese vier Karten die folgende Regel gilt:

> *Wenn auf einer Seite der Karte ein Vokal abgebildet ist, dann steht auf der anderen Seite eine gerade Zahl.*

Welche Karten drehen Sie um?
Notieren Sie jetzt bitte die Karte, die Sie gewählt haben. Schauen Sie noch nicht nach der Lösung, sondern lösen Sie zunächst eine weitere Aufgabe. Wenn Sie der Versuchung nachgeben und doch zuerst die Lösung der vorangehenden Aufgabe nachsehen, wird das Experiment nicht mehr funktionieren. Machen Sie sich nun also an die nächste Aufgabe. Sie lautet:

Im folgenden sehen Sie vier verschiedene Ansichten von Briefen:

1. Einmal sehen Sie die *Vorderseite* eines Briefes *mit* Briefmarke.
2. Zum zweiten sehen Sie die *Vorderseite* eines Briefes *ohne* Briefmarke.
3. Dann sehen Sie die *Rückseite* eines Briefes, der *zugeklebt* ist.
4. Und schließlich sehen Sie die *Rückseite* eines Briefes, der *offen* ist.

Jetzt dürfen Sie wieder zwei (aber auch diesmal wirklich wieder nur zwei!) Briefe umdrehen, um zu prüfen, ob folgende Regel gilt:

> *Wenn ein Brief zugeklebt ist, dann ist er mit einer Briefmarke frankiert.*

Notieren Sie sich nun bitte wieder Ihre Lösung, und blättern Sie dann erst um.

Die Auflösung:

In der ersten Aufgabe sind die beiden Karten, die umgedreht werden müssen, das »E« und die »7«; in der zweiten Aufgabe sind es die Briefe »2« und »3«. Haben Sie beide Aufgaben gelöst? Oder haben Sie vielleicht nur die zweite Aufgabe gelöst? In gewisser Weise wäre das allerdings erstaunlich. Denn die zweite Versuchsanordnung entspricht logisch genau der ersten. Warum haben Sie dann aber nur die zweite richtig gelöst?

Des Rätsels Lösung liegt natürlich in der Ausgangsfrage verborgen, nämlich in der Frage nach der subjektiven Wirklichkeit. Denn die Ergebnisse dieser Aufgaben deuten darauf hin, daß wir uns beim Lösen von Problemen tatsächlich keiner »objektiven« Logik bedienen. Es scheint vielmehr so zu sein, daß die Ergebnisse vom *Kontext* der Aufgabenstellung abhängig sind, d. h., Aufgaben mit einem höheren Grad an Vertrautheit produzieren mehr richtige Lösungen als solche, die uns unvertraut oder abstrakt erscheinen. Umgesetzt auf den Prozeß der Wahrnehmung, bedeutet das: Wir basteln uns unsere Wirklichkeit genau so hin, daß das, was wir wahrnehmen, für uns einen sinnvollen Zusammenhang ergibt.

Im übrigen: Wenn Sie tatsächlich nur die zweite Aufgabe gelöst haben, befinden Sie sich in Gesellschaft einer komfortablen Mehrheit. Normalerweise wählen bei Aufgabe eins nur etwa 10 Prozent der Versuchspersonen die richtigen Karten, d. h., 90 Prozent drehen mindestens *eine* falsche Karte um. Umgekehrt wird die zweite Aufgabe von mehr als 80 Prozent der Versuchspersonen richtig gelöst, d. h., die Briefe »2« und »3« werden umgedreht – und das, wie gesagt, obwohl es sich logisch gesehen um die vollkommen gleiche Aufgabe handelt!

Es läßt sich darüber spekulieren, ob dies einem Mathematiker, dem die logische Struktur der beiden Experimente sofort hätte auffallen müssen, auch passiert wäre. Doch selbst, wenn dies nicht der Fall wäre, beweist das noch lange nicht, daß dieser Mathematiker deshalb auf irgendeine Art und Weise »intelligenter« wäre als wir. Man könnte genausogut sagen, daß auch er nur durch seine individuelle Brille geblickt habe – und die besteht eben darin, daß er gewohnt ist, *abstrakte* Modelle der Wirklichkeit zu entwerfen und diese nach *logischen* Gesichtspunkten zu interpretieren.

Warum ein Physiker die Türklinke immer nur am Ende anfaßt

So ist z. B. einem der beiden Autoren einmal ein Physiker begegnet, der es sich zur Angewohnheit gemacht hatte, Türklinken immer nur ganz am Ende anzufassen. Als er ihn daraufhin ansprach, war der Physiker zuerst ganz verdutzt. Dies war ihm selbst noch gar nicht aufgefallen. Doch dann, nach einem kleinen Moment des Überlegens, antwortete er: »Ist doch klar, dann ist die Hebelwirkung besser.«

Andersons Experiment bringt aber noch ein weiteres interessantes Ergebnis hervor, auf das *Lehner* und *Ziep* hinweisen. Überlegen Sie doch bitte noch einmal, wo Ihr Fehler bei der ersten Aufgabe gelegen hat. War es »zufällig« die »4«, die Sie fälschlicherweise umdrehen wollten? Wenn ja, dann befinden Sie sich auch in diesem Fall wieder im beruhigenden Schoße der Mehrheit. *Lehner* und *Ziep* vermuten wohl zu Recht, daß in diesem Fall die suggestive Kraft der Formulierung den Ausschlag gab: War es nicht so, daß in der Fragestellung die *Geradzahligkeit* erwähnt wurde?
Auch in diesem Fall handelt es sich also im Grunde genommen wieder um einen subtilen Fall der Beeinflussung von »Publikum« (im weitesten Sinne) durch Sprache – eine Beeinflussung, die *jenseits* der bewußten und *rationalen* Umsetzung von sprachlichen Informationen stattfindet. Diese Erkenntnis macht sich seit einiger Zeit eine moderne Variante der Psychotherapie zunutze, die unter dem Namen »Neurolinguistisches Programmieren« (NLP) bekannt geworden ist und der die Rhetorik – was das Gebiet der Sprache angeht – eine ganze Reihe interessanter Beobachtungen zu verdanken hat. Der Begriff des NLP, der am Anfang viel Irritation ausgelöst hat, der jedoch eine korrekte Klassifizierung darstellt, setzt sich wie folgt zusammen:

- *Neuro* bezieht sich auf die Annahme, daß jede Verarbeitung innerer und äußerer Informationen im Gehirn des Menschen einen bestimmten psychischen Zustand auslöst, der dann bestimmte Verhaltensweisen ermöglicht.
- Der Wortbestandteil *linguistisch* verweist darauf, daß diese inneren Prozesse einerseits sowohl in der verbalen als auch in der nonverbalen Sprache zum Ausdruck kommen und andererseits durch Sprache auch verändert werden können.
- Und *Programmieren* schließlich soll verdeutlichen, daß diese Veränderung einhergeht mit einer (Neu-)Organisation innerer Denkmuster (= Programme).

Im folgenden Abschnitt verraten wir Ihnen, wie Sie mit den Mitteln des NLP unterschwellige sprachliche Beeinflussungen erkennen können und wie Sie andererseits deren Erkenntnisse gewinnbringend in Ihren Reden einsetzen können. Es handelt sich dabei um Erkenntnisse, die direkt auf die Technik des Bildermachens abzielen.

Unsere Repräsentanzsysteme

Was halten Sie von folgendem Gespräch (nach *Birkenbihl, Blickhan* und *Ulsamer*)?

Mitarbeiter:	*Ich habe das Gefühl, die Kampagne wird kein Erfolg.*
Chef:	*Aber schauen Sie doch mal: Wir haben uns alle offensichtlichen Probleme genau überlegt und genau gesehen, daß die Aktion glänzende Aussichten auf Erfolg hat.*
Mitarbeiter:	*Das glaube ich nicht. Ich spüre genau, daß irgend etwas noch nicht stimmt.*
Chef:	*Also, für mich sieht das ganz anders aus. Es wird bestimmt klappen. Sie sehen einfach zu schwarz.*

Auf den ersten Blick mag Ihnen an diesem Gespräch nichts außergewöhnlich vorkommen. Wir bitten Sie jedoch, Ihre Aufmerksamkeit einmal auf die verschiedenen Begriffe zu richten, die etwas mit *Wahrnehmung* und deren *Eingangskanälen* zu tun haben. Welche Begriffe benutzt der Mitarbeiter und welche der Chef? Bei genauerem Hinsehen wird Ihnen wahrscheinlich folgendes auffallen:

- Der Mitarbeiter benutzt zur Beschreibung der Situation die Formulierungen »Ich habe das *Gefühl*« und »Ich *spüre* genau«.
- Der Chef sagt »*Schauen* Sie doch mal«, »genau *gesehen*«, »Für mich *sieht* das ganz anders aus« und »Sie *sehen* einfach zu schwarz«. Außerdem – jetzt wird es schon etwas subtiler – benutzt er die Formulierungen »offen*sichtlich*« und »*glänzende* Aussichten«.

Bitte halten Sie diese Unterschiede einmal im Auge und sehen sich nun ein Gespräch über einen Urlaub im Süden an (nach Blickhan/Blickhan):

Herr A: *Ich habe jetzt eingesehen, daß ein Urlaub im Süden am schönsten ist: die besten Wetteraussichten, eine wunderschöne Landschaft, das farbige Treiben in den Städten, Strand bis zum Horizont – was will man mehr? Und wenn man erst mal bei den Südländern durchblickt, kommt man auch prima mit ihnen klar.*

Frau B: *Also, da können Sie sagen, was Sie wollen, das lasse ich mir nicht einreden. Ich verstehe Sie nicht. Dort ist es doch nur laut, alle reden durcheinander. Dazu die schreienden Farben, die sind einfach unerhört. Die ruhigen Landschaften des Nordens sprechen mich da viel mehr an.*

Herr C: *Ich möchte das auch einmal aufgreifen. Ich habe das Gefühl, daß Sie völlig aneinander vorbeilaufen mit Ihren Meinungen. Es geht doch nur um die Balance zwischen dem, was Sie erleben wollen, und dem, was Sie tatsächlich bekommen. Ich kann mich gut in Sie beide hineinversetzen und spüre schon, daß man an beiden Standpunkten anknüpfen könnte, statt gleich so aufeinander loszugehen.*

Wenn Sie auch jetzt wieder die Wahrnehmungsbegriffe herauskristallisieren, werden Sie feststellen, daß die Diskutierenden folgende Wahrnehmungsbegriffe benutzen:

- Herr A: »eingesehen«, »schönsten«, »Wetteraussichten«, »wunderschöne«, »farbige«, »Horizont«, »durchblickt« und »klar«.
- Frau B: »sagen«, »einreden«, »verstehe«, »laut«, »reden«, »schreienden«, »unerhört«, »ruhigen«, »sprechen«.
- Herr C: »aufgreifen«, »Gefühl«, »vorbeilaufen«, »Balance«, »erleben«, »hineinversetzen«, »spüre«, »Standpunkte«, »anknüpfen«, »loszugehen«.

Sowohl die beiden »Kontrahenten« im ersten als auch die drei Diskutierenden im zweiten Beispiel kommunizieren offensichtlich jeweils in einem anderen *Wahrnehmungssystem*, d. h., sie benutzen zur Charakterisierung entscheidender Wahrnehmungsaussagen einen anderen Sprachcode. Diesen Sprachcode nennt man *Repräsentanzsystem*, weil er – im wahrsten Sinne des Wortes – das Wahrnehmungssystem des Sprechenden *repräsentiert*. Sehen wir uns zur Verdeutlichung ein weiteres Beispiel an (wieder nach Blickhan/Blickhan):

Fünf Reisende treffen sich und tauschen ihre Erfahrungen über Neapel aus. Dabei stellen Sie fest, daß alle im Hotel »Miracolo« gewohnt haben.

- Der erste Reisende äußert sich ganz begeistert von dem Hotel. Das Essen sei phantastisch gewesen und das Weinsortiment ausgezeichnet. Auch an den Zimmern habe er nichts auszusetzen.
- Der zweite widerspricht ihm heftig. Er könne sich noch gut an das Hotel erinnern, es sei fürchterlich laut gewesen. Auch auf dem Zimmer habe er keine Ruhe gefunden und sei einfach nicht zum Schlafen gekommen. Das ganze Hotel sei nichts als eine einzige Katastrophe.
- Der dritte ist wieder ganz anderer Meinung. Er habe ausgezeichnet geschlafen, und verglichen mit den üblichen italienischen Zimmerchen, habe er sogar sehr viel Platz gehabt. Sogar das Bett sei äußerst bequem gewesen. Auch die übrige Einrichtung habe er als angenehm und gemütlich in Erinnerung, so daß er sagen könne, er habe sich sehr wohl gefühlt.
- Dem widerspricht nun der vierte Reisende. Er sei ziemlich unzufrieden mit dem Hotel gewesen, und statt gemütlich müsse man es eher als schmuddelig bezeichnen – wo man auch hingesehen habe, es sei alles voller Staub und Schmutz gewesen. Außerdem sei es überall so dunkel, eng und unübersichtlich gewesen. Nein, ihm habe das »Miracolo« überhaupt nicht gefallen.
- Der fünfte schließlich sagt gar nichts zum Hotel, sondern rümpft nur einmal kurz die Nase und fragt: »Und den gräßlichen Gestank? Habt ihr den gar nicht bemerkt? Das Hotel steht doch genau gegenüber vom Fischmarkt. Ich gehe da jedenfalls nicht mehr hin!«

Was auf den ersten Blick so aussieht, als handle es sich entweder um verschiedene Hotels oder als seien die fünf Reisenden zu höchst unterschiedlichen Zeiten am selben Ort gewesen, erweist sich bei näherem Hinsehen lediglich als sehr unterschiedliche Auswahl derjenigen Dinge, die jeder einzelne von ihnen bewußt *wahrgenommen* hat. Auch diesmal handelt es sich also um eine Differenz in den Repräsentanzsystemen:

- Für den ersten Reisenden war entscheidend, welche Information er über seinen Eingangskanal *Geschmacks- und Geruchssinn* erhielt: Essen und Trinken.
- Für den zweiten Reisenden war entscheidend, was er über seinen Eingangskanal *Ohr* erfuhr: die Ruhe.
- Der dritte Reisende wollte sich hauptsächlich wohl fühlen: Ihm waren die Körpergefühle des Eingangskanals *Fühl- und Tastsinn* wichtig.
- Der vierte Reisende stellt den Eingangskanal *Auge* in den Vordergrund.

- Und dem fünften Reisenden hat der Fischmarkt (im wahrsten Sinne des Wortes) »gestunken«, d. h., für ihn war wiederum der Eingangskanal *Geschmacks- und Geruchssinn* entscheidend.

Im selben Sinne ist im Beispiel davor für Herrn A entscheidend, was er *sieht*. Daß die Menschen im Süden womöglich laut sind, stört ihn anscheinend überhaupt nicht. Er legt sein Augenmerk auf die *visuelle* Information. Frau B dagegen nimmt ihre Umwelt bevorzugt über ihre *Ohren* wahr. Für sie zählt, was sie *gehört* hat, und ein Urlaub im Süden ist für sie kein ruhiger, harmonischer Urlaub. Für Herrn C wiederum ist wichtig, was er *spürt*. Er erlebt seine Umwelt gleichsam über seine *Haut* – weshalb er sich auch im Gespräch in die anderen *einfühlen* möchte. Stellt man nun in Rechnung, daß die Repräsentanzsysteme – als Vertreter der Sinnesmodalitäten – auch die typischen *Denk*muster eines Menschen repräsentieren, ist es dann noch verwunderlich, wenn zwei Menschen, deren Wahrnehmung so unterschiedlich codiert ist wie z. B. die des Chefs und seines Mitarbeiters, im Grunde genommen aneinander vorbeireden?

Warum jeder Mensch ein bevorzugtes Repräsentanzsystem hat

All das bedeutet natürlich nicht, daß unsere Protagonisten bei ihren Erlebnissen alle anderen Eingangskanäle abgeschaltet hatten. Im Gegenteil: In der Regel sind an jeder Wahrnehmung immer mehrere Kanäle gleichzeitig beteiligt – *im Idealfall* sogar alle. Aber die Erfahrung zeigt ebenso, daß in der Regel einer dieser Kanäle *dominant* ist. Je nachdem, um welchen es sich hierbei handelt, spricht man dann vom visuellen (Auge), vom auditiven (Ohr), vom olfaktorischen (Nase), vom gustatorischen (Geschmack) oder vom kinästhetischen (Fühl- und Tastsinn) Wahrnehmungstyp. Und jeder dieser Typen bevorzugt eine bestimmte Ausdrucksweise, wenn es darum geht, Wahrnehmungen zu beschreiben.

Der visuelle Typ sagt:	• Ich sehe ihren Standpunkt. • Das ist ganz klar. • Davon habe ich überhaupt keine Vorstellung. • Das sehe ich gar nicht ein. • Das ist ganz offensichtlich. • Das ist klar ersichtlich. • Das kann ich mir nicht vorstellen. • Der hat absolut keinen Durchblick. • Ist doch sonnenklar! • Das paßt genau ins Bild. • Das sieht absolut stark aus! • Das ist doch die reinste Schwarzmalerei. • So gewinnen wir nie den Überblick.
Der auditive Typ sagt:	• Das habe ich mich auch schon gefragt. • Ich sage mir immer, so geht das nicht weiter. • Das klingt gut. • Das hört sich gut an. • Was Sie da sagen! • Ich verstehe das Wort für Wort. • Nie davon gehört! • Keine Frage! • Das höre ich gern. • Das klingt vernünftig. • Da hat es »klick« gemacht. • Sag bitte morgen Bescheid! • Jetzt kracht es aber gleich. • Der Antrag wurde abgeschmettert. • Das soll man nicht alles hinausposaunen. • Man sollte auch die leisen Töne beachten.
Der olfaktorische Typ sagt:	• Das stinkt mir gewaltig. • Das riecht förmlich nach einer Überraschung. • Das ist ja ätzend. • Der hat einen feinen Riecher für so etwas.
Der gustatorische Typ sagt:	• Da bleibt auf jeden Fall ein bitterer Nachgeschmack. • Das gibt dem Vorhaben die nötige Würze. • Wir werden wohl in den sauren Apfel beißen müssen. • Das schmeckt mir nicht.

	• Das ist bitter. • Allererste Sahne! • Irgendwie hat das noch einen unangenehmen Beigeschmack. • Ihre Darstellung kommt meinem Geschmack sehr entgegen.
Der kinästhetische Typ sagt:	• Dafür lege ich meine Hand ins Feuer. • Das funktioniert reibungslos. • Der hat sich bis auf die Knochen blamiert. • Ich begreife das gut. • Das geht mir unter die Haut. • Das ist nicht weltbewegend. • Ich bin hin- und hergerissen. • Jetzt müssen die Karten auf den Tisch. • Das müssen wir in Gang bringen. • Das bekommen wir in den Griff. • Das Argument paßt doch überhaupt nicht! • Dieser Hinweis sitzt. • Das reibt sich doch! • Das fühlt sich gut an. • Da werden wir Hand anlegen müssen.

Allerdings ist es unserer Meinung nach etwas problematisch, z. B. – wie es in der Literatur vielfach vorkommt – von *dem* »auditiven Typen« zu reden. Denn Dominanz besagt ja nur, daß *ein* Aufnahmesystem besonders fein entwickelt ist und die Informationen, die über die anderen Eingangskanäle einlaufen, der Person weit weniger bewußt werden – und deshalb auch viel seltener in der Sprache repräsentiert sind. Möglich ist auch, daß je nach Situation der bevorzugte Kanal wechselt. So ist z. B. durchaus denkbar, daß auch ein visueller Typ im Konzertsaal die Augen schließt und sich dem Hören und/oder Spüren überläßt.

Ein sehr schönes Bild, wie man sich die Zusammenarbeit der verschiedenen Kanäle vorzustellen hat, verdanken wir Blickhan/Blickhan:

Von Lieblingskanälen und Nebenstraßen
»Der Lieblingskanal gleicht einer breiten und gut ausgebauten Wasserstraße. Neben diesem Kanal gibt es noch zahlreiche andere kleine Bäche und den alten Flußlauf. Die Bäche münden immer wieder einmal in den Hauptkanal und zweigen von diesem ab. Sie stehen für die anderen Sinneskanäle. Das Schiff schließlich, das auf diesen Wasserstraßen fährt, heißt ›Kommunikation oder Verständigung‹. Je nachdem, wie breit und tief der Kanal ist, desto schneller und leichter wird das Schiff sein Ziel erreichen.«

Warum wir überhaupt solche Repräsentanzsysteme haben, ist relativ leicht erklärbar. Man kann unsere Eingangskanäle der Wahrnehmung als Systeme begreifen, die nichts anderes zu tun haben, als uns ständig mit einem permanenten Fluß an sensorischen Erfahrungen zu versorgen. Mit einer solchen Fülle ist jedoch unser Bewußtsein sehr schnell überlastet, und es wäre absolut überfordert, wollte es all diese Erfahrungen auch tatsächlich registrieren. Die Tatsache, daß wir bei unserer Wahrnehmung der Umwelt eine (unbewußte) Auswahl vornehmen, erleichtert uns also das Überleben. Zum anderen bedeutet das ungehinderte Einfließen *aller* Informationen aber auch eine ungeheure Energieverschwendung, denn vieles, was wir auf irgendeine Weise aufnehmen, ist für die momentane Situation entweder überflüssig oder aber redundant. Das Bewußtsein reagiert deshalb so, daß es sich immer auf denjenigen Eingangskanal stützt, von dem es glaubt, daß er die momentan bedeutsamste Information enthält. Hieraus ergibt sich der selektierende Charakter der Repräsentanzsysteme. *Gordon* hat dies in einem schönen Gedankenexperiment illustriert.

Welche Eingangskanäle sind* jetzt *bei Ihnen geöffnet?
»Sie nehmen wahrscheinlich gerade jetzt am meisten wahr, daß Sie diese Wörter auf dieser Seite *sehen*. Es gibt aber noch das *Gefühl* in Ihrem linken Fuß. Und die *Geräusche* außerhalb Ihres Zimmers, den *Geruch* in der Luft. Und den *Geschmack* jetzt in Ihrem Mund. Sicherlich waren Sie sich einiger oder aller dieser ablaufenden sensorischen Erfahrungen nicht bewußt, *bis* Ihre Aufmerksamkeit auf sie gelenkt wurde.«

Wir empfehlen Ihnen, in Zukunft einmal darauf zu achten, welche Eingangskanäle Ihre Bekannten in Gesprächen benutzen. Ignorieren Sie dabei – natürlich nur zu Übungszwecken! – ruhig eine Zeitlang den *Inhalt* dieser Gespräche, und richten Sie Ihr Augenmerk nur auf die Wahl Ihrer Wörter. Sie werden mit großer Wahrscheinlichkeit feststellen, daß eine Person in den meisten Fällen ihre Prädikate immer aus demselben Repräsentanzsystem bezieht. Das kann sogar soweit gehen, daß jemand seine Wahrnehmungen in einer »falschen« Kategorie beschreibt. Blickhan/Blickhan bringen als Beispiel einen Mann, der beim Anblick eines Bildes im Museum sagt: »Also, was ich da sehe, das *sagt* mir sehr viel. Die *ruhigen* Farben, die vielen *Zwischentöne*, das alles ist *harmonisch* aufeinander *abgestimmt* und ergibt einen wunderbaren *Zusammenklang*.« Dieser Mann benutzt also für die *optische* Wahrnehmung Wörter aus dem *akustischen* Bereich – ein ziemlich deutliches Zeichen dafür, daß sein Repräsentanzsystem der auditive Kanal ist.

Übung: Repräsentanzsysteme erkennen

Sie finden im folgenden eine Liste von Aussagen, wie sie Ihnen täglich begegnen können. Ordnen Sie doch bitte einmal zur Übung alle Aussagen einem oder mehreren der fünf Repräsentanzsysteme zu.

1. *Ich denke, dies wird ein wenig Licht in die ganze Angelegenheit bringen.*
   gustatorisch ☐ visuell ☐ auditiv ☐ kinästhetisch ☐ olfaktorisch ☐

2. *Ich habe den Eindruck, daß es dem Kollegen Müller nicht gelungen ist, den richtigen Ton anzuschlagen.*
   gustatorisch ☐ visuell ☐ auditiv ☐ kinästhetisch ☐ olfaktorisch ☐

3. *Und wenn sich dieses Betriebsergebnis bis zum Ende des Jahres nicht gebessert hat, dann werden wir wohl alle in den sauren Apfel beißen müssen.*
   gustatorisch ☐ visuell ☐ auditiv ☐ kinästhetisch ☐ olfaktorisch ☐

4. *Es steht außer Zweifel – meine Damen und Herren –, daß unsere Firma große Anstrengungen unternehmen muß, um Kontakt zu den Mitbewerbern aufzunehmen.*
   gustatorisch ☐ visuell ☐ auditiv ☐ kinästhetisch ☐ olfaktorisch ☐

5. *Ich kann leider nicht die Hand dafür ins Feuer legen, daß diese Maßnahme auch tatsächlich Erfolg hat.*
   gustatorisch ☐ visuell ☐ auditiv ☐ kinästhetisch ☐ olfaktorisch ☐

6. *Wenn auch nur der Schatten eines Zweifels auf diese Maßnahme fällt, werden wir die Aktion sofort abblasen.*
   gustatorisch ☐ visuell ☐ auditiv ☐ kinästhetisch ☐ olfaktorisch ☐

7. *Gratuliere, Herr Maier, dieses Betriebsergebnis ist Musik in meinen Ohren.*
   gustatorisch ☐ visuell ☐ auditiv ☐ kinästhetisch ☐ olfaktorisch ☐

8. *Gleichgültig, ob wir in diesem Falle einen Sieg oder eine Niederlage erringen werden – ein bitterer Nachgeschmack wird auf jeden Fall bleiben.*
   gustatorisch ☐ visuell ☐ auditiv ☐ kinästhetisch ☐ olfaktorisch ☐

9. *Wir haben uns bis auf die Knochen blamiert, ist Ihnen das klar, Herr Kappelmann?*
   gustatorisch ☐ visuell ☐ auditiv ☐ kinästhetisch ☐ olfaktorisch ☐

10. *Meine Damen und Herren, es wird Ihnen nichts weiteres übrigbleiben: Sie werden diese bittere Pille schlucken müssen.*
gustatorisch ☐ visuell ☐ auditiv ☐ kinästhetisch ☐ olfaktorisch ☐

11. *Keine Chance: Der Vorstand hat unmißverständlich zum Ausdruck gebracht, daß er voll hinter dieser Maßnahme steht.*
gustatorisch ☐ visuell ☐ auditiv ☐ kinästhetisch ☐ olfaktorisch ☐

12. *Ich freue mich sehr, Ihnen heute mitteilen zu können, daß wir bei der Beurteilung der Lage im großen und ganzen die gleiche Perspektive haben.*
gustatorisch ☐ visuell ☐ auditiv ☐ kinästhetisch ☐ olfaktorisch ☐

13. *Ich fordere hiermit meine Gegner auf, endlich einmal öffentlich darzulegen, wie sie sich die praktische Umsetzung dieses Gedankens denn überhaupt vorstellen.*
gustatorisch ☐ visuell ☐ auditiv ☐ kinästhetisch ☐ olfaktorisch ☐

14. *Ich habe den Eindruck – meine Damen und Herren –, daß Sie der Diskussion nicht mehr folgen können.*
gustatorisch ☐ visuell ☐ auditiv ☐ kinästhetisch ☐ olfaktorisch ☐

15. *Ich bin total sauer auf den Burschen, der hat die ganze Tour vermasselt.*
gustatorisch ☐ visuell ☐ auditiv ☐ kinästhetisch ☐ olfaktorisch ☐

16. *Wenn wir diese Entwicklung nicht unter Kontrolle bekommen, werden wir uns eines Tages noch ganz schön wundern.*
gustatorisch ☐ visuell ☐ auditiv ☐ kinästhetisch ☐ olfaktorisch ☐

17. *Wir werden in Zukunft in größter Harmonie miteinander leben.*
gustatorisch ☐ visuell ☐ auditiv ☐ kinästhetisch ☐ olfaktorisch ☐

18. *Ich finde es unerhört, daß ausgerechnet Sie, Herr Kollege, es wagen, in dieser Art mit mir zu reden.*
gustatorisch ☐ visuell ☐ auditiv ☐ kinästhetisch ☐ olfaktorisch ☐

19. *Wir sehen genau, was Sie meinen, aber wir halten Ihren Plan schlicht für unrealistisch und für gänzlich undurchführbar.*
gustatorisch ☐ visuell ☐ auditiv ☐ kinästhetisch ☐ olfaktorisch ☐

20. *Es war doch reiner Zufall, daß er Lunte gerochen hat.*
gustatorisch ☐ visuell ☐ auditiv ☐ kinästhetisch ☐ olfaktorisch ☐

21. *Ich glaube, bei dem geht das zum einen Ohr rein und zum anderen wieder hinaus.*
gustatorisch ☐ visuell ☐ auditiv ☐ kinästhetisch ☐ olfaktorisch ☐

22. *Wir können Streit nicht gebrauchen. Es ist für unser Unternehmen lebenswichtig, daß die Marketingabteilung reibungslos funktioniert.*
gustatorisch ☐ visuell ☐ auditiv ☐ kinästhetisch ☐ olfaktorisch ☐

23. *Du – lieber Willi – hast uns immer mit deiner Solidarität unterstützt. Und wir haben dich immer dafür bewundert, daß du auch dann noch wie der frische Morgen aussahst, wenn wir anderen schon ziemlich abgeschlafft waren.*
gustatorisch ☐ visuell ☐ auditiv ☐ kinästhetisch ☐ olfaktorisch ☐

24. *Ich habe auch nach intensivem Studium der Akten nur eine verschwommene Vorstellung davon, wie die ganze Aktion eigentlich abgelaufen ist.*
gustatorisch ☐ visuell ☐ auditiv ☐ kinästhetisch ☐ olfaktorisch ☐

25. *Ich begreife einfach nicht, wie ein vernünftiger und klar denkender Mensch wie Sie zu solch einem absurden Ergebnis kommen kann.*
gustatorisch ☐ visuell ☐ auditiv ☐ kinästhetisch ☐ olfaktorisch ☐

26. *Diesen ätzenden Kommentar zu unserer Werbekampagne können Sie sich ruhig schenken.*
gustatorisch ☐ visuell ☐ auditiv ☐ kinästhetisch ☐ olfaktorisch ☐

27. *Ich sehe, daß wir auf der gleichen Wellenlänge liegen.*
gustatorisch ☐ visuell ☐ auditiv ☐ kinästhetisch ☐ olfaktorisch ☐

28. *Erst unsere großartige Präsentation – meine Damen und Herren – gibt dem Vorhaben die nötige Würze.*
gustatorisch ☐ visuell ☐ auditiv ☐ kinästhetisch ☐ olfaktorisch ☐

29. *Der Betriebsrat ist übereingekommen, die neue Verordnung besonders genau unter die Lupe zu nehmen.*
gustatorisch ☐ visuell ☐ auditiv ☐ kinästhetisch ☐ olfaktorisch ☐

30. *Wir haben eine feste Grundlage für diesen Beschluß.*
gustatorisch ☐ visuell ☐ auditiv ☐ kinästhetisch ☐ olfaktorisch ☐

31. *Wir dürfen nicht zulassen, daß diese Kinder an der Verantwortungslosigkeit der Erwachsenen zerbrechen.*
gustatorisch ☐ visuell ☐ auditiv ☐ kinästhetisch ☐ olfaktorisch ☐

32. *Es ist doch wohl offensichtlich, daß die genehmigende Behörde auf diesem Auge blind ist.*
gustatorisch ☐ visuell ☐ auditiv ☐ kinästhetisch ☐ olfaktorisch ☐

Kleines Lexikon der Repräsentanzsysteme

Vielleicht haben Sie bei der vorstehenden Übung bemerkt, daß es gar nicht immer so leicht ist, sofort zu erkennen, welches Repräsentanzsystem jemand benutzt. Aber das ist eine Frage der Übung. Vielleicht legen Sie sich einfach ein kleines Vokabelheft an, in dem Sie alle Begriffe notieren, die Sie eindeutig einem Repräsentanzsystem zuordnen können. Auf diese Art und Weise erhalten Sie ziemlich schnell ein umfangreiches Vokabular, das Ihnen auf Dauer sehr nützlich sein kann. Als »Starthilfe« haben wir Ihnen schon mal eine Wortliste zusammengestellt. Wir beschränken uns dabei auf die drei wichtigsten Eingangskanäle: den visuellen, den auditiven und den kinästhetischen. Die beiden anderen Kanäle – der olfaktorische und der gustatorische – sind in der Regel sprachlich weit seltener vertreten. Es genügt also für den Anfang, auf die ersten drei zu achten. Erst wenn Sie diese, ohne groß darüber nachzudenken, immer sofort erkennen, sollten Sie sich den beiden restlichen Systemen widmen.

visuell	*auditiv*	*kinästhetisch*
abbrechen	Abrede abstimmen	abschneiden
Ablauf	anders	absinken
Absicht	ankündigen	abwimmeln
abzielen	Antwort	aktiv
angesichts	artikulieren	angreifen
anschaulich	aufhören	anknüpfen
Anschauung	ausdrücken	annehmen
ansehlich	ausgesprochen	anpacken
Aspekt	ausplaudern	anstrengen
Auge	ausrufen	aufgreifen
aufzeigen	Aussage	aufnehmen
Ausblick	aussprechen	aufpeitschen
ausmalen	behaupten	ausformen
aussehen	bekanntmachen	ausführen
Aussicht	bellen	ausreichen
beobachten	Bemerkung	ausschließlich
bestrahlen	Bericht	beaufsichtigen
bezeichnen	blechern	begreifen
Bild	brüllen	behandeln
blau (alle Farben)	brummen	beherrschen
blicken	diskutieren	beibehalten
Blickwinkel	Donnerwetter	berühren, berührt
Blitz	einstimmen	bitter
demonstrieren	einstimmig	dabeisein
deutlich	erklären	dafürhalten
dunkel	erwähnen	drängeln
Durchblick	flüstern	drehen
düster	fragen	Druck
eckig	Gerücht	drücken
einsehen	Gesang	einbinden
erscheinen	Geschwätz	einsteigen
farbig	Gleichklang	empfinden
finden	gurren	entgegenstehen
Fokus	Harmonie	entgleisen
Gedankenblitz	hörbar, hören	entnehmen
Gemälde	Interview	erfassen
gucken	Klang, klingen	erfüllen, erfüllt
hell	Klatsch	erleben
hereinschauen	Knall	erschlagen

visuell	***auditiv***	***kinästhetisch***
hervorragend	knistern	fallen
Hinweis	kommentieren	faltig
hinzufügen	kommunizieren	fassen
Horizont	kreischen	fest
illustrieren	lärmen	feucht
klar	Lästermaul	finden
klären	lauschen	folgen
Klarheit	laut, lautstark	frisch
kurzsichtig	leise	fühlbar, fühlen
lesen	leugnen	füllig
leuchten	lügen	gefallen
Licht	murmeln	gehen
nachsehen	Musik	Geschmack
neblig	nachfragen	glatt
offensichtlich	pfeifen	glauben
Perspektive	Plauderei, plaudern	Griff, griffig
Reihenfolge	proklamieren	halten
Rücksicht	quietschen	Hand, handhaben
rund	rasseln	hängen
schauen	ratschen	hart
scheinbar	rattern	heftig
schielen	raunen	hineinbringen
schwarz	rufen	hineinfinden
Schwarzmalerei	Ruhe	kalt
schwarzsehen	sagen	komfortabel
sehen	schmatzen, knacken	kontrollieren
Sicht	schnurren	kühl
sichtlich	schreien	leer
skizzenhaft	schrill	lieb
sonnenklar	schwatzen	luftig
starren	schweigen	mild
strahlen	schwingen	mögen
transparent	seufzen	müde
trüb	sprechen	packen, packend
Überblick	Sprechweise	passen
überprüfen	Stichwort	rauh
übersehen	Stimme	(sich) regen
undurchsichtig	Stimmung	rund
unsichtbar	stöhnen	sanft

visuell	*auditiv*	*kinästhetisch*
veranschaulichen verschwommen versehen Vorschau Vorsicht vorstellen weitsichtig zeigen zielen	stumpf summen tauschen Ton, tönen tratschen trommeln unerhört verkünden versprechen verstärken wiehern wispern Wort	sauer scharf schlafen schleichen schlurfen Schliche schmecken schneiden schwer sensibel spannend, Spannung spürbar, spüren Standpunkt stoßen süß Tiefe tragen umarmen umgehen unterdrücken vergleichen verlangen voll warm weich zerstreut zupackend zusammenfassen zusammenkommen

Für die einzelnen Begriffe gilt, daß natürlich auch ihre Zusammensetzungen mitgemeint sind. So läßt sich z. B. der Begriff Auge auch in den Formulierungen »die Augen offenhalten«, »ins Auge fassen« oder »vor Augen haben« benutzen. Auch Abwandlungen oder Erweiterungen wie »Erscheinung« und »ausgedrückt« sind natürlich gemeint, wenn in der Liste »erscheinen« und »ausdrücken« auftauchen. Dennoch tauchen manche Begriffe scheinbar zweifach auf, wie z. B. »ausgesprochen« und »aussprechen«. Dies ist aber nur deshalb geschehen, weil der Begriff »ausgesprochen« im doppelten Sinne benutzt werden kann: einmal als »er hat es ausgesprochen« und einmal als »ausgesprochen gut«. In beiden Fällen handelt es sich aber natürlich um das gleiche Repräsentanzsystem.

Repräsentanzsysteme im Vergleich

Schwierigkeiten in der Zuordnung von Repräsentanzsystemen entstehen erfahrungsgemäß auch dadurch, daß ein und dieselbe Wahrnehmung unterschiedlich codiert werden kann, ohne daß sich der Sinn der entsprechenden Äußerung ändert. So wird z. B. der visuell Codierende seine *Zustimmung* mit den Worten »Das sehe ich auch so« oder »Das ist mir klar« äußern, der auditiv Codierende dagegen mit den Worten »Das hört sich gut an« oder »Jetzt verstehe ich«. Beide meinen aber exakt das gleiche. Und das gleiche meint auch der kinästhetische Typ, wenn er sagt: »Ich begreife, was du meinst« oder »Das ist nicht zu fassen«. Sehen Sie im folgenden eine Gegenüberstellung von *bedeutungsgleichen* Ausdrücken im visuellen, im auditiven und im kinästhetischen Repräsentanzsystem:

Der visuelle Typ sagt:	***Der auditive Typ sagt:***	***Der kinästhetische Typ sagt:***
Für mich sieht das so aus, daß . . .	Ich verstehe das so, daß . . .	Ich nehme an, daß . . .
Jetzt ist es mir völlig klar!	Jetzt verstehe ich es!	Jetzt begreife ich es!
Völlig klar!	Stimmt!	Voll akzeptiert!
Ich glaube, da muß man verschiedene Blickwinkel beachten.	Da müssen wir erst alle Stimmen hören.	Das geht nur, wenn wir alle Standpunkte beachten.
Mir scheint das in Ordnung zu sein.	Das klingt gut.	Ich habe das Gefühl, das ist o. k.
Da sehe ich ganz schwarz.	Das hört sich nicht gut an.	Da ballt sich was zusammen.
Ich möchte Ihnen damit zeigen, daß . . .	Ich möchte Ihnen damit sagen, daß . . .	Ich möchte damit belegen, daß . . .
Ich stelle mir vor, daß wir zuerst das gesamte Problem in drei Teile zerlegen.	Das klingt, als hätten wir drei Phasen . . .	Wir haben folgende drei Abschnitte zu durchlaufen: Als erstes tun wir A, dann gehen wir über zu B, und schließlich machen wir C.
Laß mal sehen!	Laß mal hören!	Schieß mal los!
Können Sie mir das mal eben aufzeigen?	Können Sie mir das mal erläutern?	Können Sie mir das mal begreiflich machen?
Das übersteigt absolut meinen Horizont.	Dafür hab' ich überhaupt kein Verständnis.	Das übersteigt glatt mein Fassungsvermögen.
Das leuchtet mir voll ein.	Das stimmt vollkommen.	Das paßt mir sehr gut.
Maier ist ein richtiger Schwarzmaler.	Maier ist ein richtiger Unkenrufer.	Maier ist ein richtiger Quertreiber.
Das sieht so aus, als wenn . . .	Das hört sich so an, als wenn . . .	Da hat man das Gefühl, daß . . .

Der visuelle Typ sagt:	*Der auditive Typ sagt:*	*Der kinästhetische Typ sagt:*
So rückt sich für mich endlich das Bild zurecht.	So kann ich mir endlich einen Reim drauf machen.	So wird es für mich endlich begreifbar.
Maier hat einen Blick für Nuancen.	Maier hat ein Ohr für Zwischentöne.	Maier hat ein feines Gespür.
Bildlich gesprochen bedeutet das, daß . . .	Übersetzt in die Sprache von . . . heißt das, daß . . .	Gefühlsmäßig ist es das gleiche, als wenn . . .
Irgend etwas fügt sich noch nicht richtig ins Bild.	Irgend etwas stört noch die Harmonie.	Da gibt es noch ein paar Stolpersteine.
Das beeinträchtigt mich überhaupt nicht.	Das bringt mich absolut nicht aus dem Takt.	Das kratzt mich wenig.
Ich blicke nicht mehr durch.	Ich weiß nicht, was ich dazu sagen soll.	Das zieht mir glatt den Boden unter den Füßen weg.
Eine Augenweide!	Ein Gedicht!	Orgastisch!
Das Bild, das Sie von dieser Angelegenheit zeichnen, gefällt mir sehr.	Ihre Ausführungen in diese Richtung sprechen mich sehr an.	Ihre Herleitung kann ich gut nachvollziehen.

So finden Sie Ihr eigenes Repräsentanzsystem

Wenn Sie einigermaßen sicher sind im Erkennen von Repräsentanzsystemen bei anderen, können Sie sich daranmachen, Ihr eigenes System zu erforschen. Denn wer begreifen will, was andere Menschen wirklich sehen, hören und empfinden, wenn sie auf bestimmte Art und Weise ihre Wahrnehmung codieren, und welche Bilder sich ihrer dabei bemächtigen, kommt um ein kleines Stückchen Selbsterfahrung nicht herum. Wir präsentieren Ihnen deshalb im folgenden drei Vorschläge, wie Sie Ihr eigenes Repräsentanzsystem kennenlernen können. Sie stammen von *Blickhan/Blickhan, Gordon* und *Holzheu* und wurden von uns modifiziert. Am besten ist, Sie spielen alle drei Situationen einmal durch, dann sind Sie mit Sicherheit Ihrem Repräsentanzsystem schon sehr nahe.
Sie brauchen auch nicht die Befürchtung zu haben, daß sich dieses permanent ändert, denn in der Regel sind unsere Wahrnehmungsmodi über einen großen Zeitraum hinweg relativ stabil. Das können Sie leicht feststellen: Suchen Sie sich eine beliebige eigene Erfahrung aus (also z. B. Ärger über Ihren Vorgesetzten), und erinnern Sie sich dann an eine Reihe von Situationen, in denen Sie diese Erfahrung gemacht haben. Wahrscheinlich werden Sie jetzt feststellen, daß die Art und Weise, wie Sie sich Ihrer Erfahrung *bewußt* werden, jedesmal dieselbe ist. Das ist ein eindeutiger Hinweis darauf, daß Ihr Repräsentanzsystem dauerhaft stabil ist. Starten Sie nun also Ihre Entdeckungsreise.

Erster Schritt: Repräsentanzsystem kennenlernen nach Gordon

① Schreiben Sie fünf Sätze auf, in denen Sie einige Erfahrungen beschreiben, die Ihnen wirklich gefallen oder mißfallen. Achten Sie darauf, daß in den Sätzen steht, *was genau* Ihnen an jeder Erfahrung gefällt oder mißfällt (z. B.: »Am Fahrradfahren gefällt mir wirklich, wie entspannt ich mich fühle, wenn ich damit fertig bin« oder »Am Streiten gefällt mir nicht, daß man versuchen soll, die Ansicht der anderen Person zu sehen«).

② Schauen Sie jetzt die Sätze an, die Sie geschrieben haben, und ziehen Sie aus jedem die darin enthaltenen Prädikate heraus. »Prädikate« sind die Verben, Adjektive und Adverbien, die im Satz auftreten (d. h., es sind die Worte, die die Beziehung zwischen den Dingen definieren). In den beiden obigen Beispielsätzen sind die Prädikate »gefällt wirklich«, »entspannt«, »fühle« (im ersten Satz) und »gefällt nicht«, »versuchen«, »sehen«, »Ansicht« (im zweiten Satz).

③ Wenn Sie die Prädikate aus Ihren Sätzen herausgezogen haben, werden Sie merken, daß sich einige von ihnen auf ein bestimmtes Repräsentanzsystem beziehen. So enthielt in unserem Beispiel der erste Satz die Prädikate *ent-*

spannt und *fühlen*, die sich beide normalerweise auf das Tast-System beziehen. Der zweite Satz enthielt *sehen* und *Ansicht*, die beide visuell orientierte Prädikate sind.

④ Sehen Sie nun Ihre Prädikate durch, und nehmen Sie die heraus, die sich auf ein bestimmtes Repräsentanzsystem beziehen oder die ein solches zur Voraussetzung haben. Die Prädikate der Repräsentanzsysteme, die am häufigsten in jedem Ihrer Sätze auftreten, bezeichnen wahrscheinlich den für diese bestimmte Erfahrung am meisten bewußten signifikanten sensorischen Kanal.

***Zweiter Schritt: Repräsentanzsystem kennenlernen nach* Holzheu**

Stellen Sie sich folgende Frage: Wenn Sie in einem Hotel ankommen, in dem Sie mehrere Tage wohnen werden – wonach fragen oder suchen Sie bei Ihrer Ankunft zuerst?

- Nach einem Fernsehapparat,
- nach neuen Zeitungen,
- nach einem Radio,
- nach einem Schwimmbad oder einer Sauna,
- nach einem Park in der Nähe oder
- nach dem Fernsehprogramm und Videokassetten?

Wenn Sie nach dem Fernseher und nach Zeitungen suchen, dann sind Sie wahrscheinlich ein visueller Typ; suchen Sie nach einem Radio, dann sind Sie wahrscheinlich ein auditiver Typ; zieht es Sie ins Schwimmbad oder in die Sauna oder suchen Sie nach dem Fernsehprogramm und den Videokassetten, dann sind Sie wahrscheinlich ein kinästhetischer Typ.

***Dritter Schritt: Repräsentanzsystem kennenlernen nach* Blickhan/ Blickhan**

»Stellen Sie sich einmal vor, Sie haben Urlaub und stehen an einem wunderschönen tropischen Strand. Der Sand ist ganz fein und leuchtet schneeweiß unter Ihren Füßen. Sie schauen aufs Meer hinaus: Das Wasser ist kristallklar, der blaue Himmel spiegelt sich darin, und Sie können sogar einzelne bunte Fische erkennen. Etwas weiter draußen sehen Sie ein Riff, an dem sich schäumend die Brandung bricht. Ein paar Möwen kreisen am Himmel, und Sie hören ihre he seren Schreie. Das Wasser plätschert leise um Ihre Füße. Sie spüren, wie angenehm kühl es ist, während gleichzeitig die Sonne warm in Ihr Gesicht scheint. Ein leichter Wind streicht durch Ihre Haare und kühlt Ihr Gesicht. Sie spielen ein wenig mit den Zehen im Sand. Sie fühlen sich rundum wohl und genießen diesen Augenblick.«

Lassen Sie dieses Bild eine Weile auf sich wirken, und beantworten Sie sich dann folgende Fragen:

Was sehen Sie?

Ist das Bild farbig	______	oder schwarzweiß,
scharf	______	oder verschwommen,
nah	______	oder weit weg,
bewegt wie ein Film	______	oder wie ein Foto,
hell	______	oder dunkel?

Was hören Sie? Hören Sie Geräusche oder/und Stimmen?

Sind diese laut	______	oder leise,
hoch	______	oder tief,
nah	______	oder fern,
in »Stereo«	______	oder »Mono«?

Woher kommen die Geräusche bzw. Stimmen? Wechselt deren Richtung?

Was fühlen Sie?

Ist es heiß	______	oder kalt,
rauh	______	oder glatt,
schwer	______	oder leicht,
naß	______	oder trocken?

Spüren Sie die Bewegung? Spüren Sie den Rhythmus?

Einige dieser Fragen konnten Sie wahrscheinlich spontan leichter beantworten als andere. Diese unmittelbaren Antworten deuten auf Ihren Lieblingskanal hin. Wenn es Ihnen schwerfiel, auf manche Fragen eine Antwort zu finden, sind diese Schwierigkeiten ein Hinweis auf ungewohnte Kanäle. Vermutlich achten Sie auf solche Informationen in Ihrem täglichen Leben weniger.

Kopf-Kino IV: Repräsentanzsysteme und die Bilder im Kopf des anderen

Die Erkenntnisse über Repräsentanzsysteme eröffnen Ihnen die Chance, sich in Kommunikationssituationen auf das Repräsentanzsystem Ihres Gesprächspartners einzustellen. Das heißt, Sie können – wenn Sie wollen – in Zukunft für den visuellen Typen bewußt bildhaft, für den auditiven möglichst präzise beschreibend und für den kinästhetischen Typen besonders aktiv und handlungsorientiert formulieren.

»Nehmen wir an, Sie hören jemanden sagen, er habe sein Leben fest in der Hand ... er spüre alles intensiv. Sie erkennen hier einen Menschen, der momentan besondere Aufmerksamkeit auf seine Körperwahrnehmungen richtet. Mit hoher Sicherheit werden Sie seine Aufmerksamkeit gewinnen können, wenn Sie sich ebenfalls in seinem Bezugsrahmen bewegen. Sie könnten ihm etwa antworten, daß Sie sich freuten, die Sicherheit und Kraft des anderen zu spüren, die zielsichere Art, in die Zukunft zu gehen, etc.« (*Eggetsberger/ Eder*).

Um zu bestimmen, in welchem Repräsentanzsystem sich Ihr Gegenüber befindet, gibt es jedoch auch noch eine andere Möglichkeit, als auf seine Sprache zu achten. Sie basiert auf der Beobachtung des NLP, daß die Augenbewegungen eines Menschen nie zufällig sind. Sie folgen vielmehr einem bestimmten Muster, das die Art der Bilder widerspiegelt, die sich im Kopf eines Menschen bei bestimmten Hirntätigkeiten einstellen.

Bewegt jemand die Augen	***dann bedeutet das:***	***Typische Situation:***
nach oben rechts,	Er ruft aus seinem Gedächtnis innere Bilder aus seiner Vergangenheit ab. Dieser Vorgang ist eidetisch, d. h., er sieht die Situation aus der gleichen Perspektive, wie er sie auch vorher gesehen hat.	Sie fordern Ihre Zuhörer auf, sich doch einmal daran zu erinnern, wie die wirtschaftliche Situation im vorigen Jahr war.
nach oben links,	Er versucht sich in Bildern vorzustellen, wie etwas sein *könnte*. Dieser Vorgang ist kreativ, d. h., er verarbeitet und verdichtet visuelle Vorstellungen. Dies betrifft meistens die Zukunft, kann sich jedoch auch auf Vergangenes beziehen.	Sie schildern die Zukunft Ihres Unternehmens in leuchtenden Farben.

Bewegt jemand die Augen	***dann bedeutet das:***	***Typische Situation:***
zur Mitte rechts,	Er erinnert sich an Töne, Geräusche und Stimmen aus seiner Vergangenheit. Dieser Vorgang ist eidetisch, d. h., ihm begegnen die Töne und so weiter genau so, wie er sie tatsächlich gehört hat.	Sie erinnern Ihre Zuhörer daran, was auf der letzten Konferenz gesagt wurde.
zur Mitte links,	Er versucht sich vorzustellen, welche akustischen Signale (Wörter, Töne, Geräusche, Stimmen) er in Zukunft zu erwarten hat. Dieser Vorgang ist konstruiert, d. h., er hört etwas, was er so noch nie gehört hat.	Sie suchen nach positiven Formulierungen: »Probelauf« eines Satzes, bevor er laut ausgesprochen wird.
nach unten rechts,	Er befindet sich in einem inneren Dialog oder Monolog und wägt dabei möglicherweise verschiedene Aspekte gegeneinander ab.	In einer Konfliktsituation überprüfen Sie Ihre – häufig kritischen – eigenen Glaubenssätze.
nach unten links,	Er erlebt Szenen gefühlsmäßig. Manchmal sind hieran auch Informationen aus dem Bereich der Geruchs- und Geschmackswahrnehmung beteiligt. Dieser Vorgang eröffnet ihm einen Zugang zu seinem Körper: Tasteindrücke, Zustand der Muskeln, Stellung der Gliedmaßen.	Sie schildern so plastisch den Strand Ihres Incentive-Hotels, daß die Zuhörer schon den Sand auf ihrer Haut spüren.

Diese Zuordnung gilt immer aus der Perspektive des Handelnden. Es gibt jedoch einige wenige Menschen, die seitenvertauscht reagieren. Hierbei handelt es sich meistens um Linkshänder. (Denken Sie einmal an das, was wir über die Hirnorganisation linkshändiger Menschen gesagt haben.) Wenn Sie nicht genau wissen, welchen Typus Sie vor sich haben, dann fragen Sie den Betreffenden einfach, was er gestern gegen 16.00 Uhr gemacht hat. Während er dann in seiner Erinnerung kramt, beobachten Sie einfach seine Augen. Gehen diese nach oben links, dann reagiert der Angesprochene seitenverkehrt.
Der Aufwand lohnt sich auf jeden Fall. Denn das Repräsentanzsystem des anderen zu benutzen heißt immer auch, eine Beziehung zu ihm herzustellen. Und die tragfähigsten Pfeiler einer Beziehung sind das gegenseitige Eingehen auf die Gefühle und Werte des anderen – und das bedeutet immer auch: auf seine Sichtweisen, seine Sprache, seine Bilder. Wie sehr dies z. B. im Alltag tatsächlich der Fall ist, können Sie daran ermessen, wie stark sich Menschen, die über längere Zeit zusammenleben, in ihrer Mimik und Gestik einander anpassen. Manche behaupten sogar, daß sich auch Hund und Mensch auf Dauer immer mehr ähnlich sehen. Um ein mögliches Mißverständnis zu verhindern: Es geht uns nicht darum, Sie zu überreden, sich möglichst umfassend und auf möglichst effektive Weise Ihrem Gesprächspartner oder Ihrem Publikum anzubiedern (und sich dabei womöglich noch selbst zu verleugnen), sondern Ziel der Beachtung von Repräsentanzsystemen ist es immer, *Gemeinsamkeiten* zu schaffen – und so dem Gegenüber zu zeigen, daß man ihn *akzeptiert*.

»Würden wir jemandem vorwerfen, der eine Fremdsprache gelernt hat und sie anwendet, er würde versuchen, sich anzubiedern? Im Gegenteil, wir wenden im Ausland unsere Sprachkenntnisse an, um in besseren Kontakt zu kommen, zu verstehen und uns selbst ausdrücken zu können« (*Schott/Birker*).

Gelingt Ihnen dies, dann werden Sie schnell merken, daß die gesamte Kommunikation plötzlich besser funktioniert. Denn als Folge Ihrer Ausdrucksweise wird auch Ihre eigene Akzeptanz beim Gegenüber steigen, und zwar sowohl was die eigene Person als auch was Ihre Argumentation angeht.
Der Redner vor Publikum ist natürlich in einer grundsätzlich anderen Lage als der Sprecher in einer Face-to-face-Situation – zumindest, was seine Möglichkeiten angeht, sich spontan auf seine Zuhörer einzustellen. Dafür hat er aber einen unbestreitbaren Vorteil: Er kann das, was er sagt, in Ruhe vorbereiten und schon bei seiner Manuskriptgestaltung versuchen, sich auf das jeweilige Repräsentanzsystem des Publikums einzustellen. Die Frage ist nur, auf welches. Für ein homogenes Publikum wird diese Frage in den

meisten Fällen relativ schnell beantwortet sein. So können Sie etwa erwarten, daß auf einer Vernissage die meisten Menschen visuell codieren. Befinden Sie sich dagegen auf der Hi-Fi-Messe, so werden Sie wahrscheinlich gut beraten sein, bei einer Rede den auditiven Kanal zu bedienen. Dies ist im übrigen auch das Geheimnis des guten Kritikers: Er trifft in seiner – sprachlichen – Gestaltung genau das Repräsentanzsystem seiner Zielgruppe. Schwieriger wird das Problem bei einem gemischten Publikum. Hier empfehlen wir Ihnen dringend, die Rede nach Fertigstellung noch einmal darauf abzuklopfen, inwieweit zumindest die drei wichtigsten Repräsentanzsysteme relativ gleichmäßig vertreten sind. Denn in vielen Fällen werden Sie es sich nicht erlauben können, ganze Zuhörergruppen zu vernachlässigen, nur weil sie einem anderen Wahrnehmungssystem folgen. Daß dies in der Praxis immer wieder geschieht, ist kein wirksames Gegenargument. Denn warum sollten Sie die Fehler anderer kopieren?

Redeschmuck

Das Bild ist die Mutter des Wortes.
(Hugo Ball)

Wer mit der Sprache Bilder malt,
läßt die Zuhörer mit den Ohren sehen.
(Anonymus)

Für Redner und Redenschreiber stellt die Beschäftigung mit Redeschmuck ein unbedingtes »Muß« dar. Unter Redeschmuck versteht man in der Literatur zunächst solche Redeweisen, die eine Aussage *leichtverständlich, anschaulich, eindringlich, mitreißend, ergreifend* und *unterhaltsam* machen. Aufgabe des Redeschmucks ist es also, Aussagen *psychologisch wirkungsvoll* zu machen. Bereits die antiken Redner suchten mit Fleiß und Akribie nach immer neuen sprachlichen Varianten und schufen am Ende Tausende solcher »Schmuckstücke«. Sie nannten sie »Figuren« und »Tropen«, wobei man unter einem Tropus mit *Quintilian* eine »mit Schönheit ausgeführte Abänderung eines Ausdrucks oder einer Ausdrucksweise von der eigentlichen Bedeutung in eine andere« bezeichnen kann (nach *Ueding*).

Heute ist es üblich, beide Begriffe im Begriff der *Redefigur* zu verschmelzen, und in der Tat ist ihre Trennung in der Praxis auch kaum durchzuhalten. Bereits *Quintilian* hatte deshalb die Losung ausgegeben, beim Einsatz von Redeschmuck zuallererst darauf zu achten, welche *Bedeutung* ihm in der Rede zukommt. Denn »wie Menschen, wenn sie einen anderen Namen angenommen haben als ihren früheren, doch die gleichen Personen sind, so werden auch die Erscheinungen, von denen wir sprechen, ob man sie nun Tropen oder Figuren nennt, das gleiche leisten. Denn nicht in ihrem Namen liegt ihr Nutzen, sondern in ihren Leistungen« (nach *Ueding*). Und um diese soll es natürlich auch uns gehen.

Eine der trefflichsten Formulierungen hierzu stammt von *Karl Jaspers*, der Redefiguren beschreibt als »Sätze und Satzinformationen, die, zu typischer Gestalt geworden, sich identisch wiederholen. Es sind die schlagenden Sätze, die sich aufzwingen.« Wir halten diese Charakterisierung deshalb für so treffend, weil sie auf die *Langzeitwirkung* von Redefiguren abhebt. Denn diese haben – vom Redner geschickt eingesetzt – in der Tat den Effekt, daß sie sich dem Zuhörer geradezu *aufzwingen*, daß sie sich gleichsam unauf-

haltsam im Kopf des Zuhörers einnisten. Denn genaugenommen sind Redefiguren weitaus mehr als nur simple Figuren der *Rede*: Sie repräsentieren vielmehr in weit höherem Maße noch die Figuren unseres *Denkens*. Redefiguren – so kann man sagen – sind nur die äußere Hülle von *Gedanken*figuren. Zumindest in der Antike sollte ihr Einsatz deshalb nicht nur der *Schönheit der Rede*, sondern immer auch der *Erkenntnis einer Sache* dienen. *Rem tene, verba sequentur* (Beherrsche die Sache, dann folgen die Worte), heißt es deshalb bereits bei Cato (234–149 v. Chr.).
Sie haben bereits gesehen, welch großer Teil der sprachlichen Wirkung auf dem Gefühl und dem Einfluß unterschwelliger Botschaften beruht. Dies gilt für einen großen Teil der Redefiguren in verstärktem Maße. Denn mehr noch als bei »normalen« Begriffen geht es bei Redefiguren um ihren »Gefühlswert«. Wie wäre es wohl gewesen, hätte *Nelson Mandela* am ersten Tag der Wahlen in Südafrika einfach gesagt: »Heute erleben wir den Beginn der Freiheit« oder »Heute beginnt unsere Freiheit«? Gewiß, das starke Wort in diesen Sätzen wäre »Freiheit« gewesen, und es allein hätte ausgereicht, eine Welle von Emotionen in den Zuhörern auszulösen. Aber *Mandela* sagte statt dessen: »Heute erleben wir die Morgenröte unserer Freiheit.«
Die inhaltliche Aussage dieses Satzes unterscheidet sich in keiner Weise von den ersten beiden Varianten, und doch wird niemand bestreiten wollen, daß *Mandelas* Formulierung die elegantere ist. Denn mit dem *Sprachbild* der Morgenröte aktivierte er die Phantasie seiner Zuhörer. Ob es ihnen im einzelnen bewußt war oder nicht, sie alle werden ein *Bild* des beginnenden Tages (im wahrsten Sinne des Wortes) »vor Augen« gehabt haben; und dieses Bild wird in ihnen, wie alle Bilder, ein ganz bestimmtes Gefühl ausgelöst haben. Und so wie unsere Vorfahren – lange vor der Entwicklung der Sprache – einen großen Teil ihres Bewußtseins der Fähigkeit verdankten, der unmittelbar erlebten *Bilder*welt einen Sinn abzutrotzen (*Jaynes*), so rührt auch der Bilder benutzende Redner an die Macht der visuellen Vorstellungskraft des Menschen. Denn auch Sprachbilder sind *anschaulich* im wahrsten Sinne des Wortes, d. h., man kann sie *anschauen*.

Die Metapher

Es ist aber bei weitem das Wichtigste, daß man Metaphern zu finden weiß.
(Aristoteles)

Die Redefigur, die *Mandela* benutzte, war die Metapher, eine Redefigur, die *Ueding* einmal als »Parade-Tropus« der Sprache bezeichnet hat und die für *Lorca* nichts Geringeres repräsentiert als den »Reitersprung der Phantasie«

(nach *Ueding*). Und diese Charakterisierungen sind nicht untertrieben. Berücksichtigt man nämlich einerseits die Plastizität und ästhetische Schönheit einer guten Metapher und bedenkt man andererseits ihre psychologische Wirkung auf den Zuhörer, so wird es einem nicht schwerfallen, zu behaupten, daß sie ein Muß jeder wohlgeformten Rede darstellt. Wir halten es deshalb für eine der vornehmsten Aufgaben sowohl des Redners als auch des Redenschreibers, für den Einsatz von Metaphern besonders sensibel zu werden. Was aber ist eigentlich eine Metapher?

Die sprachliche Funktion der Metapher

Denn gute Metaphern zu bilden bedeutet,
daß man Ähnlichkeiten zu erkennen vermag.
(Aristoteles)

Der Begriff wird abgeleitet vom altgriechischen Verb für »übertragen« bzw. »hinübertragen« und taucht wohl zum ersten Mal in einem Werk des antiken Philosophen *Aristoteles* (384–322 v. Chr.) auf. Das mag viele überraschen, gilt *Aristoteles* doch gemeinhin innerhalb der Philosophiegeschichte als der Meister der Logik und des rationalen Denkens schlechthin. Andererseits hat es zu allen Zeiten Mythen und Metaphern gegeben, und zu allen Zeiten spielten sie in der Erziehung – als dem klassischen Feld der Beeinflussung von Menschen durch Menschen – eine große Rolle. Eine große Rolle wies man ihnen zu allen Zeiten aber auch als Helfer auf dem Weg zur Weisheit zu. Und so sah sich auch der große Logiker veranlaßt, darauf hinzuweisen, daß die Erlangung von Weisheit notwendigerweise mit dem Studium der Mythen zusammenhängt – und adelte damit auch die Metapher, denn diese ist ihre bevorzugte Ausdrucksweise.
Heute wohnt dem Begriff der Metapher eine ganze Reihe von Bedeutungen inne, nicht nur in der Rhetorik, sondern auch z. B. in der Linguistik oder der allgemeinen Wissenschaftslehre. So hat z. B. die Psychologie den Menschen nicht nur als Uhr, sondern auch als Dampfmaschine, als Telefonzentrale, als Radio und als Radarsystem beschrieben (*Vroon / Draisma*). Heute sind wohl die meisten Menschen eher geneigt, ihn mit einem Computer zu vergleichen. Auch im Bereich der heilenden Psychologie, der Psychotherapie, wimmelt es geradezu nur so von Metaphern. So beschrieb z. B. *Sigmund Freud* den Analytiker abwechselnd als »Spiegel«, als »Chirurgen«, als »Bergführer« oder als »Lehrmeister« des Klienten, der damals noch Patient hieß. Und die Analyse selbst nannte er den »Tummelplatz« der neurotischen Regungen (*Buchholz*).
In der Geschichte der Wissenschaft gibt es eine Fülle von Beispielen dafür, daß – auch und besonders – schwierige Theorien eben durch die Brille eines

Bildes gedacht und vorgestellt wurden. Dies gilt selbst für einen Mann wie *Albert Einstein*, der die Relativitätstheorie an einem fahrenden Zug demonstrierte und der einmal gesagt hat:

> »Mein Denken baut auf mehr oder weniger klaren Bildern auf, die bald sichtbar, bald spürbar sind.«

Brodbeck behauptet sogar, daß *alle* Theorien – stellen sie sich auf ihrer »formalen Vorderseite« dem Laien auch noch so unverständlich dar – auf ihrer »Rückseite« aus Metaphern hervorgegangen seien. Er nennt als weitere berühmte Beispiele aus der Geschichte:

- *Platon*, der seine Ideengeschichte durch das berühmte Höhlengleichnis illustrierte;
- *Thomas von Aquin*, der die Metapher vom Handwerker benutzte, um Gott als Schöpfer vorzustellen;
- *Darwin*, der die Natur als menschlichen Züchter beschrieb, der eine »natürliche Zuchtwahl« betreibt;
- *Kant*, der die Erforschung der Vernunft mit einem wissenschaftlichen Experiment verglich; und
- *Maturana* und *Varela*, die ihr autopoietisches System anhand eines U-Bootes erklärten.

Sie werden wahrscheinlich erkannt haben, welche sprachliche Funktion Metaphern – und das gilt jetzt nicht nur für den wissenschaftlichen Bereich – haben: Man benutzt sie, um auf Übereinstimmungen zwischen zwei Dingen hinzuweisen, die sich ansonsten unterscheiden. Dabei kann es sich allerdings auch nur um Teilähnlichkeiten oder um Ähnlichkeiten in gewisser Hinsicht handeln.

> ***Ist Herr* Müller *eine Dampfwalze?***
> Wenn wir z. B. sagen, der Redner *Müller* sei ja eine wahre Dampfwalze, dann meinen wir natürlich nicht, daß *Müller* mit einer Dampfwalze identisch ist. Vielmehr wollen wir damit zum Ausdruck bringen, daß er bestimmte Merkmale besitzt, die man gemeinhin einer Dampfwalze zuschreibt.

Metaphern beschreiben also das Unbekannte oder Unverstandene in Begriffen von etwas Bekanntem oder Verstandenem, d. h., sie übertragen (denken Sie bitte an die Ableitung!) dieses Unbekannte oder Unverstandene im wahrsten Sinne des Wortes aus seinem eigentlichen Bedeutungszu-

sammenhang in einen anderen. *Buchholz* nennt sie deshalb »Doppelgänger«. Und das sind sie im wahrsten Sinne, denn gleichsam doppelgängerisch lassen sich mit Metaphern ganz ausgezeichnet Polaritäten zuspitzen und ideologische Gegensätze – die andernfalls kaum wahrnehmbar wären – in räumliche Vorstellungsbilder übersetzen.
Schauen wir uns daraufhin drei weitere Beispiele an:

- »Wir werden den Kaffee der Versöhnung mit dem Filter der Gerechtigkeit zubereiten, so daß es keine Spur von Gewalt oder Vergeltung geben wird« (*Jean Bertrand Aristide*).
- »Mit den Republikanern als Malzkaffeepartei – braun, billig und von vorgestern – kommt eine Zusammenarbeit nicht in Frage« (*Heiner Geißler*).
- »Ungeachtet dessen besteht und wächst in der veröffentlichten Meinung, in der Politik, bei Sammlern und Museumsleuten unisono der Endruck: Kölns Museen sind am Ende, die Stadt Köln ist pleite, der graue Mehltau der Provinz legt sich über die einst blühende Kunstmetropole Köln« (*Peter Nestler*, Kulturdezernent der Stadt Köln).

Betrachtet man diese Beispiele einmal genauer, dann wird schnell klar, wie der Vorgang der Übertragung funktioniert: nämlich dadurch, daß der Redner eine Begriffsbezeichnung einführt, in der er

- ein unanschauliches durch ein anschauliches Wort oder
- einen abstrakten gegen einen bildlichen Sprachkomplex

austauscht, so daß – wie *Arlow* es ausdrückt – »vom zweiten Gegenstand gesprochen wird, als sei er der erste«. Dies geschieht immer mit dem Ziel, Ähnlichkeiten, Unterschiede oder auch Mehrdeutigkeiten herauszustellen. Das ist durchaus nicht immer einfach:

> »Nehmen wir einmal an, jemand sagt: ›Mein rechter Arm fühlt sich an wie Blei.‹ Mit Sicherheit hätte ich ihn nicht verstanden, wenn ich nun anfinge, mit einem Hammer auf seinen Arm zu schlagen, um den metallischen Klang des Bleis zu hören. Einen Arm ›wie Blei‹ zu haben ist eine *verbale Repräsentation einer Erfahrung*, d. h. eine Metapher« (*Gordon*).

Die Schwierigkeit für den Zuhörer besteht also darin, den »wahren« Gehalt der Metapher zu verstehen. So könnte im genannten Beispiel der Sprecher etwa meinen, sein Arm sei »schwer«; aber er könnte genausogut sagen wollen, er sei »unbeweglich« oder »taub«. In allen drei Fällen wäre die Metapher vom Arm, der sich anfühlt »wie Blei«, gerechtfertigt.

Gordon möchte mit diesem Beispiel zeigen, daß verbale Verständigungen *immer* auf der metaphorischen Repräsentation einer *tatsächlichen* Erfahrung beruhen – und damit *immer* unvollständig sind. Das bedeutet für den Redner, daß er immer dann, wenn er eine Metapher einsetzt, damit rechnen muß, daß der Zuhörer diese Metapher vor dem Hintergrund seiner *eigenen* Erfahrung interpretiert – und nicht vor dem Hintergrund der Erfahrung des Redners. Deshalb kann eine Metapher im Grunde genommen auch nichts anderes sein als ein *Angebot*, über Erfahrung zu *reden*.
Diese Feststellung ist außerordentlich wichtig, denn sie bewahrt uns davor, die *Repräsentation* einer Erfahrung mit der Erfahrung selbst zu verwechseln oder – anders ausgedrückt – das Bild mit der Sache. Wir tun dann so – um es noch einmal zu präzisieren –, als seien unsere persönlichen Erfahrungen Dinge (oder Ereignisse), die wir in Händen halten können. »Auf diese Weise wird ›ich fühle‹ zu ›einem Gefühl‹, ›ich hoffe‹ zu ›ich habe die Hoffnung‹ und ›ich war wütend‹ zu ›ich habe Wut‹« (*Gordon*). *Rupert Lay* nennt diesen Vorgang, auf dessen Bedeutung wir später noch eingehen werden, Metaphernrealismus.
Nun bedeutet die Tatsache, daß mit Metaphern Ähnlichkeiten, Unterschiede und Mehrdeutigkeiten herausgearbeitet werden, aber auch, daß sie ausgezeichnet dazu geeignet sind, dem Zuhörer eine *neue* Sicht der Dinge zu vermitteln. Diese Wirkung ist vielen Autoren intuitiv bewußt, und immer mehr versuchen neuerdings auch die Psychotherapeuten, mit Hilfe von Metaphern Menschen – in ihrem Fall Klienten – in ihrem Sinne zu beeinflussen. So schreiben etwa Herausgeberin und Herausgeber im Vorwort der Buches von *Lankton* und *Lankton*:

> »Geschichten, Anekdoten, Metaphern bieten die Möglichkeit, auf indirekte, unaufdringliche und respektvolle Weise beim Klienten erwünschte Veränderungen anzuregen.«

Diese Veränderungen liegen in vielen modernen Therapien weitgehend im Bereich der Motivation. Klienten sollen dazu angehalten werden, neue Ideen aufzugreifen und die Welt mit anderen Augen zu sehen. »Dies geschieht vorzugsweise durch die in der Sprache sichtbaren, vor allem durch die in ihr versteckten Metaphern« (*Buchholz*). Doch ganz genau dies ist in den meisten Fällen auch das Ziel des Redners – und deshalb kann auch er sich den beeinflussenden und motivationsbildenden Effekt der Metapher zunutze machen.
Hierzu verbindet er zwei Ereignisse, Gedanken, Charakteristika oder Bedeutungen so miteinander, daß der Zuhörer gleichsam *gezwungen* wird – ähnlich wie das auch bei direkten Suggestionen häufig der Fall ist –, auch

einmal *neue* Ideen in Erwägung zu ziehen. Metaphern sind für den Redner – mit einem Wort – ein gutes Mittel, beim Zuhörer *Vorstellungen* zu erzeugen, die sein *Lernen* verstärken. Denken Sie nur an den Einsatz von Metaphern in der Erziehung: Gute Märchen bestehen oft aus einer Ansammlung hervorragender Metaphern. Auch die oben zitierte Äußerung *Heiner Geißlers* hat ja vornehmlich einen pädagogischen Zweck.

Metapher, Vorstellung, Wirklichkeit

Ist die Vorstellung erst revolutioniert, dann hält die Realität nicht mehr stand.
(Hegel)

Von Vorstellungen ist bekannt, daß ihre bloße Erzeugung bereits Anlaß genug dafür ist, daß der Vorstellende exakt so handelt, als sei das Objekt seiner Vorstellung tatsächlich vorhanden.

»Geistige Vorstellungsbilder sind auf bemerkenswerte Weise in der Lage, an die Stelle echter Wahrnehmungen zu treten. Der Mensch urteilt in derselben Weise über abwesende wie über anwesende Objekte« (*Roger N. Shepard*).

Für den Redner bedeutet dies: Schafft er es, in den Zuhörern exakt die Vorstellungen zu erzeugen, die seinen Redezielen entgegenkommen, dann steigt auch die Wahrscheinlichkeit, daß sie sich in die Richtung bewegen, die seinen Redezielen entspricht. Die Metapher ist – als Sprach*bild* par excellence – hierfür das prädestinierte Medium, denn Vorstellungen sind – so läßt sich sagen – nichts anderes als *innere Bilder*.
Das ist auch der tiefere Grund dafür, daß wir oben von *Gedanken*figuren gesprochen haben, die sich im Kopf des Zuhörers niederlassen. Denn beim Bildermachen macht sich der Redner eine Eigenart des Geistes zunutze: Er sorgt dafür, daß sein »geistiges Auge« der im Gehirn erzeugten Information eine bestimmte Struktur aufzwingt.

»Ebenso wie das ›physische Auge‹ Wahrnehmungen durch Schlußfolgerungen strukturiert, scheint das ›geistige Auge‹ der im Gehirn erzeugten Information ebenfalls eine Struktur aufzuzwingen« (*Harmann/Rheingold*).

Bevor wir auf diesen wichtigen Aspekt näher eingehen, wollen wir uns zunächst einmal ansehen, wie denn überhaupt – rein »technisch« gesehen – eine Metapher entsteht. Die ersten Überlegungen hierzu stammen aus der

Antike. Die antiken Denker hatten die Welt der Dinge in »Beseeltes« und »Unbeseeltes« geteilt – und dementsprechend ordneten die Redner auch ihre Begriffe, wobei man den Begriff der Seele nicht mit christlich gefärbten Augen sehen sollte. Die Antike verstand darunter einfach alles Lebendige und Organische. Eine Metapher entsteht nun dadurch, daß man zwei Begriffe aus diesen beiden Welten miteinander kombiniert, die ursprünglich nichts miteinander zu tun haben. Dann ergeben sich insgesamt vier Möglichkeiten, die man in einer Matrix darstellen kann (in Anlehnung an unseren Beitrag in *Reden und Rhetorik*):

	Beseeltes	***Unbeseeltes***
Beseeltes	• Durst des Herzens • angstbeflügelt • Alter des Tages	• Kamera-Auge • Zahn der Zeit • Nahrung fürs Denken
Unbeseeltes	• Schiff der Hoffnung • Bücherwurm • Schattenseite des Lebens	• Sandbank der Zeit • Preisschere

Vor allem an den Begriffen Bücherwurm, Preisschere und Kamera-Auge können Sie erahnen, auf welch subtile Art und Weise Metaphern in unser aller Sprachalltag eingedrungen sind (und immer wieder eindringen). Sie sind sogar derart tief mit unserem Alltagsbewußtsein verstrickt, daß *Buchholz* sie als den »Bildungshintergrund unseres Handelns« bezeichnet, »auch wenn wir uns dessen nicht immer bewußt sind«.

Metaphern stellen also nicht nur, wie viele vielleicht zu glauben geneigt sind, eine Art poetisches Element unserer Sprache dar, sie sind nicht nur literarische Stilfiguren, sondern sie *konstruieren Wirklichkeiten* und *organisieren* so unser gesamtes Handeln und unsere gesamte Wahrnehmung, ja, sie determinieren sogar zum großen Teil, was wir fühlen und überhaupt fühlen können. Sie sind – wie *Buchholz* sagt – der »immanente Demiurg«, dessen Geschöpfe wir zwar sind, den wir aber gleichwohl erst mit unserer Sprache geschaffen haben.

Metaphern besetzen unseren Alltag
»Die Metapher ist für die meisten Leute eine Folie für poetische Imagination und blumige Rhetorik – eher eine Sache ungewöhnlicher als gewöhnlicher Sprache. Üblicherweise wird die Metapher allein als Sprachphänomen angesehen, eine Angelegenheit mehr der Worte als des Denkens oder der Handlung. Deshalb glauben die meisten Menschen, daß sie recht gut ohne Metaphern auskommen können. Im Gegensatz dazu haben wir gefunden, daß die Metapher in alle Winkel des Alltagslebens eindringt, nicht nur in die Sprache, sondern auch ins Denken und Handeln. Die Art und Weise, wie wir die Dinge normalerweise konzipieren, wie wir denken und handeln, ist fundamental metaphorisch . . . Aber wir nehmen unser konzeptuelles System normalerweise nicht als solches wahr« (*Lakoff/Johnson*).

Dieser Tatsache können wir als sprechende und kommunizierende Wesen, können wir auch als Redner nicht entgehen. Wer z. B. einmal den menschlichen Organismus als ein System von Triebfedern und Reaktionsmechanismen beschrieben hat, der wird auch im Falle von »Betriebsstörungen« nach den entsprechenden Reparaturmöglichkeiten suchen (*Sammet*). Nun wußte *La Mettrie*, von dem diese Metapher stammt, offensichtlich genau, daß der Mensch mehr ist als solch eine Maschine. Dennoch konnte er nicht verhindern, daß ihm die Chirurgen begeistert folgten, denn mit dieser Vorstellung hatte er ihnen endlich ein Modell zur Begründung ihrer Eingriffe geliefert.
Die Tatsache, daß Metaphern nicht nur auf Wirklichkeiten reagieren, sondern sogar an deren Entstehung beteiligt sind, hat den Effekt, daß der Redner, der sie benutzt, in gewisser Weise hinter ihrer sanften Gewalt zurücktritt. *Es ist die neue Wirklichkeit, die die Macht über die Zuhörer ausübt – und weniger der Redner selbst.* Das bedeutet: Der Einsatz von Metaphern erlaubt es dem Redner bis zu einem gewissen Grad, sich von der jeweiligen Situation zu distanzieren. Auf diese Weise ist er in der Lage, auch solche Informationen zu vermitteln, die für das Publikum möglicherweise bedrohlich wirken.

- »Unsere Gesellschaft gleicht einem Menschen, der ahnungslos in einem Minenfeld umherirrt und sich dabei um seine Altersrente Sorgen macht« (*Hoimar v. Ditfurth*).
- »Politik ist Steilwandfahren. Man muß ständig Vollgas geben. Wer bremst, stürzt ab« (*Klaus Kinkel*).
- »Meskalin ist der Königstiger unter den Rauschgiften, LSD hingegen die Hauskatze« (*Ernst Jünger*).

Vielfach erweisen sich geschickt plazierte Metaphern als einzige Möglichkeit, unangenehme Botschaften zu verkünden, ohne daß sie beim Zuhörer größeren Widerstand hervorrufen.

> »Sie werden als sanfter und zwangloser Weg empfunden, Veränderungen können ins Auge gefaßt werden und werden nicht als fordernd und konfrontativ erlebt. Auf einer Ebene ist eine Metapher ›einfach nur eine Geschichte‹, auf die nicht reagiert werden muß, auf einer anderen *Ebene* regt sie indessen zum Nachdenken an, zum Erleben und zu neuen Einfällen, die eine Problemlösung unterstützen« (*Lankton/Lankton*).

Ein hervorragender Einstieg in solche neuen Szenarien stellen Was-wäre-wenn-Szenarien dar, die Sie bereits aus dem gleichnamigen »Spiel« kennen:

- »Politische Probleme sind wie Camembert: Wenn man sie lange liegen läßt, laufen sie einem davon« (*Edgar Faure*).
- »Wenn *Kinkel* eine Aktie wäre, würde ich sie heute verkaufen« (*Joschka Fischer*).
- »Wenn Bush den Fall der Berliner Mauer als seine Leistung beansprucht, ist das so, als wenn sich der Hahn den Sonnenaufgang anrechnet« (*Al Gore*).
- »Wenn das Buch der Endzweck der Welt ist, dann ist das Taschenbuch der Endzweck des Buches« (*Gerd Haffmanns*).

Bevor wir nun auf die *Gefahren* der Metapher eingehen, die sich unmittelbar aus dem Gesagten ergeben, möchten wir aber noch einmal die Wirkungen zusammenfassen, die eine Metapher auszeichnen (nach *Ueding*):

- Sie mobilisiert beim Zuhörer Vorstellungen und Gefühle, indem sie an eigene Erlebnisse erinnert.
- Sie verstärkt (auch und gerade durch den ersten Punkt) die Wirkung des Gesagten und prägt sich besser ein.
- Sie führt eine »bewegte Wirklichkeit« vor, in der zwar die Positionen austauschbar sind (tot – lebendig, lebend – mineralisch), die Denkkonventionen jedoch eingehalten werden.
- Sie macht aus Totem etwas Lebendiges.
- Sie überrascht den Zuhörer.
- Sie fesselt seine Aufmerksamkeit.
- Sie eröffnet ihm völlig neue Perspektiven der Betrachtung.
- Sie konstruiert neue Wirklichkeiten.
- Sie erlaubt eine Distanzierung.

Metaphernrealismus oder Metapher als Waffe

Wenn die Metaphern-Dämonen erst die Gefühle ergreifen, ist ihrer Macht kaum eine Grenze gesetzt.
(Karl-Heinz Brodbeck)

Wir hatten oben darauf hingewiesen, daß wir beim Gebrauch von Metaphern der Gefahr unterliegen, das Bild mit der Sache zu verwechseln. Wir tun dann so, als handele es sich nicht mehr um eine Metapher, sondern tatsächlich um einen Sachverhalt der Realität. *Carveth* hat diesen schleichenden Vorgang nach einer Analyse des Sprachforschers *Colin Turbayne* beschrieben.

Wie eine tote Metapher entsteht

»Während der ersten Etappe bekommt irgend etwas einen Namen, der zu etwas anderem gehört. Anfänglich wird dieser Vorgang als unangemessen oder als Verstoß gegen die gewöhnlichen Sprachregeln bezeichnet. Beispiele wären, daß *Newton* Geräusche als ›Vibrationen‹ bezeichnete oder *Comte* andauernde soziale Beziehungen mit dem Wort ›Struktur‹ belegte (oder daß *Freud* die Seele als ›Apparat‹ bezeichnete – D. C.). In der zweiten Etappe wird der zunächst als irreführend empfundene Name bereits als passend empfunden; er wird dann zu einer ›echten‹ Metapher. Mehr Leute als nur der Metaphernschöpfer selbst beugen sich fügsam der Überzeugungskraft der neuen Namensgebung, verstehen sie aber immer noch als bloßen Vergleich, nicht als vollständige Identität: Die dritte Etappe ist erreicht, wenn die Metapher so oft gebraucht wurde, daß man die Differenz vergessen hat. Sie hat sich, wie *Turbayne* sagen würde, von einer ›lebendigen‹ Metapher in eine ›tote‹ verwandelt. Die Identität ist akzeptiert.«

Und *Carveth* fährt fort:

»Ist einmal eine ... ›lebendige‹ Metapher ... in eine ›tote‹ transformiert worden, dann vergleicht man nicht länger die ›Beine‹ eines Tisches mit den Beinen einer Person (oder den psychischen ›Apparat‹ mit einer Maschine; oder eine Frau mit einem kastrierten Mann), sondern denkt buchstäblich an die Stützen eines Tisches als Beine (an die Seele als eine Maschine; an eine Frau als kastriert).«

Ein gutes Beispiel hierfür ist *Gorbatschows* Metapher vom »Gemeinsamen Haus Europa«, die mittlerweile in kaum einer Rede zur Lage des Kontinents

fehlt und die offenbar so überzeugend ist, daß sogar bei der Wahl zum russischen Parlament eine Partei mit dem Namen »Haus Rußlands« antrat.
Das Beispiel zeigt aber auch, daß Metaphern, sobald sie neue Wirklichkeiten geschaffen haben, nicht nur das Handeln der Menschen organisieren, sondern auch – in ihrer weiteren Entwicklung – ihrem Schöpfer weitgehend entgleiten. Sie verbreiten – heißt es bei *Sammet* – ihre Handlungsweisen »ohne Gewähr«. Anders ausgedrückt: Sind sie erst einmal in der Welt und dort zum Medium der allgemeinen Konversation geworden, dann machen sie sich gleichsam selbständig. *Buchholz* bringt als Beispiel die Metapher von den »Nerven wie Drahtseilen«, bei deren Benutzung kaum noch jemand einen Gedanken daran verschwendet, daß sie dem Bild *La Mettries* huldigt, der seinen Zeitgenossen den Menschen als eine Maschine nahebringen wollte. Auch das Bild der Waage, deren Metaphorik wir heute noch Formeln wie die vom »Gleichgewicht der Kräfte« oder das amerikanische *checks and balances* verdanken, hat sich längst verselbständigt.
Der Redner, der Metaphern in die Welt setzt, sollte sich also genau überlegen, ob sie ihm nicht eines Tages mehr schaden als nützen. Wehren können wir uns gegen die unterschwellige Beeinflussung durch tote Metaphern dann jedenfalls nur noch über unsere Fähigkeit zur Reflexion: indem wir uns immer bewußt bleiben, daß eine Metapher zwei Phänomene miteinander vergleicht, die eben *nicht* in *jeder* Hinsicht übereinstimmen. Das wußte auch bereits *Sigmund Freud*:

> »Aber ein Name ist nur eine Etikette, zur Unterscheidung von anderem, ähnlichem, angebracht, kein Programm, keine Inhaltsangabe oder Definition. Und ein Vergleich braucht das Verglichene nur an einem Punkte zu tangieren und kann sich in allen anderen weit von ihm entfernen«.

Nehmen wir als Beispiel nun einmal an, Ihre Weltsicht beruhte auf der Metapher: *Das Leben ist ein Dschungel*. Dann werden Sie sich nicht mehr dagegen wehren können, daß nun auch Ihre Gefühle und Handlungen dieser Weltsicht entsprechen, d. h., Sie bewegen sich dann »im Kopf« immer auf feindlichem Gebiet. Und aus dieser Sicht gibt es für Sie kaum noch ein Entrinnen. Denn die Interpretation der Welt wird dann umgekehrt wieder zum Beweis dafür, daß Ihre Weltsicht so ist. *Wittgenstein* (nach *Carveth*) hat deshalb die Metapher eine »Verhexung unseres Verstandes durch die Sprache« genannt.
Bleiben wir noch eine Weile bei der Metapher vom feindlichen Leben. Hat man sich einmal dazu entschieden, das Leben als Dschungel, also als feindlich anzusehen, dann liegt auch die Tendenz nahe, eine Debatte, eine Diskussion, einen Meinungsstreit als »Kampf« aufzufassen, in dem der Gegner

– sei es auch nur mit Argumenten – »abgeschossen« wird oder in dem ihm das »Wasser abgegraben« wird. Das ist dann – wie *Lakoff* und *Johnson* aufzeigen – von Wort*gefechten* die Rede, von *Angriffen* auf den schwachen Punkt einer Argumentation, von der Kritik, die *genau ins Ziel trifft*, oder vom Streit, den man *gewonnen* oder *verloren* hat. All dies wird Ihnen wahrscheinlich nicht unbekannt vorkommen, weil solche Redeweisen bei uns fast schon zum Standard gehören. »Vieles« – kommentieren *Lakoff* und *Johnson* –, »was wir in Auseinandersetzungen tun, ist ... vom Begriff des Krieges strukturiert. Es gibt zwar keine physische, wohl aber eine verbale Schlacht, und so sind Auseinandersetzungen denn auch strukturiert – mit Angriff, Verteidigung, Gegenattacke und so fort. Die ›*Streit-ist-Krieg*‹-Metapher strukturiert beim Streit unser Handeln.«

Nach *Rupert Lay*, der sie »Kampfmetapher« nennt, wird sie am offensivsten dort eingesetzt, wo sogenannte Mächtige (Männer, Vorgesetzte, Faschisten...) sich durchsetzen wollen, wo sie recht behalten oder wo sie Anerkennung finden wollen. Dies sind in der Regel Situationen, in denen es um Null-Summen-Spiele (also um Spiele, bei denen es Sieger und Besiegte, Überzeuger und Überzeugte, Dominierende und Unterworfene, Herrscher und Beherrschte gibt) oder um egoistische Optimierungsspiele geht. Die Kampfmetapher unterschlägt dabei, daß auch durch andere Formen der Kommunikation Konsens erzielt und Probleme gelöst werden können. Vorstellbar wäre z. B. auch eine Kultur, die Streit oder Auseinandersetzungen als eine Art »Tanz« betrachtet und in der die Streitenden Tänzer repräsentieren, denen es um eine möglichst ästhetische *performance* geht. Deren Verhaltensmuster stellten dann keinen »Krieg« mehr dar, sondern »z. B. ein ästhetisch balanciertes Vergnügen« (*Buchholz*). »In einer solchen Kultur würden die Menschen Auseinandersetzungen anders sehen, anders erfahren, anders führen und anders über sie reden« (*Lakoff/Johnson*).

Die Kampfmetapher wird allerdings nach *Rupert Lay* in unserer Gesellschaft unzulässig verallgemeinert. Sie setzt nämlich fälschlich voraus, daß alle *Formulierungen* unterschiedlicher Ansichten auch tatsächlich auf unterschiedliche *Ansichten* verweisen. In Wahrheit jedoch – so *Lay* – liege die Differenz zumeist nicht in der Ansicht selbst, sondern in der *Begründung* einer »als erfüllt angenommenen Bedingung«. Das bedeutet, daß man sich realistischerweise auch nur über diese Begründungen (und ihre Bedingungen) »streiten« kann.

Im Grunde genommen ist jedoch bereits die Grundannahme falsch: daß es sich bei Auseinandersetzungen um einen *Kampf* handelt. Denn auch Auseinandersetzungen sind Formen *personaler Interaktion*, denen es »von Natur aus« um *Austausch* zwischen zwei oder mehr Menschen geht. Solche personalen Interaktionen – so argumentiert *Lay* – werden von der Kampfmetapher nicht erreicht. Als Prototypen nennt er:

- Interaktionen, die Kontakt aufbauen, vergewissern oder stärken,
- Interaktionen, die der Selbstdarstellung und der Akzeptation solcher Selbstdarstellung dienen,
- Interaktionen, in denen versteckte personale Appelle ausgetauscht werden (»Ich möchte, daß du mir zuhörst«; »Ich möchte, daß du meine Meinung ernst nimmst!«),
- Interaktionen, in denen um Hilfe, Rat, Verzeihung gebeten wird.

Sie können sich den tieferen Gehalt dieser Argumentation auch an praktischen Überlegungen zur Betriebspraxis verdeutlichen. So ist es z. B. auch nicht unerheblich für das Arbeitsklima und die Erwartungen an ein Zusammentreffen im Betrieb, ob man es als »Team« oder als »Konferenz« bezeichnet. Im ersten Fall werden sich die Erwartungen der Teilnehmer mehr auf die Zusammenarbeit aller miteinander richten, im zweiten Fall werden sie sich eher darauf konzentrieren, daß etwas »verhandelt« und »beraten« wird – vielleicht sogar mit dem Ziel, den Verhandlungspartner mit Argumenten abzuschießen.
Eine andere Metapher, die oft in Betrieben (aber natürlich nicht nur dort) häufig zum Einsatz kommt, ist die vom *Geist als Maschine*. Sie äußert sich in Redewendungen wie »Wir haben den ganzen Tag an diesem Problem gearbeitet, und jetzt *ist der Dampf raus*« oder »Jetzt ist der *Groschen gefallen*«. Auch die Sätze »Wenn er sauer ist, kann er ganz schön *explodieren*« oder »Du hast wohl *ein Rad ab*« sind Redewendungen der »Geist-als-Maschine-Metapher«.
Eine weitere weit verbreitete Metapher ist die *»Zeit-ist-Geld-Metapher«* mit Ausdrücken wie »Du *stiehlst* mir meine Zeit«, »Du mußt deine Zeit besser *einteilen*«, »Ich hab' meine Zeit nicht *auf der Straße gefunden*« und »Da hab' ich 'ne Menge Zeit *investiert*« (Beispiele nach *Lakoff/Johnson*).
Wie problematisch unter Umständen der Gebrauch von Metaphern in Konferenzen, Teams oder Gruppensitzungen ist, zeigt *Gans* an der Rolle des Moderators bzw. Gruppenleiters. Dieser sollte es sich nach *Gans* sehr genau überlegen, ob er überhaupt mit Metaphern arbeitet. Sein Argument: Beantwortet der Leiter in einer Gruppensituation, in der die Teilnehmer ihren Lernprozeß noch nicht als abgeschlossen erleben, eine Frage mit einer Metapher, dann besteht die Gefahr, das Selbstbewußtsein der Teilnehmer zu beschädigen. Denn diese könnten womöglich unterschwellig den Gruppenleiter für arrogant halten und seine Metaphern als Ausdruck der Haltung verstehen:

> »Ich habe die Weisheit, die zu besitzen du noch nicht einmal hoffen kannst, deshalb ergründe weiterhin meine Bemerkungen.«

Seminarleitern empfiehlt *Gans* deshalb, es sich zur Regel zu machen, Metaphern immer dann zu vermeiden, »wenn einfache direkte Antworten genügen oder sogar besser sind«.
Es existiert in der Literatur eine ganze Reihe von Analysen solcher toter Metaphern, die *Lakoff* und *Johnson* auch »literalisierte Metaphern« nennen, weil sie bereits Eingang in die normale Sprache gefunden haben. Sie alle strukturieren – und zwar unbewußt – unsere Erfahrung in einer Art und Weise, die wir uns normalerweise gar nicht zugestehen (und auch nicht zugestehen wollen!). Wie der Sprachphilosoph *Wittgenstein* es ausdrückt:

> »Ein Bild hielt uns gefangen. Und heraus konnten wir nicht, denn es lag in unsrer Sprache, und sie schien es uns unerbittlich zu wiederholen.«

Diese »Gefangenschaft«, also eine in einem elementaren Sinne vorhandene Unfreiheit des eigenen Denkens und Handelns, reicht bis hinein in betriebsinterne Sicherheitsinteressen. So berichtet z. B. der Linguist *Benjamin Whorf* von Arbeitern, die Benzinfässer zu verladen hatten. *Whorf* beobachtete, daß diese Arbeiter immer dann, wenn sie bestimmte Fässer als »leer« bezeichneten, auch glaubten, in deren Nähe rauchen zu können. Gestärkt wurden sie in ihrer Meinung dadurch, daß im Englischen das Wort »leer« ein Synonym für »kraftlos« ist – und ein kraftloses Benzinfaß kann einem ja schließlich nicht gefährlich werden. Ein Sicherheitsexperte, der die Aufgabe bekäme, den Arbeitern beizubringen, in der Nähe sogenannter »leerer« Fässer nicht mehr zu rauchen, müßte sich also überlegen, mit welchem anderen Begriff man diesen Zustand sinnvoll beschreiben könnte. Es müßte sich um einen Begriff handeln, der »Gefahr« signalisiert.
Auch der im Zusammenhang mit unserer Thematik so wichtige Begriff des Vergessens ist von der Warte der Metaphernanalyse her gesehen ausgesprochen interessant. Wie *Rigotti* nämlich belegt, verbinden die meisten Menschen das Vergessen überwiegend mit *negativen* Metaphern für das *Erinnern*, etwa mit »Auslöschen«, »Verlieren« oder »Fallenlassen«. Das hat zur Folge, daß wir nicht mehr in der Lage sind, Vergessen als *eigene Handlung* zu sehen. Statt dessen begegnet es uns in unserer Vorstellung als eine Art unangenehmer Nebeneffekt des Erinnerns; man oder etwas »löscht« die Erinnerung aus, man »verliert« die Erinnerung, oder die Erinnerung »entfällt« einem. Denkbar wäre aber auch die Assoziation mit *positiven* Bildern für das Vergessen selbst.
Interessant ist in diesem Zusammenhang auch, daß offensichtlich alle Begriffe, die sich mit der Vorstellung vom Vergessen als dem »Verlust der Erinnerung« verbinden, noch antiken Vorstellungen verhaftet sind. So ist z. B häufig die Rede von Palästen, Höhlen, Krypten oder Speichern der Erin-

nerung oder auch von vollen Zimmern, Salons und Fluren, in denen sich die Schätze der Vergangenheit häufen. *Augustinus* hat dafür unvergeßliche Worte gefunden:

> ***Die Metapher vom Gedächtnis***
> »Da komme ich denn in die Gefilde und die weiten Hallen des Gedächtnisses, wo die gehäuften Schätze sind der unzählbaren Bilder, die von Dingen aller Art meine Sinne mir zusammentrugen . . . und all das andre, das nicht im Vergessen schon geschwunden und begraben ist, ruht dort geborgen und verwahrt . . . dort ist alles nun geordnet und artweise aufbewahrt, wie jedes eben durch seine Türe kam . . . Dies alles nimmt der weite Raum des Gedächtnisses in seine – ich weiß nicht was für geheimen, unfaßbaren – Winkel auf.«
>
> und
>
> »Das Gedächtnis ist gleichsam der Magen der Seele. Freude aber und Trauer wie süße und bittere Speise; einmal dem Gedächtnis übergeben, sind sie wie in den Magen eingegangen, der sie verwahren, aber doch nicht schmecken kann . . . Vielleicht also wie beim Wiederkäuen die Speise aus dem Magen kommen auch diese Dinge beim Erinnern aus dem Gedächtnis hervor« (*Bekenntnisse* X, 8).

All diese Beispiele zeigen aber auch, daß das wahre Problem bei der Konstruktion und bei der Anwendung von Metaphern nicht das metaphorische Denken an sich ist. Im Gegenteil: Die Verwendung von Metaphern ist nach Ansicht vieler Autoren für unser Funktionieren ebenso wichtig und bedeutungsvoll wie z. B. der Tastsinn, weil sich in ihnen das »Träumen der Worte« (*Ricoeur*) artikuliert. »Die Fähigkeit, die eigene Erfahrung mit Metaphern zu versehen« – so *Carveth* –, ist »fast eine Sinnesqualität wie Sehen, Hören, Tastsinn etc., wobei Metaphern die einzige Möglichkeit sind, die Welt wahrzunehmen und zu erleben.«
Es kann also nicht darum gehen, den Gebrauch von Metaphern zu verteufeln. Ohne sie wäre die Sprache ärmer, und ohne sie wäre die Welt langweiliger – und erst recht jede Rede. Aber vor allem Menschen des Wortes – und das sind Sie spätestens dann, wenn Sie öffentlich reden – sollten sich immer der Gefahr bewußt sein, die von Metaphern ausgeht. Sonst ergeht es ihnen wie den Neurotikern. Denn deren Problem besteht in gewisser Weise darin, daß sie ganz von einer Metapher *besessen* sind. Sie *benutzen* keine Metapher, sondern *werden* von ihr benutzt. Und das heißt letztendlich, daß auch das Spiel mit den unterschiedlichen Bedeutungen, das Changieren von Welten, das die Metapher ursprünglich so spannend machte und das auch den rhetorischen Lustgewinn verschafft, erlischt. *Szasz* nennt als Beispiel hier-

für »die Überzeugung des römischen Katholizismus, daß das Abendmahl Leib und Blut *Christi* sei . . .« (nach *Carveth*).
Wir werden Ihnen im folgenden noch einige der gebräuchlichsten Metaphern unserer Gegenwartskultur vorstellen. Nehmen Sie sie als Angebot zu einer weiteren Entdeckung des Abenteuers Sprache – und als einen Beitrag zur Aufklärung über jene Bilderwelten, in denen wir alle denken und in denen wir alle befangen sind. Wir beziehen uns hierbei auf *Karl-Heinz Brodbeck, Rupert Lay* und *Francesca Rigotti*.

Die Familienmetapher

In der Politik ist es weit verbreitet, die Bestandteile eines politischen, nationalen oder internationalen Systems mit einzelnen Familienmitgliedern gleichzusetzen und die im Inneren dieses Systems bestehenden Beziehungen als Verwandtschaftsverhältnisse zu begreifen. So sagte etwa *Winston Churchill* am 25. Juni 1954 bei seinem Besuch in den USA:

> »Ich bin mit *Anthony Eden* hierhergekommen, um über einige Familienangelegenheiten zu sprechen und mögliche Mißverständnisse auszuräumen. Die englischsprachige Familie – oder Bruderschaft – ist ziemlich groß und nicht immer und überall ganz ohne Probleme. Wenn wir zusammenarbeiten können, können wir allein klarkommen und viel dafür tun, unseren Nachbarn in der Welt zu helfen, von denen einige – auf beiden Seiten des Eisernen Vorhangs – wohl noch größere Probleme haben als wir selbst« (nach *Rigotti*).

Interessant an diesem Beispiel ist die Tatsache, daß *Churchill* sehr bewußt zu unterscheiden weiß zwischen den »Verwandten« innerhalb der anglophonen Familie und den »Nachbarn« in der übrigen Welt.
Überhaupt bietet die Metapher der Familie für jeden Redner ein reiches Repertoire an Wendungen, die es ausgezeichnet erlauben, auf der Klaviatur der Gefühle zu spielen. Sehr beliebt ist es z. B., das Bild vom »Schoß der Familie« zu verbreiten, der Ruhe und Wärme vermittelt, jeglichen Haß besänftigt und alle Zwietracht beseitigt. Die Botschaft von Friedfertigkeit und Vertrautheit soll oft über dieses Bild vermittelt werden, der Liebe, Solidarität, Eintracht, Anteilnahme und friedfertigen Zusammenarbeit zwischen den Gliedern einer politischen Struktur. Das Beispiel zeigt aber auch eines: Die Realität, die wiedergegeben wird, muß gar nicht mal unbedingt der Phantasie und dem Gefühl gerecht werden, das erzeugt wird. Wir erinnern hier an das Bonmot von *Karl Kraus*, der einmal sagte:

> »Das Wort Familienbande hat einen Beigeschmack von Wahrheit.«

Ob die Dinge sich in der Wirklichkeit auch tatsächlich so darstellen, ist also gar nicht immer entscheidend für die Wirkung der Metapher. Entscheidend ist die Phantasie, ist das, was die Zuhörer assoziieren, wenn sie die Metapher hören, eine Erfahrung, die Psychotherapeuten häufig machen: Die Vorstellungskraft läßt sich von der widersprechenden Erfahrung nur wenig beeindrucken.
Hier noch einige weitere Beispiele für die weite Verbreitung der Familienmetapher:

- *Aristoteles:* »Die Herrschaft über Kinder ist eine königliche. Denn das Erzeugende geht in der Liebe und im Alter voran, und dies charakterisiert die königliche Herrschaft. Daher hat Homer den Zeus richtig als ›Vater der Menschen und Götter‹ bezeichnet, nämlich als König über diese alle. Denn der König muß seiner persönlichen Natur nach unterschieden, der Gattung nach aber derselbe sein; und in diesem Verhältnis steht das Ältere zum Jüngeren und der Erzeuger zum Kind.«
- *Otto von Bismarck* nach der Eroberung Elsaß-Lothringens durch die preußischen Truppen: Jetzt stellt sich die Frage, »ob es zunächst ein unmittelbares Reichsland bleibt, bis es selbst sozusagen in der deutschen Familie mündig geworden ist«.
- *Simon Bolivar* anläßlich der offiziellen Proklamation des Staates Bolivien: »Der Eintritt eines neuen Staates in die Gesellschaft der anderen ist ein Anlaß zur Freude für die Menschheit, denn er vermehrt die große Familie der Nationen.«
- *Willy Brandt* im Herbst 1961: »Wir können aus unserer Geschichte ohnehin nicht austreten. Wir dürfen der jüngeren Generation kein unwürdiges Bild bieten, und wir dürfen ihr nicht aufbürden oder hinterlassen, was sie nicht zu verantworten hat und was sie mit Recht nicht zu tragen bereit ist. Wir alle sind eine Familie. Deshalb muß unser Volk endlich den Frieden mit sich selbst machen.«
- *Winston Churchill* im Dezember 1951: »Wir versuchen jetzt, zusammenzukommen, da wir ein Land sind und schweren Zeiten entgegensehen. Jeder, in dessen Adern britisches Blut fließt, muß zu seinem Lebensziel machen, daß wir eine freie, fortschrittliche und zivilisierte Gesellschaft bleiben.«
- *Friedrich II.:* »Endlich ist der Herrscher recht eigentlich das Oberhaupt einer Familie von Bürgern, der Vater seines Volkes, und muß daher bei jeder Gelegenheit den Unglücklichen zur letzten Zuflucht dienen: an den Waisen Vaterstelle vertreten, den Witwen beistehen, ein Herz haben für den letzten Armen wie für den ersten Höfling und seine Freigebigkeit auf jene verteilen, die jedes Beistandes bar sind und allein durch seine Wohltaten Hilfe finden.«

- *Friedrich Nietzsche:* »Das Verhältnis zwischen Volk und Regierung ist das stärkste vorbildliche Verhältnis, nach dessen Muster sich unwillkürlich der Verkehr zwischen Lehrer und Schüler, Hausherrn und Dienerschaft, Vater und Familie, Heerführer und Soldat, Meister und Lehrling bildet.«
- *Jean-Jacques Rousseau:* »Wenn man so will, ist also die Familie das ursprüngliche Modell, nach dem die politische Gesellschaft gebildet ist. Das Oberhaupt ist das Abbild des Vaters, das Volk das Abbild der Kinder, wobei alle frei und gleich geboren sind und ihre Freiheit nur dann abtreten, wenn es ihnen zum Vorteil dient.«
- *Alexis de Tocqueville:* »Sehen die Könige, daß die Herzen der Völker ihnen ergeben sind, so sind sie milde, weil sie sich stark fühlen; sie schonen die Liebe ihrer Untertanen, denn diese Liebe ist die Stütze des Thrones. So bildet sich zwischen dem König und dem Volk ein Austausch von Gefühlen, die innerhalb der Gesellschaft in ihrer Sanftheit an diejenigen im Schoß der Familie erinnern.«

Wenn Sie sich die Rhetorik der Familienmetaphern einmal genauer ansehen, so werden Sie feststellen, daß sich die benutzten Bilder auf mehrere Untergruppen verteilen lassen: Da wäre einmal das Verhältnis des Vaters zu den Söhnen, dann das Verhältnis der Mutter zu den Söhnen oder Töchtern, dann das Verhältnis der Kinder zueinander, dann das der Eltern untereinander und schließlich – wenn auch seltener – das Verhältnis der Cousins und Cousinen untereinander.

Die Containermetapher

Die Containermetapher suggeriert, sämtliche Kommunikation stelle nichts anderes dar als ein *Transportproblem*: Informationen und Bedeutungen könnten wie in einem Container von einem Menschen zum anderen übertragen werden. Als potentielle Container kommen – neben den obligatorischen Briefen – auch Sätze sowie ganze Reden, Berichte oder Klagen in Betracht. *Lay* nennt folgende Redewendungen, in denen sich die Containermetapher Gehör verschafft:

- »In« diesem Brief steht etwas geschrieben.
- Dieser Satz wurde »aus« einem Vortrag entnommen, »aus« einem Buch zitiert.
- Diese Rede war »bedeutungsvoll«.
- Dieser Bericht »enthielt« wertvolle Informationen.
- Hier wurde etwas »in« Sätze »hineingelesen« oder »in« Feststellungen »hineingehört«, was nicht gemeint gewesen sei.

Der Fehler der Containermetapher besteht darin, daß sie suggeriert, durch die genannten Medien würden tatsächlich *Informationen* (oder Bedeutungen) weitergegeben. In Wahrheit transportieren sie jedoch lediglich *Signale*, die erst vom Adressaten in Informationen umgewandelt werden müssen. Informationen existieren nur im menschlichen Gehirn, d. h., sie werden erst durch die Aktivitäten der Großhirnrinde erzeugt.

Die Dialogmetapher

Die Dialogmetapher erweckt den Eindruck, daß Kommunikation Gemeinsamkeiten in Ansichten, Meinungen und Werteinstellungen erzeugt. Für *Lay* ist sie nur ein typisches Kind des subjektorientierten Denkens.

Die Metapher von der sozialen Kontrolle

Die Metapher von der sozialen Kontrolle unterstellt, die wichtigste Funktion von Kommunikation sei es, soziale Felder zu kontrollieren, d. h. festzustellen, ob und inwieweit eine soziale Situation von den Beteiligten richtig bewertet und zureichend beherrscht und inwieweit das angestrebte Ziel auch tatsächlich erreicht wurde. Damit bezieht sie sich zwar auf eine oftmals reale kommunikative Situation; in dem Maße jedoch, wie diese Metapher annimmt, daß Sprache dazu diene, menschliches Verhalten zu beeinflussen, wird Kommunikation hier zu einem bloßen Mittel gemacht, etwas zu erreichen und/oder diese Zielerreichung auch zu kontrollieren. Kommunikation gilt als gelungen, wenn der Sprecher auch sein Ziel erreicht.

Die Schiffsmetapher

Großer Beliebtheit erfreut sich auch die Metapher vom Schiff, das allein auf hoher See ins Ungewisse vordringt.

> »Von den alltäglichen Redeweisen vom ›Lotsen an Bord‹, dem ›gemeinsamen Boot, in dem wir sitzen‹, bis in die ehrwürdigen Ränge der klassischen Literatur (den Abenteuern des *Odysseus*) wurde sie vielfältig variiert. Das Schiff hat definierte Grenzen, die es gegen das Ungewisse abschirmen, ist aber insgesamt beständig in Gefahr. Als Passagier kann man Schiffbruch erleiden und findet sich an fernen Gestaden wieder. Man kann das menschliche Bewußtsein als U-Boot interpretieren, das in unbekanntem Gewässer, nur auf die Instrumente blickend, manövriert; oder man überträgt das Modell auf eine Familie, Partei, Firma oder Staat. Das ›Schiff‹ und seine ›Besatzung‹ erzeugen hier vielfältige Analogien: Kapitän und Mannschaft, Kurs und Steuermann, Stürme und Seenöte, Disziplin und Stimmung an Bord, backbord/steuerbord (= links/rechts) usw. sind Strukturen, die vielfältiger Anwendung fähig sind. Angesichts anderer Schiffe kann man auf Kollisionskurs gehen oder ausweichen. Die wilde Natur kann stürmen oder in tödlicher Meeresstille verharren« (*Brodbeck*).

Die Wegesmetapher

Eine weitere beliebte Metapher, die sich – wie *Brodbeck* es ausdrückt – »in vielen Situationen ›eingenistet‹« hat, ist die Metapher des Wegs. Für *Brodbeck* stellt sie diejenige Metapher dar, die die größte kreative Kraft entfaltet. Er nennt als Beispiel das alte chinesische Weisheitsbuch des *Lao Tse*, der *Tao Te King*, den er als klassische »Wegbeschreibung« interpretiert.

> »Ein Weg unterscheidet sich von der Landschaft, durch die er führt . . . Er kann sich verlieren und zum Holzweg werden, kann unkenntlich sein oder nie enden. Ein Weg kann als Strecke zwei Orte verbinden; er stellt Gemeinschaft her. Dem Abenteurer ist er die Metapher des Unbekannten . . . Wege kreuzen sich und fordern Entscheidungen. In der Entscheidung verharren wir dann un-be-wegt. Man kann umkehren, sich aber auch verirren, wenn man den Weg ›verliert‹. Auf dem Weg gibt es Führer, die Weg-Bereiter, und solche, die nur alten, ausgetretenen Pfaden folgen. Wege wahren etwas von der Ruhe; man macht Rast unterwegs . . . Sicherlich gibt es Ab-Wege, auch solche, bei denen keine Wiederkehr möglich ist; doch immer müssen sie *begangen* werden: Wir sind es, die den Weg beschreiten. Er kann uns lenken, an den Wegkreuzungen aber sind wir es, die entscheiden und wählen . . . Wege sind eher solitär. Wir können zwar ein Stück Wegs gemeinsam gehen, doch unsere Wege werden sich trennen. Straßen zwingen uns ans Ziel und werden eines Zieles wegen befahren. Wege gehen über Ziele hinaus: Es gibt Aus-Wege, und immer sind wir es, die wir uns be-wegen müssen . . . Nicht alle Wege sind gleich, es gibt den Weg des Bettlers und Königswege.«

Die Duellmetapher

»Anders als die Rache (die Blutrache) ist das Duell eine Ordnung der Auseinandersetzung. Auch versucht das Duell nicht, wie ein Gottesgericht, Gerechtigkeit herzustellen. Im Duell ist der *Anlaß* wichtig. Es genügt, daß einer der Duellanten seine ›Ehre‹, seine ›Werte‹ auf irgendeine Weise als ›gekränkt‹ empfindet ... Anders als ein ›heimtückischer Überfall‹, als eine Guerilla, die sich nicht dem ›offenen Kampf‹ stellt, ist das Duell ›ehrenvoll‹. Duellanten kneifen das Hinterteil zusammen und lassen die Brust schwellen. Im Duell geht es um Sieg oder Niederlage. Die *Modalität* des Kampfes, die Definition der Niederlage ist variabel. Es gibt ein Rededuell, ein Duell zwischen zwei Konzernen, zwischen Ankläger und Verteidiger, das Duell der finsteren Mächte, das Duell zwischen Gut und Böse. Wichtig ist, daß es schrecklich ehrenvoll, aufgeblasen und mechanisch zugeht ... Dieses Denkmodell lenkt das Handeln auf kriegerische Bahnen; man will siegen, glänzen, überlegen sein. Tatsächlich zwingen sich die Duellanten wechselseitig ein Gesetz auf, das ohne Grenze ist. Ein Zweck ist mit dem anderen konfrontiert; es herrscht das Gesetz der *Gegnerschaft*. Anders als beim Egoismus, der sich nur *rücksichtslos* verhält, muß ein Duellant alle Aktionen des Gegners beachten und darauf antworten. Das Duell ist eine *lähmende* Denkstruktur: Jeder ist des anderen Gesetz ... Duell als Denkmodell ist ..., anders als das Spiel, nicht *kreativ*, es ist *destruktiv*. Der Siegende wird durch den Sieg in nichts reicher: Der Gegner ist ›vernichtet‹ ...« (*Brodbeck*).

Was eine Metapher gesellschaftlich erfolgreich macht

All diese Beispiele zeigen, wie enorm die Wechselwirkung zwischen den gesellschaftlichen Vorstellungen und Ideologien einerseits und den sprachlichen und metaphorischen Ausdrucksformen andererseits ist. Diese Tatsache begründet jedoch nicht nur eine große (Definitions-)Macht der metaphernbildenden Gesellschaftsschicht, sondern auch eine gehörige Portion Verantwortung derjenigen, die öffentlich reden. Wer erfolgreich *und* verantwortlich mit Metaphern umgehen möchte, sollte sich deshalb auch darüber im klaren sein, in welchem Gewand uns Metaphern begegnen und welche Bedingungen erfüllt sein müssen, damit sie wirksam werden. Eine ausgezeichnete Analyse hierzu stammt von *Heinrich Kupfer*, der für Metaphern hauptsächlich drei gesellschaftliche Funktionen ausmacht:

- Erstens *formulieren* sie (in überhöhender und verallgemeinernder Form) eine tatsächlich vorhandene Gefahr – mit dem Ziel, deren konkrete Abwehr zu verhindern (z. B. Klagen über Armut in der dritten Welt);
- zum zweiten dienen sie der *Erfindung* einer solchen Gefahr – mit dem

Ziel, die Gesellschaft als verteidigungsbereites Lager zu stilisieren und ein Wir-Gefühl herzustellen (z. B. die frühere Bezeichnung der Mauer als »antifaschistischer Schutzwall«);
- und zum dritten dienen sie als *Beschwörungsformel* – die an die Stelle der Wirklichkeit tritt und Werte zu fixieren sucht, die zwar von der Realität nicht mehr gedeckt werden, die aber dennoch eine emotionale Wirkung ausüben (z. B. »Volksgemeinschaft«, »Vaterland«, »Erziehungskraft der Familie«).

Damit sie diese Funktionen auch tatsächlich mit Erfolg ausüben können, muß eine Metapher nach *Kupfer* folgende Bedingungen erfüllen:

- *Sie muß den Anschein von Kompetenz erwecken.* Dies gelingt dadurch, daß sie ein aktuelles Thema verbal besetzt – eine Strategie, die man immer wieder bei Parteien, Verbänden, Behörden und wissenschaftlichen Instituten beobachten kann. Diese verleihen einer Metapher die Gestalt eines Programms (eines Forschungsvorhabens, einer Initiative), um so eine gewisse Souveränität im Umgang mit unliebsamen Phänomenen zu erlangen. So wird z. B. gegen die wachsende Zahl minderjähriger Drogenopfer eine verstärkte Aufklärungsarbeit, gegen das Ansteigen der Jugendkriminalitat die Reaktivierung von Erziehung und Familie und gegen die Folgen des ungehemmten Industriewachstums eine »Kurskorrektur« empfohlen. Damit soll der Öffentlichkeit gezeigt werden, daß man das Problem im Griff hat.

- *Sie muß eine Identifikationsmöglichkeit für jedermann bereitstellen und so Schutz vor Fremdkörpern bieten.* Dies geschieht durch die Aktivierung eines emotionalen Umfelds. Ein prägnantes Beispiel hierfür ist die Werbung. Die Werbung bedient – durch die metaphorische Verwendung bereits allseits bekannter Dinge – allgemeine psychische Erwartungen der Bevölkerung (z. B. die Sehnsucht nach Schutz vor Eindringlingen, nach Wahrung von Unversehrtheit, nach Fernhaltung von Schmutz usw.). Ihre Metaphern halten sich dabei an übersichtliche und verständliche Alltagssorgen (Reinhaltung der Wäsche, Ausmerzung von Karies). Deren metaphorische Überhöhung spricht eine irrationale Befindlichkeit an und fokussiert die latente Bereitschaft zur Vernichtung von Störenfrieden (»Gib Aids keine Chance!«). So enthüllt der Gebrauch von Metaphern die virulenten, wenn auch meist unsichtbaren Denkmuster und Dispositionen.

- *Sie muß rechtzeitig auf akute Ängste antworten.* Hierbei liegt die Betonung auf »rechtzeitig«, d. h., es geht um ein optimales Timing. Denn alle

Metaphern sind – ebenso wie Bilder, Formeln und Begriffe – immer auch an das verbale Repertoire ihrer Zeit gebunden. So ließ sich z. B. die Metapher von den »Vätern als Täter« (im Bereich des sexuellen Mißbrauchs) erst dann sinnvoll benutzen, nachdem das Tabu der Familie zerbrochen war. Deswegen dürfen Metaphern, wenn sie wirksam werden sollen und wenn das Publikum sie vertragen soll, auf keinen Fall zu früh kommen und erst dann erscheinen, wenn die ungewohnten Einstellungen konsensfähig geworden sind.

- *Sie muß eine emotional abgesicherte Strategie für den Umgang mit dem Übel anbieten.* Mit der Technik der »Verharmlosung durch Aufblähung« wird das Publikum in die Lage versetzt werden, mit den heranbrandenden (wirklichen oder vermeintlichen) Gefahren psychisch und intellektuell fertig zu werden. Anstatt die Gefahr mit adäquaten Mitteln zu behandeln, wird sie verharmlost, indem die Metapher von der schlichten Realität ablenkt und die möglichen Entschlüsse und Handlungen erschwert. So dienen Metaphern gerade durch ihre Aufdringlichkeit auch dem Verbergen: Man lenkt die Emotionen in eine bestimmte Richtung, so daß eine wirksame Auseinandersetzung mit der Gefahr gar nicht erst stattfinden kann. Dieses Phänomen der Abwehr durch scheinbare Betroffenheit hat *Otto Werckmeister* als »Zitadellenkultur« beschrieben. Damit ist »eine Metapher (!) gefunden für die künstlerische und intellektuelle Produktion, die ›in vollem Wohlstand von nichts als Krisen handelt‹; für eine kommerzialisierte ... Kulturwelt, in der sich Krisen und Katastrophen nicht beheben lassen, sondern nur grandios ausgedrückt, immerfort erörtert und im heroischen Gestus ertragen werden können«.

- *Sie muß die kritische Aufhellung erschweren, indem sie Sachbezug und Interessenbezug vermischt.* Diese Strategie – die sie weitgehend resistent macht gegen Kritik – kennen wir als Differenz von »Sachebene« und »Beziehungsebene« (*Watzlawick*). Hierbei dienen die Sachbegriffe immer zugleich der Beschreibung von Großgruppen, d. h., sie existieren nicht einfach so für sich, sondern sind immer Elemente eines verbreiteten Sprachspiels. So wirkt etwa der Begriff »Familie«, der als *Sach*begriff eine rechtlich gesicherte Versorgungs- und Lebenseinheit bezeichnet, stets auch als *Interessen*begriff, dessen sich Großgruppen bedienen, um damit (z. B. auf Plakaten, die zum Kinderkriegen ermuntern) die Emotionen vieler Menschen und ihre Vorstellungen von Glück, Wärme und Geborgenheit für ihre Interessen zu benutzen.

Interessant ist, daß die tatsächlich erfolgreichen Metaphern ihrem Inhalt nach antiquiert sind. Da ergeht es ihnen wie der Musik, der Malerei und der

Architektur. Harmonisch und anheimelnd kommt uns offenbar nur das Gewohnte vor. Wer von uns ist schon in der Lage, mit sinnlichem (!) Genuß zeitgenössische klassische Musik (*Stockhausen, Hentze*) zu hören. Die meisten Menschen können Zwölftonmusik nicht wirklich »hören«. Wenn überhaupt, dann haben sie einen abstrakten Kunstgenuß, eine intellektuelle Freude. Das, was wir wirklich schön finden, ist dagegen immer schon älter: *Mozart, Beethoven, Wagner*. Das Neue bleibt die Domäne der Spezialisten und Kritiker. Wir brauchen offensichtlich sehr lange, bis wir uns an neue ästhetische Standards gewöhnt haben. Und so – darauf weist *Buchholz* hin – sind selbst die neuesten Begriffe und Metaphern oft noch mit dem wohltuend-vertrauten Bekannten gekoppelt. Als Beispiel nennt er:

- das atomare Pulverfaß,
- die chemische Keule,
- die Speerspitze der *NATO*,
- den atomaren Erstschlag,
- den Atomschild.

Auch dies sollten Sie also bedenken, wenn Sie Metaphern benutzen: Wirkungsvoller sind allemal die, die mit (scheinbar) antiquierten Begriffen operieren. Denn bei ihnen ist der Gefühlswert ungleich höher. Wenn Sie dies einmal – gleichsam am eigenen Leib – nachvollziehen wollen, wenn Sie also feststellen wollen, in welchem Maße es Metaphern gelingt, Ihre Blickrichtung und Ihre Stimmung zu beeinflussen, dann lesen Sie doch einfach einmal – einer Idee *Brodbecks* folgend – laut hintereinander die Beschreibung der Wegesmetapher und anschließend die der Duellmetapher. Beobachten Sie sich dabei genau, und beantworten Sie sich ehrlich die folgenden Fragen: »Wie hat sich allein durch die Beschreibung eines Duells im Unterschied zu der Beschreibung des Weges Ihre Stimmung, Ihre Atmung verändert? Fühlen Sie sich nicht eingeengt, kampfeslustig, bedroht beim Gedanken an ein Duell?«
Auch wenn Sie keinerlei Unterschied an sich feststellen konnten, hier noch ein paar Tips *Brodbecks* zum Umgang mit Metaphern. Sie gelten in gleicher Weise für den, der sie einsetzt, wie für den, der mit ihnen konfrontiert wird.

Tips für den Umgang mit Metaphern

- *Sensibilität:* Versuchen Sie in einem Gespräch, beim Lesen, in Vorträgen sensibel zu bleiben gegenüber den verwendeten Bildern, Metaphern und Redewendungen. Lassen Sie sich nicht einfach von der suggestiven Kraft der Metaphern davontragen; achten Sie auf die Form der Bilder, hören Sie *wörtlich*.

- *Aufmerksamkeit:* Beobachten Sie sich selbst. Wenn Sie sich in irgendeiner Situation unbehaglich fühlen, suchen Sie nach versteckten Metaphern, und tauschen Sie sie aus durch andere.
- *Kreativität:* Lassen Sie sich inspirieren von Bildern, gehen Sie »hinein«. Sie werden auf diese Weise Ihre schöpferische Kraft entdecken.
- *Innovation:* Haben Sie z. B. ihr Leben schon einmal als »Einbahnstraße« interpretiert? Wenn dies der Fall ist, ersetzen Sie »Straße« z. B. durch »Weg«. Oder auch: Lassen Sie die alten Metaphern zunächst bestehen, achten aber *bewußt* auf ihre Logik, ihre Struktur. Gehen Sie in die alte Metapher »hinein«. Wenn Ihnen »Rededuell« ein passendes Wort zu sein scheint, dann hören Sie genau, was »Duell« alles herbeiruft, welche Geister es evoziert.
- *Beobachtung:* Unterschätzen Sie bitte niemals die Macht von Metaphern. Beobachten Sie, wie schäumende Streithähne, streitende Politiker oder prinzipienfeste Diskutanten die Sklaven ihrer Bilder sind.
- *Veränderung:* Überprüfen Sie, ob und wie eine Veränderung der Metapher etwas bewirkt: Man kann z. B. »Schiff« durch »Flugzeug« oder »Raumschiff« oder durch »Auto« oder »Fußmarsch« ersetzen. Dies wird die Farbe der Beschreibung, den Klang der Wörter, das »Leitbild« völlig verändern.

Die Analogie

> *Gleichnisse sind von großem Wert, sofern sie ein unbekanntes Verhältnis auf ein bekanntes zurückführen.*
> (Arthur Schopenhauer)

Metapher und Analogie sind zwar eng miteinander verwandt, es trennt sie jedoch ein entscheidendes Merkmal: Analogien arbeiten immer mit dem Wörtchen »wie«. »Der Redner *Müller* redet *wie* eine Dampfwalze.« Im Vergleich zur Metapher ist der Einsatz von Analogien für den Redner ungefährlicher: Weil die Gleichsetzung in einer Analogie explizit ist, wird sie nicht so leicht fälschlich für Identität genommen. Auf der anderen Seite besteht jedoch auch die Wirkung der Analogie darin, daß sie – ähnlich wie die Metapher – das Wissen eines Bereiches in einen anderen Bereich transferiert, indem sie beider Elemente in eine Ähnlichkeitsbeziehung zueinander setzt. Diese Technik beherrschen in gewisser Weise sogar bereits Kinder, bei denen man frühe Formen einer visuellen Analogiebildung erkennen kann.

»Schon mit drei Jahren erkennt das Kind in einem langen Strich mit einem Kreis einen Menschen. Es ist das Merkmal der Vertikalität, das die einfache Analogie trägt. Der Mensch ist also zunächst mal hoch und schmal. Die Schlange ist wie ein Strich und der Regenwurm ebenfalls« (*Metzig/Schuster*).

Die Fruchtbarkeit der Analogien und warum manche Menschen sie nicht mögen

Dennoch steckt die Bildung von Analogien voller Gefahren. Denn so plastisch sie in der Regel auch sind: Mit einer *falschen* Analogie können Sie ganz gewaltig auf die Nase fallen.

»Die Börse ist wie eine Lawine, mal geht sie rauf, mal geht sie runter.«

Scheitern kann man mit Analogien aber auch deshalb, weil auch sie – wie Metaphern – dazu neigen, ein Eigenleben zu entfalten: indem sie weitere Analogien nach sich ziehen. Besonders wissenschaftlich geschulten Menschen ist die Analogie deshalb suspekt.

Was* Gaston Bachelard *und* Roman Herzog *gemeinsam haben
»Der wissenschaftliche Geist« – schrieb *Gaston Bachelard* 1938 – »muß unablässig gegen die Bilder, die Analogien, die Metaphern ankämpfen.« Das sieht offensichtlich auch *Roman Herzog* so, für den Analogien immer die Gefahr beherbergen, daß sie »in falsche Richtungen führen«. Er bevorzuge daher – so *Herzog* – »den Weg der einfachen Beschreibung« (nach *Mechsner*).

Ein gutes Beispiel für die Wirkung, aber auch für die Gefahr, die von falsch konstruierten Analogien ausgehen kann, lieferte vor einigen Jahren der Altphilologe *Volker Langhoff* auf einer Tagung zum Thema »Analogie in der Wissenschaft«. Langhoff berichtete von einem Arzt um 400 vor Christus, der versucht hatte, die Entstehung eines Embryos per Analogieschluß zu beschreiben (*Mechsner*). Der antike Mediziner führte hierzu aus, daß nach der Befruchtung die männlichen und weiblichen Samen (die Antike ging weitgehend noch davon aus, daß auch Frauen Samen produzierten) im Körper der Frau durch deren Bewegungen gemischt würden. Nach und nach bekomme dann die gemeinsame Samenmasse – wie man es vom Dickwerden der Milch bei Erhitzung kenne – durch die Körperwärme der Frau eine immer festere Konsistenz. Die so entstehende feste Masse werde schließlich noch – wie das Brot beim Vorgang des Backens – mit einer Rinde versehen: der Haut des Embryos.

Es leuchtet ein, daß eine solche Analogie für ein Publikum, das über die inneren Vorgänge während des Wachsens noch recht wenig weiß, durchaus eine gewisse Überzeugungskraft entfalten kann. Das ist auch der Grund dafür, warum auch die Wissenschaft immer wieder versucht hat, mit Analogieschlüssen zu Erkenntnissen zu kommen. So versuchte etwa der deutsche Arzt und Philosoph *Paracelsus* (1493–1541), durch Analogieschluß auf die Wirksamkeit bestimmter Substanzen zu schließen und auf diese Art und Weise dann zur Produktion von Medikamenten zu gelangen. So propagierte er z. B. Walnüsse als Mittel gegen Kopfschmerzen – mit dem Argument, diese Nüsse sähen schließlich genauso aus wie ein Gehirn.

Vor allem in der Zeit der Renaissance kam der Analogieschluß sehr in Mode. So versuchte etwa ein Forscher dieser Zeit, die damals grassierende Idee von der Mikrokosmos-Makrokosmos-Identität (»Alles was es im Kleinen gibt, gibt es auch im Großen, und alles, was es im Großen gibt, gibt es auch im Kleinen«) mit einem Bild aus der Tierwelt zu beweisen. Hierzu verglich er – wie *Mechsner* schildert – »die wilden Tiere auf der Erde mit den Läusen auf dem menschlichen Körper, die Meerestiere mit den Eingeweidewürmern und die Winde mit den Darmwinden«.

Für *Bachelard* sind diese Beispiele alles Gründe dafür, Analogieschlüsse jeder Art möglichst zu meiden – auf jeden Fall aber innerhalb des wissenschaftlichen Diskurses. Selbst den Einwand, es handle sich hierbei um eine Kunst, die man eben – wie jede andere Kunst auch – beherrschen müsse, damit man in ihr gut sei, ließ *Bachelard* nicht gelten, denn »die Quellen der Kunst sind die Quellen des Irrtums in der Wissenschaft«. *Bachelards* Intention ist es, mit diesem Verdikt die Rationalität der wissenschaftlichen Betrachtungsweise zu retten. Diese falle dem Menschen schon schwer genug, denn gleichsam von Natur aus liebe er mehr die magisch-künstlerische Art der Betrachtung. Menschen – so *Bachelard* – liebten einfach das Bunte, das Sinnliche, das Bizarre, das Poetische. Dennoch: Irritieren müßte ihn eigentlich, daß »ausgerechnet die strengste aller Wissenschaften, die Mathematik, ganz wesentlich von Analogien lebt« (*Mechsner*).

Bachelards Intention in allen Ehren – doch läßt sich *für den Redner* aus seinem (*Bachelards*) Einwand *gerade* ein Argument gewinnen, sich für den Gebrauch von Analogieschlüssen zu öffnen: Denn *wenn* die Menschen das Bunte, Sinnliche, Bizarre, Poetische so sehr lieben, dann ist ein Redner auch gut beraten, wenn seine Rede bunt, sinnlich, bizarr, poetisch *ist*. Nur eine Regel sollte er dabei beachten: Analogieschlüsse müssen gut sein, sonst führen sie in die Irre.

Gute Analogien

- »Eine Sozialdemokratie aber, der die Visionen ausgehen, ist wie eine Kirche ohne Auferstehungsglauben« (*Jochen Loreck* im *Kölner Stadt-Anzeiger*).
- »Karnevalsjeck vom Rhein, der für die Vertretung von Arbeitnehmerinteressen genauso ungeeignet ist wie eine Schildkröte zum Stabhochsprung« (der bayerische SPD-Chef *Hiersemann* über *Norbert Blüm*).
- »Wie verwelkte Blätter liegen unsere wirtschaftlichen Unternehmungen am Boden« (*Franklin Roosevelt* in einer Radiorede am 04. 03. 1933).
- Preußen ist wie eine neue Wolljacke; es kratzt ein bißchen, hält aber warm« (*Bismarck*).

Daß bei guten Analogien selbst die Naturwissenschaften zu äußerst fruchtbaren Ergebnissen, ja sogar zur Formulierung von Naturgesetzen gelangen können, zeigen die Beispiele *Isaac Newtons* (1643–1727) und *William Harveys* (1578–1657), der eine einer der größten Naturwissenschaftler aller Zeiten und eher Theoretiker, der andere der Leibarzt des englischen Königs und von daher eher Praktiker. *Newton* erschloß die Existenz der allgemeinen Gravitation durch einen Vergleich der Mondbahn mit der Bahn eines geworfenen Steines; *Harvey* rekonstruierte die Funktionsweise des doppelten Blutkreislaufs beim Menschen aus der Vorstellung, es handle sich beim menschlichen Leib um nichts anderes als eine große mechanisch-hydraulische Maschine. Daß diese Vorstellung heute nicht mehr zu halten ist, mindert weder die Leistung noch das Ergebnis *Harveys*. Im Gegenteil: Einige Wissenschaftler behaupten sogar, daß geniale Leistungen in der Wissenschaft ohne fruchtbare Analogien gar nicht möglich seien.
Wie dem auch sei, fest steht jedenfalls, daß selbst wissenschaftliche Analogien noch Zeugnis abgeben von der enormen *Kraft* der Bilder. Bis heute sind z. B. nicht nur Laien, sondern ist auch ein Teil des wissenschaftlichen Establishments regelrecht fasziniert von der Vorstellung *Darwins*, im Prozeß der Evolution zeige sich uns ein allgegenwärtiger »Kampf ums Dasein«. Die Überlebensfähigkeit dieses Bildes ist um so erstaunlicher, als für *Darwin* selbst das Bild vom Kampf gar nicht mal so maßgeblich war. Er bevorzugte lieber das Bild eines Züchters (in diesem Fall: die Natur), der sich einfach die tüchtigen Lebewesen eines Wurfes zur weiteren Fortpflanzung aussucht. Diese Tüchtigen brauchen also gar nicht zu kämpfen – obwohl natürlich die schwächeren Wesen auf der Strecke bleiben, weil sie vom Züchter nicht mehr berücksichtigt werden. Dennoch hat sich bis heute die Analogie des Kampfes gehalten – nicht nur ein Beweis für die *Macht* der Bilder in Analogien, sondern auch für deren *(Über-)Lebensfähigkeit*.
Das ist wohl auch mit ein Grund dafür, daß gerade Despoten in ihren Reden immer wieder eine Vielzahl von bildhaften Analogien verwendet haben, um

so ihre Wirkung gegenüber dem reinen verbalen Denken noch zu steigern. Ein Beispiel hierfür sind *Joseph Goebbels* und *Adolf Hitler*, die in ihren Reden immer wieder plastisch geschildert haben, wie der Feind dem eigenen Volk die Luft abschnürt, wie sich die Wehrmacht dem »Ansturm der Steppe« stellte usw. Ein weiteres Beispiel für die Wirkung von Analogien im politischen Bereich ist eine Rede von *Lloyd George*, die eine der folgenschwersten Analogien der Weltgeschichte enthielt.

Wie man mit einer Analogie Weltpolitik machen kann
Im September 1914 trat *Lloyd George* vor eine Versammlung und fragte, ob Papierfetzen im britischen Weltreich etwas zu bedeuten hätten oder ob man jedes Papier einfach zerreißen dürfe. Keiner im Saal wußte, worauf er hinauswollte. Lloyd ließ sich von einem Zuschauer der ersten Reihe eine schmutzige Pfundnote geben, hielt diese hoch und rief: »Der deutsche Kanzler hat den Neutralitätsvertrag mit Belgien einen ›Fetzen Papier‹ (*scrap of paper*) genannt. Was ist diese Pfundnote hier? Papier – nichts mehr! Verbrennt es, zerreißt es. Was ist es schon wert? Ein Fetzen Papier! Und doch – was steht dahinter? Der Kredit des ganzen britischen Weltreichs!« – Der Vergleich entfachte im Saal einen Sturm der Entrüstung gegen Deutschland. Das Schlagwort vom *scrap of paper* ging wie ein Lauffeuer um die Welt (berichtet von *Lemmermann*).

Analogie und Emotionalität

Die Überlebensfähigkeit der Analogie ist auch der Grund dafür, daß alle Religionssysteme ihre Glaubenssätze vor dem Untergang bewahren, indem sie *Erzählungen* und *Geschichten* verbreiten. Die Langzeitwirkung dieser Erzählungen und Geschichten liegt zum einen darin begründet, daß sie in der Regel ganz archaische Systeme des Verhaltens ansprechen, zum anderen aber auch darin, daß sie – wie alle Bilder – ein gewisses Maß an Emotionalität freisetzen. Diese Emotionalisierung war es letztlich auch, die *Lloyd George* den Erfolg brachte. Im gleichen Sinne ist auch – das Beispiel stammt von *Metzig* und *Schuster* – ein Vergleich des Autos mit einer Gewehrkugel hervorragend dazu geeignet, Emotionen zu erzeugen und zu schüren: »Ein Auto ist ein neutraler, oft eher erfreulicher Gegenstand, während man eine Gewehrkugel rein emotional als gefährlich empfindet.« Wie exakt diese Analogie tatsächlich greift, ist daran abzulesen, daß schließlich in der Beschreibung des Autos als »Geschoß« – häufig verwendet für einen Sportwagen – die Assoziation nicht nur der Geschwindigkeit, sondern auch der potentiellen Gefahr schon enthalten ist.
Unter Umständen ist es sogar möglich, mit emotional besetzten Analogien an tiefere Schichten der Informationsverarbeitung heranzukommen. So

konnten etwa *Mills* und *Crowley* (nach *Metzig/Schuster*) demonstrieren, wie bettnässende Kinder mit Hilfe einer kleinen Geschichte über einen Elefanten wieder die Kontrolle über ihr Organ erhalten können.

> ***Wie Sammy, der Elefant, Bettnässern hilft***
> »Von *Sammy* wird erzählt, daß er mit seinem Rüssel keinen Wassereimer tragen kann. Alle anderen Elefanten regen sich über *Sammy* auf (so wird emphatisch die Situation des bettnässenden Kindes dargestellt). Dann erinnert sich *Sammy* aber, was er schon alles gelernt hat und daß er noch viel lernen kann, z. B. wie er die Muskeln des Rüssels richtig anspannen muß. Und plötzlich kann er den Wassereimer genau zum richtigen Punkt tragen.«

Überhaupt treten Analogien häufig mit einem pädagogischen Gestus auf. Sie sollen dem Publikum gleichsam jenes letzte Aha-Erlebnis verpassen, das ihm zum »Begreifen« der Situation oder des Sachverhaltes noch fehlt.

- Regierungen »sind wie Wasserspeier an alten Kathedralen. Man bewundert den kunstvollen Strahl und vergißt dabei, daß es ganz gewöhnliches Wasser ist« (*Romain Gary*).
- »Diese Bundesregierung ist ohne Saft und Kraft – wie eine Zitrone, die zehn Jahre in der Sahara gelegen hat« (*Norbert* Blüm an die Adresse der sozialliberalen Koalition).
- »Vergleicht man das Alter der Erde mit dem Leben eines 45jährigen Menschen, dann hätte dieser Mensch die ersten Säugetiere vor acht Monaten erblickt. Mitmenschen gäbe es für ihn erst seit wenigen Tagen. Vor einer Stunde hätte er den Ackerbau gelernt, vor einer Minute die industrielle Revolution entfesselt. Seit zehn Sekunden könnte er fernsehen. Vielleicht rettet ihn diese Erfindung davor, in weiteren zehn Sekunden tot zu sein« (*Wolf Schneider*).

Doch auch ohne jede bewußte Absicht benutzen wir alle ständig Analogien. Man kann sogar sagen, daß sich im Grunde genommen das gesamte menschliche Weltverständnis nur auf der Basis von Analogiebildungen vollzieht. Jeder von uns stellt – sowohl in seiner Wahrnehmung als auch in seinem Reden – ständig Bezüge her zu Dingen, die er bereits kennt. Das hat auf der einen Seite – wie wir gesehen haben – damit zu tun, daß wir auf diese Art und Weise unsere Gedächtnisleistungen maximieren, auf der anderen Seite aber auch damit, daß uns bereits in unserer »normalen« Sprache permanent Begriffe begegnen, die, in einen neuen Zusammenhang gesetzt, auch neue Ereignisse, Situationen und Dinge beschreiben. Ein Beispiel hierfür ist der »Wasserfloh«, ein Lebewesen, das – so *Metzig* und *Schuster* – »›wie ein Floh‹

auf dem Wasser« lebt. Und wer etwa einen Yeti beschreiben sollte, käme wohl schwerlich ohne Analogie aus.

Der Yeti

Versuchen Sie sich vorzustellen, Sie sollen in einer Quizsendung klarmachen, was man unter dem Wort »Yeti« versteht. Man würde sagen: Es ist ein Mensch, der im Schnee lebt. Er ist aber größer und hat möglicherweise eine andere Fußform und ein weißes Fell. Es wird also die Analogie »Er ist wie ein Mensch« verwendet. Dann kann zur weiteren Erklärung das gesamte Gegenstandswissen vom Menschen verwendet werden, ja es können beim Hörer darüber hinaus auch weitere Schlüsse gezogen werden, z. B. ob er eine Schneekartoffel ißt. Sicher scheint, daß er etwas ißt und auch trinkt (nach *Metzig/Schuster*).

Wie Analogien in die Irre führen können

Daß schlechte oder falsche Analogien in die Irre führen, haben wir bereits erwähnt. Sehen Sie nun an einem Beispiel von *Metzig* und *Schuster*, welche Konsequenzen dies haben kann. Nehmen wir einmal an, Sie wollten Ihrem Publikum klarmachen, was ein »Stromfluß« ist. Dann kämen Sie vielleicht auf die Idee, dieses Phänomen mit einer Analogie zum »Wasserfluß« zu erklären. Sie müßten dann die verschiedenen adäquaten Merkmale einander zuordnen. Das Ergebnis sähe in etwa so aus:

Stromkreislauf		***Wasserkreislauf***
Widerstand durch Spulen	➡	Verengungen der Rohre Länge der Rohre
Stromstärke	➡	Fließstärke
Spannung	➡	Wasserdruck
Generator	➡	Pumpe
Schalter	➡	Ventil

Das sieht auf den ersten Blick eigentlich ganz gut aus. Problematisch wird die Angelegenheit allerdings dann, wenn man beschreiben möchte, was bei einer gewaltsamen Leitungsunterbrechung geschieht. Folgt man dann nämlich weiter der Analogie, dann muß man annehmen, der Strom fließe wie das Wasser einfach aus der Leitung heraus. Das ist eine Vorstellung, die auch viele Kinder noch teilen. Sie haben Angst davor, daß sich nach Betäti-

gung des Ausschalters noch ein Rest an Strom in der Leitung befindet. Die Analogie, die am Anfang so treffend erschien, versagt also in einem ganz entscheidenden Punkt.
Als Alternative zum Wasserfluß schlagen *Metzig* und *Schuster* deshalb vor, sich einen Fluß von Menschenmassen durch ein Gebäude vorzustellen. Die Analogie hätte dann folgendes Bild:

Stromkreis		***Wegesystem im Gebäude***
Widerstand durch Spulen	➡	Länge, Verengungen
Stromstärke	➡	Anzahl der Menschen
Spannung	➡	Geschwindigkeit der Menschen
Generator	➡	keine Analogie möglich
Schalter	➡	Sperren, Tore

Wie man sieht, greift auch diese Analogie nicht in allen Fällen. Aber sie erlaubt es wenigstens, eine Leitungsunterbrechung plausibel darzustellen. Man könnte sogar noch das Phänomen von Ladungsanziehung und -abstoßung ins Spiel bringen, indem man das männliche und das weibliche Prinzip als eine Art »Ladungsträger« hinzunimmt.
Sie sehen, es ist manchmal gar nicht so einfach, eine treffende Analogie zu finden. Für die Zuhörer allerdings ist die Entscheidung des Redners für oder gegen eine bestimmte Analogie unter Umständen ausschlaggebend für ihre Meinungsbildung, d. h., sie kann dafür verantwortlich sein, ob sie ihm in seinen Ausführungen folgen oder nicht. So konnten z. B. *Gentner* und *Gentner* nachweisen, daß auch im obigen Beispiel die Zuhörer zu ganz unterschiedlichen Reaktionen neigen, je nachdem, ob man sie mit der Wasserfluß- oder mit der Menschenflußanalogie konfrontiert.
Faßt man einmal zusammen, was eine gute Analogie leistet, dann ergibt sich folgendes Bild (nach *Metzig / Schuster*):

- Analogien erlauben es, neues Wissen auf der Folie alten Wissens abzubilden und so ein optimales Lernklima herzustellen.
- Analogien fördern die Kreativität, indem sie es erleichtern, durch den Rückgriff auf altes Wissen Hypothesen über neue Sachverhalte aufzustellen.
- Analogien verbessern das Verständnis für den angesprochenen Wissensbereich, indem sie die Folgen von Eingriffen in das System plastisch offenlegen.

Es ist offensichtlich, daß das Finden einer geeigneten Analogie einiges an Geschicklichkeit und Kreativität verlangt, und in der Tat basieren auch viele Kreativitätstechniken auf der Idee der Analogiebildung. Genauso offensichtlich ist es aber auch, daß hierbei Menschen mit der Fähigkeit zum Bildermachen bevorteilt sind, weil es letztendlich auch hier darauf ankommt, verbale Sachverhalte in visuelle Modelle umzusetzen. So berichten selbst so berühmte Wissenschaftler wie *Albert Einstein* und *Johannes Kepler*, daß sie die Angewohnheit hatten, sich komplizierte Sachverhalte immer zuerst in einfachen Modellen vorzustellen. *Kepler* z. B., der die Analogien sogar als seine Lehrer bezeichnete, die die Geheimnisse der Natur kennen (nach *Polya*), verglich die Bewegung der Planeten mit einem Uhrwerk – im übrigen ein weiteres Beispiel dafür, wie einfache Analogien zu wissenschaftlichem Erfolg führen. Doch auch in der »ganz normalen Alltagspraxis« können sie gewinnbringend eingesetzt werden, etwa um eine komplizierte Bewegungsfolge zu erlernen.

Was hat das Skilaufen mit Bananen zu tun?
»Jeder, der das Skilaufen lernte, weiß, wie schwierig es ist, die Instruktionen: ›Knie zum Berg, Schulter zum Hang nach vorne beugen‹ sukzessive abzuarbeiten. Eine Analogie, wie ich sie einmal in einem Skibuch las, ist dagegen sehr hilfreich. Sie lautete: Bieg dich wie eine Banane. Wenn man sich an dieses innere Bild ›hält‹, macht man alles richtig. Die Vorstellung enthält gleichzeitig alle wichtigen Elemente, während eben in der kritischen Situation nicht genug Zeit ist, sich alle verbalen Instruktionen noch einmal ins Gedächtnis zu rufen, um die eigene Haltung zu korrigieren« (*Metzig/Schuster*).

Wie man zu Analogien gelangt und wie man die Analogiebildung üben kann

Es kommt nicht darauf an, aus den endlos ungelüfteten Gedächtnisspeichern und seinen Ad-hoc-Wörterfabriken alles, aber auch alles hervorzuholen. Es kommt nur darauf an, es im richtigen Moment hervorholen zu können.
(Dieter Zimmer)

Analogien zu finden ist nicht ganz einfach. Allerdings kann man es erstens – was wir weiter unten auch tun werden – regelrecht üben, und zweitens gibt es einige Kniffe, wie man gleichsam das Klima bereiten kann, in dem die Analogiebildung am besten gedeiht.

- Als erstes empfehlen wir Ihnen, sich einmal auf dem Gebiet der Kreativitätstechniken umzusehen. Geeignet sind z. B. alle Methoden, die auf das klassische Brainstorming zurückgehen, also etwa Brainwriting oder Quickstorming. Gehen Sie einfach so vor, wie es diese Methoden beschreiben, und hängen Sie anschließend eine weitere Phase an, in der Sie die gefundenen Ideen systematisch auf ihre Brauchbarkeit als Analogie hin überprüfen. Haben Sie einen ähnlichen Sachverhalt gefunden, dann übertragen Sie die einzelnen Elemente systematisch – wie wir es oben mit dem Stromfluß gemacht haben – in eine Tabelle. Dann müssen Sie nur noch überprüfen, ob auch alle Elemente passen oder ob die Analogie nicht doch noch, wie in unserem Beispiel, an einem entscheidenden Punkt versagt. Aber auch dann können Sie die Analogie unter Umständen noch fruchtbar einsetzen, indem Sie etwa auf diesen Fehler aufmerksam machen und an ihm ein bestimmtes Problem erklären.

- Eine zweite sehr fruchtbare Methode besteht darin, einfach ein Lexikon oder ein ähnliches Nachschlagewerk zur Hand zu nehmen und willkürlich eine Seite aufzuschlagen. Schauen Sie sich die Begriffe, die Sie dort finden, aufmerksam an, und überlegen Sie, ob sich mit ihnen zufällig eine brauchbare Analogie konstruieren läßt.

- Eine dritte Methode, Analogien zu finden, ist der Weg über den Oberbegriff. Auf diese Art und Weise könnten auch die Autoren des obigen Beispiels auf den Begriff des Wasserkreislaufs gekommen sein, d. h., man nimmt den Oberbegriff »Kreislauf« und klopft dann andere Kreisläufe, die einem einfallen (Brainstorming!), auf ihre Tauglichkeit hin ab. Das wären etwa neben dem Wasserkreislauf noch der Blutkreislauf, der Güterkreislauf usw.

- Eine weitere Methode – ähnlich der Lexikon-Methode – besteht darin, daß man einfach seine Umgebung inspiziert, ob sich in ihr etwas befindet, was einem als Anregung dienen kann. Schauen Sie sich doch einfach einmal in Ihrem Büro um. Achten Sie auf jede Kleinigkeit (gleichzeitig übrigens eine sehr gute Übung zum Thema »Beobachten und beschreiben«), und prüfen Sie kleinlich von Fall zu Fall, ob Sie etwas als Analogie gebrauchen können.

Im folgenden finden Sie einige Übungen, mit denen Sie Ihre Fähigkeiten, Analogien zu bilden, erweitern können. Sie basieren auf der Überlegung, daß es sich hierbei in der Hauptsache um Sprachfindungs- bzw. Wortfindungsprobleme handelt. Denn gerade, wenn Sie die oben genannten Techniken erfolgreich einsetzen wollen, sind Sie zwingend auf brauchbare *Assozia-*

tionen angewiesen. Assoziationen aber gelingen um so besser, je mehr Wörter Ihnen zur Verfügung stehen. Hier muß man jedoch zwischen dem *aktiven* und dem *passiven* Wortschatz unterscheiden. Wie groß diese im einzelnen bei einem durchschnittlich sprachgewandten Deutschen sind, ist umstritten und hängt immer auch von der Zählweise und Untersuchungsmethode ab. Fest scheint aber zu stehen, daß wir mit den ersten 1000 Wörtern unserer Sprache bereits 80 Prozent des Normalwortschatzes aller Normaltexte erfassen. Und die ersten 4000 Wörter, die wir beherrschen, machen bereits durchschnittlich 95 Prozent des Wortschatzes aller Normaltexte und Alltagsgespräche aus.
Von den geschätzten 400 000 bis 500 000 Wörtern der deutschen Sprache kennt der einigermaßen Sprachgewandte ungefähr 180 000. Das ist sein *passiver* Wortschatz. Hiervon *verwenden* die meisten Menschen *höchstens* zwischen 2000 und 20 000 Wörter, manche kommen sogar mit 400 aus, bei Goethe waren es 80 000, Adenauer soll mit 800 bis 1000 Wörtern ausgekommen sein. Als Durchschnitt gilt bei Akademikern die magische Grenze von 10 000 Wörtern.
Das ist der sogenannte *aktive* Wortschatz, der damit nur einen Bruchteil des passiven umfaßt. Das ist eigentlich schade. Denn der, der mehr Wörter zur Verfügung hat, kann auch schneller und bessere Bilder produzieren.
Der erste Weg hierhin ist das *bewußte Lesen*. Registrieren Sie doch in Zukunft einmal alle Begriffe, die Ihnen fremd sind oder die Sie nicht kennen, und schauen Sie dann einfach einmal nach, was sie bedeuten. Verwenden Sie hierzu Synonymwörterbücher und etymologische Lexika. Eine gute Hilfe bieten auch Thesauren, die heutzutage in fast jedes Textverarbeitungsprogramm integriert sind. Schauen Sie einfach z. B. bei der Abfassung von Reden öfter einmal hinein, und ersetzen Sie Ihr Standardrepertoire durch neue, für sie womöglich ungewohnte Begriffe. Gehen Sie dabei so vor, daß Sie immer den speziellen dem allgemeinen Ausdruck vorziehen. Sagen Sie nicht einfach »Hund«, sondern Dackel, Pudel, Köter, Pinscher oder Töle. Sagen Sie auch nicht einfach »Der Hund frißt«, sondern »Die Töle kaut, beißt, knabbert, zermahlt oder verschlingt«. Doch zuerst einmal bieten wir Ihnen einige Übungen hierzu. Solche Übungen sollte man immer wieder einmal machen, damit die eigene Ausdrucksweise variantenreicher und lebendiger wird.

Übung 1: Durch Bilder anschaulich machen

Treffsichere und anschauliche Analogien entstehen aus der Fähigkeit, eine »normale« Aussage mit dem Wörtchen »wie« um ein möglichst plastisches Bild zu erweitern. Hierbei gibt es naturgemäß keine richtigen oder falschen Lösungen, sondern nur anschaulichere, schönere, treffendere, interessantere, ausdrucksstärkere, einprägsamere, eindrucksvollere, effektvollere, farbigere, gehaltvollere, illustrativere, lebhaftere, phantasievollere, stimmungsvollere, wirkungsvollere ... Führen Sie bitte deshalb in diesem Sinne die folgenden Sätze möglichst anschaulich zu Ende. Beispiel: Der Polizist regelte den Verkehr wie ... (ein Roboter, ein wildgewordener Handfeger, vom Teufel besessen).

- Nach der Sauna wirkte sie frisch wie ...
- Seine Bewegungen sind so hölzern wie ...
- Das Essen war völlig ungenießbar. Der Braten z. B. war zäh wie ...
- Der Chef arbeitet wie ...
- Die Chefin schoß aus ihrem Sessel wie ...
- Nach dem Betriebsfest schwankte der Pförtner hin und her wie ...
- Die See tobte wie ...
- In ihrem Gesicht stand das blanke Entsetzen. Sie schaute uns an wie ...

Sie können die Bildung solcher Analogien üben, indem Sie sich angewöhnen, sich in Gesprächen – auch dann, wenn Sie nur zuhören – immer zu fragen, wie der Satz, der gerade geäußert wird, dann weitergehen könnte. Die meisten Aussagen enden eben immer *vorher*, also etwa: »Die See tobte.«

Übung 2: Logische Entsprechungen finden

In den folgenden beiden Übungen sind Sie nicht mehr so frei in Ihrer Entscheidung. Denn nun geht es darum, ein (ganz bestimmtes) Wort zu finden, das in einer analogen Beziehung zu einem anderen steht. Solche Beziehungen herzustellen, trainiert nicht nur das Sprachverständnis, sondern gleichzeitig auch das logische Denkvermögen. Aber beides ist natürlich auch nicht voneinander zu trennen... Ergänzen Sie nun bitte die Leerstellen der folgenden Tabelle so, daß sich zwei vollständige Wortpaare ergeben, die in einem analogen Verhältnis zueinander stehen. In der ersten Tabelle fehlt jeweils ein Begriff, der kaum gegen einen anderen austauschbar ist; in der zweiten fehlen dann bereits zwei Begriffe. Diese letzte Übung verlangt von Ihnen gleichzeitig noch etwas Kreativität, und es kann auch mehr als eine Lösung geben.

Beispiel:

Apfel	Schale	Körper	

Lösung: Der Apfel verhält sich zur Schale wie der Körper zur Haut.

Wort		Ton	Musik
Trauer	weinen		lachen
Stamm	Baum		Blume
Insel	Meer		Wüste
Milch	Butter	Korn	
Milch	Kuh		Schaf
Regen		Wasser	Eis
Meer	Wasser		Sand
Gewehr	Kugel	Bogen	
Sonne	Abendrot		Regenbogen
Körper	Skelett	Sprache	
Leiter	Sprosse		Stufe

Schwieriger wird es, wenn zwei Begriffe fehlen:

Rahmen			Fahrbahn
Brille			Fotoapparat
	Skelett		Chassis
Müdigkeit			Wasser
	Hochstimmung	Verlust	
Mensch		Volkswirtschaft	
Brille			Ohr
Schlüssel			Problem
Meer			Insel

Übung 3: Oberbegriffe finden

In der folgenden Übung geht es darum, zu drei vorgegebenen Begriffen den Oberbegriff zu finden. Dieser sollte so eng wie möglich sein. So ist es z. B. nicht schwer, für die Begriffe »Föhre, Fichte, Tanne« den Oberbegriff »Baum« zu finden. Noch einfacher wird die Angelegenheit, wenn Sie statt Baum »Pflanze« setzen oder sogar »Lebewesen«. Auch »Seiendes« wäre eine Möglichkeit. Und alle Oberbegriffe wären sogar korrekt; aber darauf kommt es nicht an. Es geht vielmehr um die nächsthöhere logische Ebene, in unserem Beispiel also »Nadelbäume«. Noch exakter wäre sogar »europäische Nadelbäume«. Versuchen Sie es mal.

	Oberbegriff
Löwe, Tiger, Hai	
Elefant, Nashorn, Nilpferd	
DM, Dollar, Scheck	
Buch Illustrierte, Flugblatt	
Lunge, Leber, Niere	
Aktentasche, Koffer, Glas	
Klasse, Familie, Verein	
Reh, Hirsch	
Trompete, Flöte, Fanfare	
Ziegel, Holz, Beton	
Berg, Hügel, Kuppe	

Übung 4: Sinnvolle Wortverbindungen finden

In dieser Übung geht es darum, jenes Wort zu finden, das mit den angegebenen Wörtern eine sinnvolle Verbindung eingehen kann. Das neu gefundene Wort soll die erste Hälfte der Wortverbindung ausmachen, muß aber auf alle vier Begriffe passen. Beispiel: »Personal«, »Vogel«, »Seil« und »Abfertigung« lassen sich alle mit dem Begriff »Zug« verbinden, also zu »Zugpersonal«, »Zugvogel«, »Zugseil« und »Zugabfertigung«. Es sollte Sie nicht irritieren, daß zwei der Wörter auch in anderer Reihenfolge einen Sinn ergeben (»Vogelzug«, »Seilzug«).

				Verbindendes Wort
Essen	Programm	Anzug	Land	
Bogen	Wasser	Menge	Schutz	
Fall	Not	Wüste	Sucht	
Pflanze	Linde	Mann	Fenster	
Schuhe	Tür	Anzug	Nummer	
Speicher	Problem	Punkt	Spaltung	
Schrift	Lage	Gang	Lande	
Ball	Ballett	Führer	Glas	
Steuer	Recht	Fürst	Maus	
Arm	Futter	Wagen	Spender	
Arzt	Park	Schau	Freund	
Füllung	Vergiftung	Stift	Bergwerk	
Werk	Bau	Not	Volk	
Zug	Pfand	Korb	Hals	
Wolle	Schere	Schule	Wart	
Laut	Glied	Leid	Tag	
Monat	Fest	Insel	Brauch	
Tuch	Weihe	Schmuck	Stange	
Spiel	Wechsel	Netz	Junge	
Frage	Bewußtsein	Bekenntnis	Schein	
Beamter	Haus	Beleg	Raub	
Wetter	Ziehen	Tropfen	Werk	
Werfer	Geschäft	Dasein	Heiligkeit	

Übung 5: Synonyme finden

In der nächsten Übung geht es um Synonyme, also um Begriffe mit ähnlicher Bedeutung. Wir geben Ihnen jeweils einen Begriff vor, zu dem Sie dann fünf weitere suchen sollen. Beispiel: Gegeben ist der Begriff »Kontrolle«. Mögliche Lösung: Überwachung, Inspektion, Durchsicht, Beaufsichtigung, Revision.

Dämmerung	
Beerdigung	
Auto	
Anführer	
Niederlage	
Anstifter	
Angst	
Chaos	
Befugnis	
intensiv	
Unverheirateter	
lässig	
Lampe	
bewerkstelligen	
korrekt	
interpretieren	
mischen	

Übung 6: Hauptwörter erweitern

Bilden Sie mit den unten stehenden Substantiven zusammengesetzte Hauptwörter, indem Sie eine zweite Worthälfte anhängen. Versuchen Sie, zu jedem Begriff zehn Erweiterungen zu finden. Beispiel: Gegeben ist der Begriff »Mutter«. Mögliche Lösung: Muttertag, Mutterkuchen, Mutterbild usw.

Vater-	
Fisch-	
Vogel-	
Fluß-	
Bahn-	
Glas-	
Nacht-	
Meister-	
Heimat-	
Fenster-	
Schuh-	
Kugel-	
Stern-	
Garten-	
Milch-	
Geld-	
Tier-	
Mund-	
Schluß-	

Übung 7: Eigenschaften zuordnen

In dieser Übung geht es darum, bestimmten Berufen charakteristische Eigenschaften und Fähigkeiten zuzuordnen. Stellen Sie sich hierzu vor, Sie seien Berufsberater. Welche Eigenschaften und Fähigkeiten müßten Ihrer Meinung nach die Menschen folgender Berufsgruppen haben? Finden Sie für jeden Beruf fünf.

Briefträger	
Rechtsanwalt	
Fotograf	
Lehrer	
Bäcker	
Sekretärin	
Bürgermeister	
Zahnarzt	
Reporter	
Verkäufer	

Übung 8: Wortbrücken bilden

In der nächsten Übung geht es darum, Wortbrücken von einem zum anderen Begriff zu bilden. Benutzen Sie hierzu mindestens drei, höchstens jedoch fünf neue Begriffe. Beispiel: Gegeben ist das Wortpaar »schwach – bunt«. Mögliche Lösung: schwach – eintönig – uni – ansehnlich – farbig – bunt.

neben	vorn	
halten	schweben	
ziehen	führen	
zurück	über	
zwischen	früh	
hart	reich	
senken	lachen	
allein	fertig	
sitzen	starten	
heben	zielen	
warten	spielen	
unter	eilig	
spät	vorbei	
immer	drüben	
stehen	fahren	
schwer	voran	
freundlich	bereit	
ideal	planen	

Die Übungen, die wir Ihnen hier vorgeführt haben, finden Sie so oder in Abwandlung in einer ganzen Reihe von Büchern zum Thema Denktraining, Gehirnjogging, Kreativitätstechniken usw. Sie sind auch Bestandteil vieler (auch populärer) Intelligenztests und funktionieren im Grunde genommen immer nach demselben Schema. Wir haben die vorstehenden aus den Büchern von *Rainer Fischer* und *Ernst Ott* entnommen.

Redefiguren

»Bunte, anschauliche Bilder, Anekdoten, Vergleiche oder raffinierte rhetorische Stilmittel« – schreibt *Altmann* – »findet man in den täglichen Reden und Vorträgen unserer Wirtschaftsführer so spärlich wie heute Gold in der (einst goldführenden) Isar.« Da mag er wohl recht haben. Dennoch fand er bei Recherchen in den Hauptversammlungs-Stenogrammen deutscher Aktiengesellschaften eine ganze Reihe von Redefiguren, die dort niemand vermutet hätte: Neben so »einfachen« Dingen wie der »rhetorischen Frage« und der »wörtlichen Rede« (ja, auch das sind Redefiguren!) auch Hyperbel, Wortspiel, Antithese, Metapher, Sustentio, Klimax, Ironie, Kette und Chiasmus.

Nun haben wir oben davon gesprochen, daß wir es – mit *Quintilian* – für wenig praktikabel halten, den Begriff der Redefigur (für die Redepraxis!) noch weiter auszudifferenzieren. Dabei wollen wir auch im folgenden bleiben. Dennoch müssen Sie natürlich damit rechnen, daß Sie in der Literatur auf solche Ausdifferenzierungen stoßen. Allerdings werden diese nicht einheitlich gehandhabt. So kann es Ihnen z. B. passieren, daß der Begriff der *Klimax* einmal als Wortfigur, ein anderes Mal als Satzfigur eingeführt wird. Außerdem taucht der Begriff der Gedankenfigur, den wir nolens volens der Redefigur zugeschlagen hatten, auch als eigenständige Kategorie auf. Daneben gibt es dann noch die bereits erwähnten Tropen sowie Sinnfiguren und Klangfiguren. Auch eine Grobunterteilung in Figuren des *lexikalischen* Bereichs und solchen des *syntaktischen* Bereichs ist uns begegnet. Der Duden schließlich unterscheidet zwischen Tropen, Wortfiguren und Gedankenfiguren.

Sie sehen, die Lage ist verworren, für uns ein weiterer Grund, die Redefiguren – mit Ausnahme der Metapher und der Analogie, die Sie ja schon kennengelernt haben – einfach alphabetisch zu sortieren. Dabei haben wir in den meisten Fällen die lateinischen und griechischen Bezeichnungen beibehalten. Natürlich sind die deutschen Übersetzungen weder schlechter noch unzutreffender – und selbstverständlich können Sie auch in Zukunft ruhig diese benutzen. Aber so haben Sie die fremdsprachlichen Termini auf jeden Fall einmal gehört, so daß es Ihnen bei entsprechender Gelegenheit leichter fallen wird, sie zu identifizieren.

Bei der Darstellung kommt es naturgemäß zu Überschneidungen. So stellt z. B. eine *Kette* immer auch eine *Klimax* dar, und eine *Anapher* hat immer auch die Form der *Wiederholung*. Umgekehrt ist aber nicht jede Klimax eine Kette und nicht jede Wiederholung bereits eine Anapher. Auch die *Wirkung* der verschiedenen Redefiguren ist u. U. ziemlich ähnlich. Dennoch können sie im praktischen Gebrauch nicht einfach ausgetauscht werden, ähnlich wie das ja auch bei Synonymen der Fall ist. Welche Redefigur (trotz ähnlicher Wirkung) letztendlich eingesetzt wird, entscheidet in der Regel der

Kontext, in dem sie erscheint. Allerdings sind einige Figuren – wie z. B. die Anapher – von Natur aus unproblematischer zu verwenden als andere. Als Beispiel nennen wir hier nur die Hyperbel, die zwar ein starkes rhetorisches Mittel darstellt, deren allzu häufiger Gebrauch aber auch schnell dazu führen kann, eine Rede nachhaltig zu *beschädigen*. Den gleichen Effekt erreichen Sie übrigens auch, wenn Sie Ihre Rede allzusehr mit Redefiguren überfrachten. Auf das richtige Fingerspitzengefühl kommt es also an.
Ein ausgezeichnetes Beispiel für dieses Fingerspitzengefühl stellt die Antrittsrede Präsident *Kennedys* dar, über die sein langjähriger Mitarbeiter Schlesinger schrieb (nach *Altmann*): »Keine *Kennedy*-Rede wurde so oft umgeschrieben wie diese. Jeder Absatz und jeder Satz wurden immer wieder neu formuliert, überarbeitet und gekürzt.« Die folgende Aufstellung zeigt, welche Aufmerksamkeit auch den Details und ihrer Formulierung zukam.

Wie Präsident Kennedy _seine Antrittsrede verfeinerte_

Erster Entwurf

Wir feiern heute nicht den Sieg einer Partei, sondern das Symbol der Demokratie.
Jeder von uns, ob er ein Amt hat oder nicht, nimmt teil an der Verantwortung, diese schwierigste aller Gesellschaften auf den Weg der Selbstdisziplin und der Selbstregierung zu führen.

Zweiter Entwurf

Wir feiern heute nicht den Sieg einer Partei, sondern einen Konvent der Freiheit.
In euren Händen, meine Mitbürger, mehr noch als in den meinen, liegt der Erfolg oder der Fehlschlag unseres beschlossenen Kurses.

Dritter Entwurf

Wir begehen heute nicht den Sieg einer Partei, sondern ein Fest der Freiheit.
In euren Händen, meine Mitbürger, mehr noch als in den meinen, wird die Entscheidung liegen, ob unser Kurs zum Erfolg führt oder scheitert.

Wir haben die folgende Liste unterteilt nach den Kategorien *Übersetzung* (falls nötig), *Beschreibung, Wirkung* und *Beispiel(e)*, wobei die Erläuterungen der Rubrik »Beschreibung« teilweise auch das *Konstruktionsprinzip* der jeweiligen Redefigur enthalten, also die *Technik*, mit der sie »hergestellt« werden kann. Einige der Redefiguren haben wir bereits in *Rede und Rhetorik* vorgestellt; die Beispiele stammen zum Teil aus der Literatur.

Akkumulation	
Übersetzung:	Anhäufung, Sammlung, Speicherung, Überschuß
Beschreibung:	Anhäufung von Begriffen unter Weglassen des verbindenden Oberbegriffs. Der Redner ordnet seine Botschaften so an, daß dem Publikum alle für seine (des Redners) Sache günstigen Fakten gesammelt vor Augen stehen. Dies geschieht gewöhnlich am Schluß der Rede, z. B. in Form eines Resümees. Hierbei kann es sich auch um die Akkumulation von *Beispielen* handeln.
Wirkung:	Durch die nachbarschaftliche Anordnung der Botschaften entsteht eine eigene Ordnung, die es dem Zuhörer erleichtert, sich zu erinnern. Die Erinnerung wird dabei noch dadurch verstärkt, daß die Sprache durch den Wegfall des Oberbegriffs einen gewissen Rhythmus erhält.
Beispiel(e):	• »Nebel verhüllt / Die Straße / Die Pappeln / Die Gehöfte und / Die Artillerie« (B. Brecht). • »Nun ruhen alle Wälder, Vieh, Menschen, Stadt und Felder.«

Allegorie	
Übersetzung:	das Anderssagen – eigentlich: auf einer Volksversammlung reden
Beschreibung:	Die Allegorie stellt eines der bedeutendsten Mittel bei Vorträgen dar. Der Redner versucht, einen meist abstrakten Begriff, Vorgang oder Sachverhalt zu verdeutlichen, indem er mehrere Metaphern zu einer einheitlichen Darstellung verschmilzt. Hierzu werden die einzelnen Bestandteile der Metaphern noch weiter ausdifferenziert. Deren Sinn muß dann allerdings vom Publikum durch *Deutung* erschlossen werden – was wegen der Bildhaftigkeit der Allegorie nicht immer einfach ist, zumal diese häufig im Gewand des Gleichnisses (z. B. in Form einer *Personifikation*) daherkommt.
Wirkung:	Allegorien zielen auf eine Aktivierung der Geistestätigkeit, genauer: auf die Anregung der Phantasie des Publikums. Wegen ihrer Bildhaftigkeit sind sie hervorragend dazu geeignet, das Kopf-Kino im Gehirn des Zuhörers in Gang zu setzen.
Beispiel(e):	• »Gebildete Menschen haben eine Bibliothek. Sie haben Kasten und Schränke voll geistiger Nahrung . . . Der Gebildete ist in dieser Beziehung ein Vielfraß« (*Polgar*). • die Darstellung des Todes durch einen Sensenmann • »Es kommt ein Schiff geladen / bis an sein' höchsten Bord, / trägt Gottes Sohn voll Gnaden, / des Vaters ewig's Wort. // Das Schiff geht still im Triebe, / es trägt ein teure Last, / das Segel ist die Liebe, / der Heilig' Geist der Mast« (Adventslied).

Alliteration	
Übersetzung:	Stabreim ad literas (auf die Buchstaben)
Beschreibung:	Die Alliteration ist ein Spiel mit Buchstaben. Sie entsteht, wenn die Anlaute zweier oder mehrerer aufeinanderfolgender Wörter (meistens sind es die betonten Silben) identisch sind oder zumindest ähnlich klingen.
Wirkung:	Eine Alliteration verleiht einer Rede einen gewissen poetischen Anstrich und würzt sie mit einer gewissen (Sprach-)Melodie. Weil sie für die Zuhörer besonders leicht zu merken sind, eignen sich Alliterationen vor allem für Kernsätze, Botschaften und Appelle.
Beispiel(e):	• »Erfolgreiche Redner studieren ständig Sprecher.« • »Winterwinde wichen dem Wonnemond« (*Richard Wagner*). • »Sie müssen endlich Mietpreise möglich machen« (*Joschka Fischer*).

Allusion	
Übersetzung:	Anspielung
Beschreibung:	Die Allusion bringt *andeutungsweise* Gedanken, Personen, Gegenstände, Situationen oder Sachverhalte der Vergangenheit ins Spiel, auf die der Redner jedoch *bewußt* nicht näher eingeht.
Wirkung:	Die Allusion ist ein hervorragendes Mittel, das Kopf-Kino des Zuhörers einzuschalten: Versteht er sie, bleibt ihm eigentlich gar nichts anderes übrig, als mitzudenken. Ein großer Teil der Wirkung entsteht dabei dadurch, daß der Zuhörer auf den ersten Blick eigentlich nie genau weiß, ob er auch tatsächlich das gesamte Ausmaß der Intention des Redners erfaßt hat oder ob sich womöglich noch mehr dahinter verbirgt, als sich auf den ersten Blick offenbart. Dies kommt einem heimlichen Appell gleich, auch noch *diesen* versteckten Sinn zu entdecken. Hierbei kann der Redner auf die Wirkung des sogenannten Haloeffekts setzen, der dafür sorgt, daß rede*fremde* Bewußtseinsinhalte – also solche, die mit den gerade gehörten unmittelbar nichts zu tun haben – den aktuellen Redetext einfärben. Hierdurch werden beim Zuhörer Gefühle mobilisiert, die mit der aktuellen Rede eigentlich gar nichts zu tun haben – die aber gleichwohl das Urteilsvermögen des Zuhörers beeinflussen bzw. beeinträchtigen.
Beispiel(e):	• »Es gibt drei Arten von verwerflichem Stolz, nämlich Stolz auf die Geburt, Stolz auf Reichtümer und Stolz auf Talente. Über die dritte Sünde werde ich mich nicht weiter auslassen, da unter euch niemand ist, der sie auf dem Gewissen haben dürfte« (*Jonathan Swift*).

	• »Unsere Gegner sind Kader und Funktionäre, die aus der Geschichte dieses Jahrhunderts nichts dazugelernt haben« (*Helmut Kohl*). • »Es gibt im wesentlichen zwei Arten der Kriege. In dem ersten macht sich ein Volk auf, um das andere, das besser und wärmer wohnt, aufzufressen. Davon hat die Weltgeschichte Beispiele genug und vielleicht in ihrem Zukunftsarchiv noch einige schwarze oder gelbe Blätter bereit« (*v. Seeckt*).

Amplifikation	
Übersetzung:	Steigerung, Vergrößerung, Erweiterung
Beschreibung:	Die Amplifikation stellt ein elementares Verfahren der Rhetorik dar, das eigentlich in jeden Redeteil paßt. Sie entsteht, indem man eine Aussage möglichst kunstvoll über das unmittelbar zum Verständnis Nötige hinaus erweitert.
Wirkung:	Durch die Erweiterung erfährt das Gesagte eine wesentlich stärkere Betonung und Steigerung. Zudem wird die visuelle Vorstellungskraft des Zuhörers dadurch aktiviert, daß ihm die *Relationen* des Gesagten *plastisch* vor Augen treten – gleichsam ein innerer Flip-Chart-Anschrieb.
Beispiel(e):	»Eine Untat ist es, einen römischen Bürger zu fesseln, ein Verbrechen, ihn zu schlagen, fast Verwandtenmord, ihn zu töten, wie aber soll ich es nennen, einen Bürger ans Kreuz zu schlagen?« (*Cicero*).

Anadiplose	
Übersetzung:	Verdoppelung
Beschreibung:	Hierbei handelt es sich um eine Sonderform der *Epanalepse*. Das Wort am Ende eines Teilsatzes (eines Verses, einer Wortgruppe) wird am Anfang des nächsten Teilsatzes (des nächsten Verses, der nächsten Gruppe) wiederholt.
Wirkung:	Die Wirkung der Anadiplose besteht hauptsächlich in der semantischen oder klanglichen Verstärkung des entscheidenden Wortes, dessen Gewicht dadurch unterstrichen wird.
Beispiel(e):	• »Gesagt bedeutet nicht gehört. Gehört bedeutet nicht verstanden. Verstanden bedeutet nicht einverstanden. Einverstanden bedeutet nicht angewandt. Angewandt bedeutet nicht beibehalten.« • »Fern im Süd' das schöne Spanien, Spanien ist mein Heimatland« (*Geibel*).

Anapher (Anaphora)	
Übersetzung:	Erhebung, Aufsteigen
Beschreibung:	Wiederholung eines oder mehrerer syntaktisch beherrschender Wörter am Anfang aufeinanderfolgender Sätze, Satzteile, Verse, Strophen oder Wortgruppen.
Wirkung:	Durch Verwendung der Anapher werden im Gehirn des Zuhörers schon vorhandene, ähnlich strukturierte Gedächtnisinhalte abgerufen. Hierdurch entsteht ein Wiedererkennungswert, der eine emotionale Nähe zwischen der alten und der neuen Information evoziert. Die Anapher wirkt daher sehr eindringlich. Zudem wird die Sprache rhythmisch.
Beispiel(e):	• »Er sah Unrecht und versuchte, es zu beseitigen. Er sah Leiden und versuchte, es zu lindern. Er sah Krieg und versuchte, ihn zu beenden« (*E. Kennedy* über seinen ermordeten Bruder *Robert*). • »Ich denke dabei an die vielen ehrenamtlich Tätigen ... Ich denke an die Soldaten der Bundeswehr und an unsere Polizeibeamten ... Ich denke an Handwerksmeister und -meisterinnen ebenso wie an Forscher und Entdecker ... Ich denke an die Bauern ... ebenso wie an die Industriearbeiter ... Ich denke an die Väter und Mütter ...« (*Helmut Kohl*, Regierungserklärung 1994). • »Was wir denken, ist nachgedacht, was wir tun, ist chaotisch, was wir sind, ist unklar« (*Thomas Bernhard*).

Anekdote	
Übersetzung:	nicht aus dem Haus gegeben, unverheiratet noch nicht Herausgegebenes, Unveröffentlichtes
Beschreibung:	Kurze, oft witzige, meist mündlich überlieferte Geschichte in Form eines kleinen Genrebildes, die dazu geeignet ist, eine bekannte (historische) Persönlichkeit, aber auch eine bestimmte soziale Schicht, eine bestimmte Zeit usw. besonders gut zu charakterisieren. Diese Geschichte muß jedoch nicht unbedingt »verbürgt« sein.
Wirkung:	Die Wirkung entsteht hauptsächlich dadurch, daß es sich bei der Anekdote tatsächlich um eine kleine *Geschichte* handelt. Sie ist in der Regel nicht nur besonders anschaulich, sondern auch heiter und lockert die Rede dadurch auf. Sie kann allerdings auch zur Spannungssteigerung eingesetzt werden. Zudem prägen sich Anekdoten durch ihre Bildhaftigkeit und ihren Erzählcharakter gut beim Publikum ein. Besonders geeignet sind sie für den Anfang einer Rede.

Beispiel(e):	• Als ein Gast zu *Churchill* meinte, ihm sei durch seine Herkunft und durch seine gesellschaftlichen Verbindungen der Aufstieg von Natur aus leichtgefallen, antwortete dieser: »Das mag sein. Aber vergessen Sie nicht, daß ich ein fürchterliches Handicap zu tragen hatte: Meine Anfangsbuchstaben waren *W. C.*« • Als der Komponist und Pianist *d'Albert* zum vierten Mal heiratete, wurde *Johannes Brahms* gefragt, ob er die neue Gattin kennenlernen wolle. Daraufhin *Brahms*: »Die überspringe ich« (*d'Albert* war insgesamt sechsmal verheiratet). • Nach einem gelungenen *Bach*-Konzert und vielen Vorhängen sagte der ermüdete *Hans v. Bülow*: »Meine Herrschaften, wenn Sie mit dem Beifall nicht endlich aufhören, spiele ich die große Bach-Fuge noch einmal.« Das wirkte!

Ankündigung

Beschreibung:	Man weist den Zuhörer auf eine bestimmte – wichtige! – Passage der Rede hin.
Wirkung:	Eine Ankündigung erzeugt Spannung und lenkt die Erwartungshaltung des Publikums in eine bestimmte Richtung. Dem Redner steht hiermit ein Ordnungselement erster Güte zur Verfügung.
Beispiel(e):	»Gegen Ende meiner Ausführungen werde ich Ihnen verraten, wie ich hierauf gekommen bin.«

Anruf

Beschreibung:	Die Technik der Marktschreier. Der Redner spricht die Zuhörer direkt an.
Wirkung:	Der Anruf hat oft eine stark suggestive Wirkung und sollte trotz seines simplen Konstruktionsprinzips nicht unterschätzt werden. Immerhin operieren auch viele Werbesprüche so.
Beispiel(e):	»Das ist das Zaubermittel für Sie!«

Antiklimax

Übersetzung:	Gegenleiter
Beschreibung:	Die Antiklimax stellt eine Umkehrung der Klimax dar, also eine Reihung wertmäßig *fallender* Begriffe, etwa vom stärkeren zum schwächeren oder vom wichtigeren zum unwichtigeren Ausdruck.
Wirkung:	Die Intensität der Aussage nimmt stufenweise ab. Hierdurch wird vielfach ein witziger Effekt erzeugt.

Beispiel(e):	• »Ein Diplomat ist ein Mann, der zweimal nachdenkt, bevor er nichts sagt« (*Winston Churchill*). • »Doktoren, Magister, Schreiber und Pfaffen« (*Goethe*).

Antithese	
Übersetzung:	Gegensatz, Entgegenstellung; Gegenüberstellung
Beschreibung:	Zusammenstellung entgegengesetzter Begriffe oder Aussagen, die formal möglichst gleich gestaltet sind. Man erzeugt einen besonders großen Kontrast zwischen zwei Aussagen und stellt dabei die eigene Intention an die zweite Stelle. Der Gegensatz muß einleuchten, sollte aber für den Zuhörer überraschend kommen. Die Antithese kann die Gestalt eines Satzes, einer Wortgruppe oder auch eines Einzelwortes haben und sowohl substantivische als auch verbale oder adjektivische Form annehmen.
Wirkung:	Die Wirkung der Antithese beruht darauf, daß der erzeugte Gegensatz dem Zuhörer *unmittelbar* bewußt wird und so die angesprochenen Gegebenheiten oder Sachverhalte besonders plastisch hervortreten. Sie ist deshalb hervorragend dazu geeignet, Bilder im Kopf des Zuhörers zu erzeugen, die noch dazu eingesetzt werden können, die Spannung der Rede zu steigern.
Beispiel(e):	• »Die deutsche Frage ist so lange offen, wie das Brandenburger Tor zu ist« (*Richard v. Weizsäcker*). • »Wenn er aufhört, über uns Lügen zu verbreiten, werden wir aufhören, über ihn die Wahrheit zu sagen« (*H. Wilson* über *E. Heath*; ebenso *Adlai Stevenson* über die Republikaner). • »Es ist das Geheimnis des Agitators, sich so dumm zu machen, wie seine Zuhörer sind, damit sie glauben, sie seien so gescheit wie er« (*Karl Kraus*). • »Armut ist ein Luxus, den sich die Welt nicht leisten kann« (*Gonzalo Sanchez de Lozada*). • »Folgten wir der Tradition, lebten wir noch immer in Höhlen, folgten wir nur dem Fortschritt, wäre das bald wieder der Fall« (*Leszek Kolakowski*).

Antonomasie	
Übersetzung:	anders benennen, einen neuen Namen geben
Beschreibung:	Ersetzung eines Eigennamens durch einen Beinamen oder eine Umschreibung, wobei es besonders darauf ankommt, daß diese ein Kennzeichen oder eine herausstechende Eigenschaft des Benannten enthält.

Wirkung:	Die Antonomasie trägt enorm zur Bebilderung einer Rede bei und hat einen großen Unterhaltungswert.
Beispiel(e):	• Black Penny = *Schwarz-Schilling* • der Korse = *Napoleon* • der Dichterfürst = *Goethe* • die eiserne Lady = *Margaret Thatcher*

Aposiopese	
Übersetzung:	Verstummen
Beschreibung:	Bewußter Abbruch der Rede oder eines begonnenen Satzes vor der entscheidenden Aussage – die dann verschwiegen wird (früher oft religiös motiviert). Mit der Aposiopese – die sogar ausdrücklich angekündigt werden kann – hat der Redner also ein Instrument zur Hand, das es ihm erlaubt, den Zuhörern zu verstehen zu geben, daß er zu verschweigen beabsichtigt, was ihnen unangenehm oder peinlich ist oder was ihre Schamgrenze verletzen könnte. Wie alle starken Stilfiguren nutzt sich die Aposiopese allerdings schnell ab und sollte deshalb auch nur sparsam eingesetzt werden.
Wirkung:	Da das, was man *nicht* sagt, oft noch die besondere Aufmerksamkeit der Zuhörer erweckt, hat die Aposiopese u. U. einen durchschlagenden Erfolg. Einzige Bedingung ist nur, daß es der Redner versteht, seine Vorstellungen so zu präsentieren, daß das Publikum das, was er nicht sagt, in Gedanken selbst ergänzt. Die Aposiopese kann also auch dazu dienen, die u. U. bereits verblaßte Neugier des Publikums noch einmal neu anzuregen. Sie ist damit auch ein hervorragendes Instrument zur Motivationssteigerung.
Beispiel(e):	• »Ab hier schweigt der Genießer.« • »Die Achtung vor den Opfern gebietet es, an dieser Stelle zu schweigen.« • »Nie würde ich es wagen, dies laut auszusprechen.«

Assoziation	
Übersetzung:	Vereinigung, Verbindung, Beigesellung, Zusammenschluß
Beschreibung:	Verknüpfung von Vorstellungen, von denen die eine die andere hervorruft. Hierzu nennt der Redner *bewußt* einen (meist gefühlsbeladenen) Begriff, der beim Zuhörer eine bestimmte Vorstellung erzeugen soll.
Wirkung:	Die Assoziation löst bestimmte Gedankeninhalte und Gefühle aus, ohne diese selbst zu benennen.
Beispiel(e):	»eine fürstliche Entlohnung«

Asyndeton	
Übersetzung:	nicht zusammengebunden
Beschreibung:	Eine Form der Aufzählung, bei der eine Wort- oder Satzreihe nebeneinandersteht, ohne daß deren Glieder durch Konjunktionen verbunden sind (siehe auch Polysyndeton).
Wirkung:	Das Asyndeton klingt leicht atemlos und deutet oft auf eine hohe Erregung des Sprechers hin. Allerdings kann der diesen Effekt auch gezielt einsetzen, etwa um Dramatik zum Ausdruck zu bringen.
Beispiel(e):	• »Alles rennet, rettet, flüchtet« (*Friedrich Schiller*). • »Ich kam, ich sah, ich siegte.«

Ausruf	
Beschreibung:	Der Ausruf ersetzt in der Rede eine Behauptung. Deshalb eignet er sich auch besonders für die Meinungsrede. Allerdings sollte er nicht zu häufig eingesetzt werden, da sonst der Redner Gefahr läuft, als hysterisch, demagogisch oder affektiert eingeschätzt zu werden.
Wirkung:	Der Ausruf wirkt sehr eindringlich und drückt in der Regel auch eine echte Gemütsbewegung aus. Stilistisch kann er – sparsam eingesetzt – eine Rede durchaus sehr beleben.
Beispiel(e):	• »Geben wir uns keinen Illusionen hin, meine Damen und Herren!« • »Das lassen wir uns von Ihnen nicht bieten!« • »Dazu sage ich nur: Keine Experimente, meine Damen und Herren!«

Beispiel	
Beschreibung:	Das Beispiel wird eingesetzt, um eine allgemeine These zu beweisen oder eine allgemeine Feststellung zu veranschaulichen. Ziel ist es, über das Erzählen einer kleinen Geschichte ein neues Verhältnis zur Sache herzustellen. Dies erreicht der Redner am besten dadurch, daß er sich die Frage stellt: Wie zeigt sich der allgemeine und abstrakt formulierte Gedanke in der Wirklichkeit? Beispiele sind also vor allen Dingen dann angebracht, wenn das Wissensgefälle zwischen Redner und Publikum groß ist. Neben den positiven gibt es auch negative und fiktive Beispiele. Bei den negativen zeigt man auf, was geschieht, wenn man das Gegenteil tut; bei den fiktiven stellt man Vermutungen darüber an, was wohl geschehen könnte (oder geschehen wäre), wenn ein bestimmtes Ereignis eingetreten wäre.

Wirkung:	Beispiele wirken besonders anschaulich und sind daher auch sehr unterhaltend. Sie erfüllen auf geradezu ideale Weise das Bedürfnis der Zuhörer nach Erlebnissen. Aus dieser Eigenschaft erwächst auch ihre didaktische Funktion: Sie sind im allgemeinen wesentlich eindringlicher als der allgemein formulierte Sachverhalt.
Beispiel(e):	• »Es ist Fronleichnam, die große Stadt am Rhein kocht, als seien unter dem Pflaster die Röhren nicht mit Wasser und Gas, sondern mit Feuer gefüllt« (*Otto Flake*). • »Der alte *Rockefeller* verdiente in der Woche mehr als eine Million Dollar, konnte aber für sein Essen nur fünf Dollar ausgeben, da er krank war und von Gemüsebrei und Kartoffelpüree leben mußte.«

Chiasmus	
Übersetzung:	Kreuzstellung (nach dem griechischen Buchstaben chi, der die Form eines Kreuzes hat)
Beschreibung:	Gegenteil des Parallelismus: spiegelbildliche Anordnung von gegensätzlichen Begriffen, die unmittelbar nebeneinanderstehen. Besonders geschickt ist es, wenn der zweite Begriff den Sinnhöhepunkt der Aussage bildet. Häufig wird der Chiasmus auch mit einer Antithese verbunden (siehe das Beispiel von *Goethe*).
Wirkung:	Der Chiasmus wirkt eindringlich und abwechslungsreich und erhöht effektiv die Prägnanz der Darstellung. Ein großer Teil der Wirkung geht auch von der Rhythmisierung der Sprache aus, die gleichzeitig für Abwechslung in der Sprachmelodie sorgt und so ebenfalls zur Kurzweil beiträgt.
Beispiel(e):	• »Ihr Leben ist dein Tod! Ihr Tod dein Leben« (*Schiller, Maria Stuart*). • »Wer viel redet, erfährt wenig« (russischer Spruch). • »Der Preis ist klein, doch groß ist der Genuß.« • »Frage nicht, was dein Land für dich tun kann, sondern vielmehr, was du für dein Land tun kannst« (*Kennedy*). • »Die Kunst ist lang, und kurz ist unser Leben« (*Goethe*).

Chiffre	
Übersetzung:	Null, Ziffer
Beschreibung:	Die Chiffre ist dadurch charakterisiert, daß sie innerhalb eines bestimmten Bedeutungszusammenhanges immer wieder auftaucht und nur von einem Autor auf die gleiche Art und Weise verwendet wird. Deshalb muß sie vom Leser oder Zuhörer immer zuerst »entziffert« werden.

Wirkung:	Die Chiffre bürgt für einen hohen Wiedererkennungswert. Dies kann unter Umständen sehr wichtig sein. Denn mit der Zeit – das zeigen Untersuchungen (*Ricchio*) – sind wir nicht mehr in der Lage, bestimmte Charakteristika oder Einzelheiten zu erinnern. Je größer der Abstand wird, desto mehr verblassen auch die Details. Für den Redner entscheidend ist: Wenn auch die *Details* verblassen, der *Gesamteindruck* bleibt hängen – und zwar positiv. Darauf ist zurückzuführen, daß wir geneigt sind, über Menschen, denen wir einmal begegnet sind, freundlich zu denken, selbst dann, wenn wir mit ihnen negative Erfahrungen gemacht haben oder wenn wir uns gar nicht mehr an Einzelheiten erinnern können.
Beispiel(e):	• die Farbe »Blau« im Zusammenhang mit »Wild« und »Steppe« bei *Georg Trakl* • *Udo Latteks* Pullover während seiner Zeit beim 1. FC Köln • *Riesenhubers* Fliege

Commutatio	
Übersetzung:	Veränderung, Umschlag, Wechsel
Beschreibung:	Form der Antithese, wobei in diesem Fall eine Vertauschung der Glieder vorgenommen wird, um den Gegensatz noch schärfer zuzuspitzen.
Wirkung:	Mehr noch als die Antithese eignet sich die Commutatio dazu, besonders plastische Vorstellungen und Bilder im Kopf des Zuhörers zu erzeugen. Sie ist also ein hervorragendes Mittel zur Erzeugung von Emotionen.
Beispiel(e):	»Wenn *Antonius* Konsul ist, ist *Brutus* Feind; wenn *Brutus* Bewahrer der Republik ist, dann ist *Antonius* Feind« (*Cicero*).

Complexio	
Übersetzung:	Verbindung
Beschreibung:	Kombination aus Anapher und Epipher.
Wirkung:	Die Complexio verbindet das insistierende Moment der Anapher mit dem Nachdenklichen der Epipher und mildert so beides ab.
Beispiel(e):	»Er war von der griechischen Kultur eingenommen wie kein zweiter, er war von der griechischen Bildung durchdrungen wie kein weiterer.«

Concessio	
Übersetzung:	Bewilligung
Beschreibung:	Mit der Concessio geht der Redner scheinbar auf das gegnerische Argument ein, das er noch einmal als richtig und für die eigene Sache ungünstig darstellt. Im Anschluß daran widerlegt er jedoch dieses Argument, indem er mit einer überraschenden Wendung der Argumentation kommt.
Wirkung:	Die Concessio wirkt auf den Zuhörer oft ironisch und verleiht dem, der sie benutzt, leicht den Gestus des Überlegenen. Das liegt natürlich auch daran, daß das eigene Argument dadurch, daß man das gegnerische vorher ausdrücklich als schlagend anerkannt hat, um so wirkungsvoller erscheint.
Beispiel(e):	»Ich gebe zu, daß Raser schneller am Ziel sind, und sicherlich stimmt es, daß heutzutage Zeit Geld ist. Aber für diejenigen, die erst einmal gegen einen Brückenpfeiler oder einen Baum gekracht sind, spielt das bestimmt keine Rolle mehr.«

Conciliatio	
Übersetzung:	Vereinigung, Verbindung, Gewinnung der Zuhörer
Beschreibung:	Offensichtliche Gegensätze werden zuerst sprachlich miteinander verbunden und dann auf einer höheren Ebene ausgesöhnt. Dadurch kann der Redner ein Argument der Gegenpartei zum eigenen Nutzen einsetzen, also z. B. Vorwürfe entkräften oder Lob in Tadel und Tadel in Lob ummünzen.
Wirkung:	Die Wirkung der Conciliatio liegt vor allem im Überraschungseffekt.
Beispiel(e):	• »Es wurde behauptet, A sei zwar geizig, aber nicht habgierig; er würde nie stehlen, was er schon besäße. Ich sage darauf: Dem Geizigen gebricht es ebenso an dem, was er hat, wie an dem, was er nicht hat.« • »Dieser Plan soll einem kranken Gehirn entsprungen sein. Und du wunderst dich nicht im geringsten, daß einem kranken Gehirn so vortreffliche Ideen entspringen können?«

Correctio	
Übersetzung:	Berichtigung
Beschreibung:	Berichtigung eines gewählten, aber zu schwach oder zu nüchtern erscheinenden Ausdrucks, der deshalb durch einen dramatischeren oder drastischeren ersetzt werden soll. Es kann aber auch ein übertriebener oder anstößiger Ausdruck wieder zurückgenommen werden

Wirkung:	Die Correctio stellt für den Redner ein mächtiges Instrument dar. Durch die scheinbare Unterbrechung des Satzes und die ebenso scheinbare Besinnung des Redners auf eine andere sprachliche Variante entsteht der Eindruck überlegener Reflexion, d. h., *obwohl* sich der Redner in seiner Rede korrigiert, erscheint er dem Publikum kompetenter. Und in der Tat bietet die Correctio dem Redner ja die Gelegenheit, seine sprachliche Kompetenz zu beweisen.
Beispiel(e):	• »Ich meine, ich hoffe, nein, ich bin sicher« (*W. Brandt*). • »Das – meine Damen und Herren – nenne ich Leidenschaft. Was heißt Leidenschaft, das ist Raserei!« • »Die ganze Abteilung ist ein einziger Saustall! Entschuldigung ... aber etwas mehr Ordnung wäre nicht schlecht.«

Definition	
Übersetzung:	Begriffsbestimmung
Beschreibung:	Genaue Bestimmung eines Gegenstandes durch Auseinanderlegung und Erklärung seines Inhaltes, bei der es gewöhnlich um Unterscheidungen geht. Definitionen sind Vereinbarungen zwischen Menschen und/oder Parteien und können deshalb niemals wahr oder falsch sein. Allenfalls sind sie zweckmäßig oder unzweckmäßig, geeignet oder ungeeignet, d. h., es ist auch eine Interpretation im Parteisinn möglich. Für den Redner bedeutet dies, daß er gelegentlich auch einen Begriff des Gegners definieren kann, um zu zeigen, wie verschwommen und widersprüchlich dessen Terminologie ist.
Wirkung:	Die Wirkung einer Definition auf Zuhörer kann sehr widersprüchlich sein. Auf der einen Seite erweckt sie häufig den Anschein von Kompetenz, auf der anderen Seite kann sie aber auch oberlehrerhaft wirken. Aber immer ist sie ein guter Ausgangspunkt für Auseinandersetzungen (siehe oben). Auf jeden Fall sollte sich ein Redner bereits *vor* der Rede überlegen, wie er strittige Begriffe (in seinem Sinne) definiert.
Beispiel(e):	»Was aber *ist* soziale Marktwirtschaft? Unter sozialer Marktwirtschaft – meine Damen und Herren – verstehe ich ein System, das zwar den Kräften des Marktes im Sinne von Angebot und Nachfrage entspricht, das aber gleichwohl eine soziale Komponente enthält, die selbst wiederum *nicht* vom Markt gesteuert wird.«

Diärese	
Übersetzung:	Trennung, Zerlegung
Beschreibung:	Zerlegung eines Oberbegriffs in die ihm untergeordneten Begriffe, jedoch nicht im Sinne einer genaueren Definition, sondern durch *Detaillierung*. Man schildert einen Sachverhalt in allen Einzelheiten und malt ihn dabei so bilderreich wie möglich und unter Verwendung zahlreicher Beispiele aus. Im Grunde genommen handelt es sich hierbei um eine Versinnlichung von Wörtern, denn das, was man diäretisch schildert, ließe sich mit nur *einem* treffenden Wort womöglich ebenso sagen . . .
Wirkung:	Wer die Diärese benutzt, wirkt stark auf die Einbildungskraft seiner Zuhörer ein. Sie ist ein mächtiges Instrument, im Publikum Gefühle hervorzurufen, seien es Gefühle des Abscheus oder der Bewunderung.
Beispiel(e):	»Auf allen Dörfern und Märkten, in allen Städten und auf allen Plätzen, ja im ganzen Land werden wir dafür sorgen, daß diese Menschen in Deutschland keinen Einfluß mehr erlangen!«

Dialogismus	
Übersetzung:	Wechselrede
Beschreibung:	Fingiertes Frage-und-Antwort-Spiel zur Weckung oder Erhaltung der Spannung. Der Redner richtet – gleichsam im Selbstgespräch – eine oder mehrere Fragen an sich selbst und beantwortet sie auch.
Wirkung:	Der Dialogismus macht einen Vortrag lebendig. Ob er will oder nicht, jeder im Publikum, der die Fragen hört, wird sie sich selbst heimlich beantworten – und ist damit ebenfalls Teil eines Dialogs.
Beispiel(e):	• »An wem liegt es, wenn die Unterdrückung bleibt? – An uns. An wem liegt es, wenn sie zerbrochen wird? – Ebenfalls an uns« (*B. Brecht, Lob der Dialektik*). • »Sie fragen: Was ist unsere Politik? Ich erwidere: Unsere Politik ist, Krieg zu führen zu Wasser, zu Lande und zur Luft . . . Sie fragen: Was ist unser Ziel? Ich kann es in einem Wort nennen: Sieg – Sieg um jeden Preis, Sieg trotz allem Schrecken, Sieg, wie lang und beschwerlich der Weg dorthin auch sein mag« (*Winston Churchill*, Antrittsrede als Premierminister 1940).

Distinctio	
Übersetzung:	Unterscheidung
Beschreibung:	Ein Wort wird in einer allgemeinen Bedeutung eingeführt und dann in einem emphatischen Sinne »verdichtet«.
Wirkung:	Der Verdichtungsvorgang bewirkt eine Steigerung der Intention; u. U. auch eine Wendung ins Ironische.
Beispiel(e):	• »Aus welchem Chaos der Mensch hervorgegangen ist, wirst du begreifen, wenn du es noch nicht weißt (...). Aber was du niemals wissen wirst, das ist die Länge der Zeit, welche der Mensch daran arbeiten mußte, ein Mensch zu werden« (*André Gide*). • »Ein mit diesen geschlossener Friede wird kein Friede sein, sondern ein Pakt der Knechtschaft« (*Cicero*).

Ellipse	
Übersetzung:	das Zuwenig, der Mangel
Beschreibung:	Auslassung von Redeteilen (häufig des Verbs), die für das Verständnis eines Textes entbehrlich sind, die jedoch leicht aus dem Bedeutungszusammenhang ergänzt werden können. Sie kann auch eingesetzt werden, um eine Erregung des Sprechers zum Ausdruck zu bringen oder etwas (schamhaft) zu verschweigen. Sie ist ein Spiel mit der Intelligenz des Publikums, das ja die Auslassung ergänzen muß.
Wirkung:	Die Ellipse dient der Betonung des Wichtigen, bewirkt aber andererseits auch eine Beschleunigung der gesamten Darstellung. Durch beides wird die Rede lebendiger und dynamischer.
Beispiel(e):	• »So war er, (und) so starb er, (und) so wird er leben für alle Zeit« (*Grillparzer*). • »Der (Täter) oder die Täter sollen sich melden.« • »Karl fährt nach Italien, Wilhelm (fährt) an die Nordsee.« • »(Ich habe) keine Zeit.« • »Je schneller (du kommst), desto besser (ist es).« • »Ein Freund riet mir, Rattengift im Garten zu streuen. Ich ging auf den Vorschlag ein. Meine Hecke auch« (*Werner Finck*).

Emphasis, Emphase	
Übersetzung:	Nachdruck, Kraft des Ausdrucks, darin sichtbar machen
Beschreibung:	Akustische Anreicherung eines wiederholten Wortes durch leidenschaftliche und schwunghafte (Über-)Betonung. Meist wird eine präzise Bezeichnung durch eine weniger präzise, jedoch mit größerem Bedeutungsumfang versehene Bezeichnung ersetzt. In diesem Fall soll durch die sprachliche Ungenauigkeit eine Thematik zusätzlich verschleiert werden – was noch dadurch unterstützt wird, daß der Redner dazu angeleitet ist, mit großer Geste zu sprechen.
Wirkung:	Die Emphase soll auf die Zuhörer sehr eindringlich und sollte deshalb auch nur mit Vorsicht eingesetzt werden, zumal sie in der Regel immer dazu führt, daß das betonte Wort einen für es ungewöhnlichen Sinn erhält. Gerade dadurch aber wird der Zuhörer angehalten, diesem Wort entweder eine gegenüber der üblichen Konnotation eingeschränkte oder eine erweiterte Bedeutung zu verleihen.
Beispiel(e):	»Er ist ein *Mensch*, meine Damen und Herren« kann zwei Bedeutungen haben, je nachdem, wie es gesprochen wird: einmal im Sinne von »Er ist nur ein *schwacher* Mensch«, ein anderes Mal im Sinne von »Er ist immerhin ein *Mensch*, nicht irgendein *Tier*«.

Epiphora, Epipher	
Übersetzung:	Hinzufügung, Andrang
Beschreibung:	Wiederholung eines Wortes oder einer Wortgruppe am Ende aufeinanderfolgender Sätze oder Satzteile (Umkehrung der Anapher).
Wirkung:	Die Epipher wirkt besonders eindringlich, und der Redner, der sie benutzt, hinterläßt beim Publikum oft eine Stimmung der Nachdenklichkeit.
Beispiel(e):	• »Wenn man es kennt, ist es ein lebendiges Wesen, das Wort. Denn es ist mehr als ein Wort: Im Anfang war es, das Wort, und Gott ist das Wort« (*Victor Hugo*). • »Er will alles, kann alles, tut alles.«

Epitheton ornans	
Übersetzung:	das Hinzugefügte, schmückendes Beiwort
Beschreibung:	Ein typisierendes Beiwort, das zwar eigentlich nur schmückenden Charakter hat, das aber formelhaft immer wiederkehrt.

Wirkung:	Das Epitheton ornans führt zur Verstärkung eines Substantives in genau diejenige Richtung, die das Substantiv sowieso schon hat. Dadurch wird die Aussage zwar redundant, aber auch blumenreicher. Wir halten das Epitheton ornans so lange für sinnvoll, solange es nicht aus einem allzu platten Pleonasmus besteht.
Beispiel(e):	• rotes Blut • grüne Wiese • brennendes Problem

Euphemismus	
Übersetzung:	Sprechen glückbedeutender Wörter, Schönfärbung
Beschreibung:	Man besetzt Reizwörter mit sinngemäß gleichen, aber positiv(er) besetzten und beschönigenden Begriffen.
Wirkung:	Die Wirkung besteht hauptsächlich darin, daß Negatives verschleiert wird und unangenehme Aussagen entschärft oder sogar in ihr Gegenteil verkehrt werden.
Beispiel(e):	• »thermische Verwertung« statt »Müllverbrennung« (*K. Töpfer*) • »Anpassung der Abwassergebühren« statt »Preissteigerung« • »Freisetzung« statt »Entlassung« • »Zweitfrisur« statt »Perücke« • »Klärgut« statt »Klärschlamm«

Evidentia	
Übersetzung:	Deutlichkeit, in die Augen springend
Beschreibung:	Die Evidentia hat das Ziel, dem Publikum eine Situation buchstäblich vor Augen und Ohren zu führen. Hierzu zerlegt der Redner einen Vorgang regelrecht in seine Bestandteile, indem er genau auf möglichst viele Details eingeht und dabei versucht, mit ihnen ganz gezielt die Sinne der Zuhörer anzusprechen. Sprachlich gelingt dies am besten im Präsens, und zwar unabhängig davon, ob das Ereignis in der Vergangenheit oder in der Zukunft spielt. Auch die direkte Rede sowie eine möglichst genaue Beschreibung des Ortes tragen zur Veranschaulichung bei und sind deshalb sehr zu empfehlen.
Wirkung:	Die Evidentia spricht besonders gut das bildliche Vorstellungsvermögen der Zuhörer an. Das Publikum wird durch sie gleichsam zum Augenzeugen gemacht und erlebt die Szenerie direkt mit.

Beispiel(e):	»Ich ging am Kanal spazieren. Es war an einem herrlichen Sommernachmittag. Alles war friedlich und still. Da springt plötzlich eine vermummte Gestalt hinter einem Busch hervor und entreißt mir die Handtasche. Ich rufe: ›Was soll das?!‹ und ›Zu Hilfe!‹ Aber da macht der Kerl schon kehrt und ist auf und davon. Ich blieb verdutzt zurück.«

Expolitio	
Übersetzung:	die Ausmalung, das Ausschmücken, das Glätten, das Abputzen, der Anstrich
Beschreibung:	Die Expolitio ist in gewisser Weise eine Vorstufe der *Paraphrase* und findet sich sowohl in der öffentlichen Schriftsprache (also etwa in Zeitungsartikeln) wie auch in Ansprachen und Vorträgen. Sie entsteht, wenn der Redner seine Kernthese (das können auch mehrere Thesen sein) mitsamt den dazugehörigen Nebengedanken in einer anderen Variante wiederholt, um sie auf diese Weise noch weiter auszugestalten. Eine Expolitio in einfacher Form liegt aber auch bereits dann vor, wenn der Redner seinen Kernsatz einfach im Wortlaut – nun aber wesentlich eindringlicher gesprochen – wiederholt.
Wirkung:	Die Expolitio ist ein ausgezeichnetes Instrument, den *Gefühlswert* einer Aussage zu steigern. Der Redner kann hierzu auf der ganzen Klaviatur der Synonyme spielen und seinen Hauptgedanken auch mit neuen Nebengedanken, Gründen, Argumenten, Vergleichen, Beispielen und Schlußfolgerungen anreichern.
Beispiel(e):	»Noch hat die Sonne, dem nassen Schoße des Meeres entstiegen, nicht sechsmal ihre Toilette gemacht, noch nicht sechsmal ihren gewöhnlichen halsbrecherischen Spaziergang über das Gebälke des Himmels zurückgelegt und dann hinter den fernen Gebirgen Verstecken gespielt; oder, dichterisch zu reden, noch sind keine sechs Tage verflossen, da . .« (*Johann Joseph Görres*).

Fictio Personae	
Übersetzung:	Bildung (Gestaltung) von Personen, Personifikation
Beschreibung:	Die Fictio Personae ist eine Redefigur (hier tatsächlich besser: Gedankenfigur), bei der leblose Dinge, aber auch Begriffe und Götter sowie jede Art von Abstracta zum Leben erweckt werden, eine Sprache erhalten und sich dann recht menschlich benehmen.

Wirkung:	Heute wirkt die Fictio Personae auf viele Menschen kindisch, übertrieben und unpassend oder einfach komisch. In der Tat besteht die Gefahr, ein Pathos zu erzeugen, das nicht mehr zeitgemäß ist. Anders sieht es allerdings aus, wenn es sich um eine Rede handelt, die von vornherein als witzig und komisch geplant ist. Ein Redner mit Erfahrung kann dann alle Freiheiten nutzen, die ihm diese Figur erlaubt, um eine geistvolle und spritzige Rede zu halten. Schließlich ist sie belebend und ausgezeichnet geeignet fürs Kopf-Kino. Einzige Grenze ist dann der gute Geschmack.
Beispiel(e):	• »Damals feierten wir ein rauschendes Fest. Als ich zu später Stunde in mein Bett kroch, grunzten mir die Kissen ein hämisches ›Wohl bekomm's‹ zu, bevor ich in einen tiefen Schlaf fiel.« • »Die CDU führt mit der FDP die Braut direkt von der Intensivstation zum Traualtar« (*Norbert Blüm*). • »Autos lieben Shell« (Werbespruch).

Geminatio	
Übersetzung:	Verdoppelung
Beschreibung:	Sofortige (wörtliche) Wiederholung des gleichen Wortes oder der gleichen Wortgruppe an einer beliebigen Stelle im Satz.
Wirkung:	Die Geminatio übt eine starke Suggestionswirkung auf das Publikum aus. Es gibt sogar Verkaufstrainer, die behaupten, eine Verdoppelung der Begriffe bringe eine Verdreifachung der Wirkung. Das ist natürlich empirisch nur schwer nachweisbar, fest steht aber, daß die Geminatio die Behaltensquote des Gesagten deutlich erhöht.
Beispiel(e):	• »Seid einig, einig, einig« (*Schiller*). • »Keiner, keiner hat hierzu das Recht!« • »Das *war einmal, war einmal*, ihr Männer von Athen.«

Gradatio ➡ siehe Klimax

Hendiadyoin (Hendiadys)	
Übersetzung:	eins durch zwei
Beschreibung:	Zusammenschluß von zwei Synonymen. Möglich ist auch die Ersetzung eines Attributs durch eine reihende Verbindung mit »und« (besonders beliebt in der Antike; siehe die letzten beiden Beispiele).

Wirkung:	Das Hendiadyoin dient vor allem der Stärkung der Ausdruckskraft. Man sollte jedoch genau prüfen, ob es in der konkreten Redesituation nicht doch zu schwerfällig wirkt. Ansonsten aber eine gute Figur, um eine Rede lebendiger zu machen.
Beispiel(e):	• Hilfe und Beistand • Zuflucht und Rettung • bitten und flehen • »die Masse und die hohen Berge« statt »die Masse der hohen Berge« • »Aus Bechern und Gold trinken wir« statt »Aus goldenen Bechern trinken wir«

Homonymie	
Übersetzung:	gleicher Name
Beschreibung:	Homonyme sind Wörter, deren Gestalt zwar identisch, deren Bedeutungen aber verschieden sind (im Volksmund bekannt unter dem Namen »Teekesselchen«).
Wirkung:	Homonyme dienen vor allem der Unterhaltung und dem intellektuellen Genuß. Wer Spaß an der Sprache hat, wird sie mit Freude vernehmen. Der Redner hat hier also die Möglichkeit, seinen intellektuellen Witz zu beweisen, und das Publikum hat Kurzweil. Wer es schafft, seine Botschaft in einer Homonymie unterzubringen, kann sicher sein, daß sie gut behalten wird. Der Effekt liegt auf dem Kampf der Bilder im Gehirn.
Beispiele:	• der Gehalt vs. das Gehalt • die Bänke vs. die Banken • den Sand sieben vs. die Zahl Sieben • das Gebäudeschloß vs. das Türschloß • der Heide vs. die Heide • »Es ist traurig, in welche Umstände einen andere Umstände versetzen können! Was für Wochen hab' ich erlebt, seit meine Mutter in die Wochen kam!« (*Büchner, Leonce und Lena*). • »Nun war es an Großmütterchen, herzlich zu lachen. Überhaupt zeichnete sich unser Garten durch Lachen aus – besonders nach starken Regenfällen« (*Heinz Erhardt*).

Hyperbaton	
Übersetzung:	Wortversetzung
Beschreibung:	Das Hyperbaton beschreibt eine Abweichung von der üblichen Wortstellung, genauer: die Trennung zweier im Satz eng zusammengehörender Wörter durch den Einschub eines normalerweise nicht dort hingehörenden Satzteils.
Wirkung:	Mit dem Hyperbaton erreicht der Redner zuallererst eine größere Spannung im Satz. Denn der Hörer wartet ja schließlich darauf, wie es wohl weitergeht. Hyperbata gefährden allerdings auch die Verständlichkeit des Textes und sollten deshalb nicht allzuoft eingesetzt werden. Gut zu gebrauchen sind sie auch, wenn bestimmte Wörter besonders stark betont werden sollen, ohne daß der Redner sie wiederholen möchte. Der Philosoph *Adorno* hat sogar einmal zugegeben, daß er diese Redefigur – für die er in gewissen Kreisen geradezu berühmt war – absichtlich immer dann einsetzte, wenn er vermeiden wollte, daß die Leser über einen wichtigen Gedanken hinweggehen, weil der Satz so glatt und gewohnt daherkam.
Beispiel(e):	»Wenn er ins Getümmel mich von Löwenkriegen reißt« (*Goethe*).

Hyperbel	
Übersetzung:	Darüberhinauswerfen, Übertreibung
Beschreibung:	Eine starke Übertreibung, die allerdings für den Zuhörer erkennbar sein sollte. Der Redner formuliert eine Aussage extremer (eventuell bis zur Unglaubwürdigkeit), als er dem Sinne nach sagen will. Gewagte Hyperbeln sollten deshalb u. U. mit einer vorsichtigen Einführungsformel (»wenn man so sagen darf«, »geradezu«) abgemildert werden.
Wirkung:	Wenn auch die Hyperbel oftmals zu einer Verzerrung der Tatsachen führt, so ist sie doch hervorragend dazu geeignet, Dramatik zu erzeugen. Sie rüttelt Zuhörer auf und macht die Aussagen des Redners prägnanter. Gleichzeitig trägt sie mit zur Veranschaulichung bei. Die Hyperbel besitzt in der Regel eine hohe ästhetische Qualität, die aber gerade deshalb auf ein gefühlsmäßiges Engagement des Redners (z. B. auf Begeisterung) verweist.
Beispiel(e):	• »Kann ich Armeen aus dem Boden stampfen? Wächst mir ein Kornfeld aus der flachen Hand?« (*Schiller, Jungfrau von Orleans*). • »Die Franzosen wären mit einer deutschen Bundeswehr schon einverstanden. Aber sie möchten am liebsten eine deutsche Armee, die kleiner ist als ihre eigene, jedoch größer als die der Sowjetunion« (*F. Sieburg* zur Frage der deutschen Wiederaufrüstung).

	• »Auch wir werden verfolgt von den Grünen und der SPD und haben deshalb noch lange keinen Asylanspruch« (*O. Wiesheu*). • »Mit Leder hat Mutter Natur Millionen Jahre experimentiert – was sind da zehn Jahre Erprobung von Synthetikmaterialien« (Stimme aus der Schuhmacherbranche, nach *Altmann*). • »Ein Pazifist ist einer, der sich totschießen läßt, um zu beweisen, daß der andere ein Aggressor gewesen ist« (*Ludwig Marcuse*).

Hysteron-Proteron	
Übersetzung:	Das Spätere ist das Frühere.
Beschreibung:	Vorwegnahme eines Ereignisses, das begrifflich oder zeitlich später angesetzt ist.
Wirkung:	Der Effekt ist ähnlich wie beim Hyperbaton: Das Publikum ist überrascht – und damit wieder aufmerksam.
Beispiel(e):	»Laßt uns sterben und uns in die Feinde stürzen« (*Vergil*).

Interrogation	
Übersetzung:	Befragung
Beschreibung:	Eine (meist rhetorische) Frage, auf die man sich und dem Publikum die Antwort selbst gibt, da man annehmen kann, daß die Antwort für jeden klar ist. Die Interrogation wird formuliert und intoniert wie eine echte Frage.
Wirkung:	Mit der Interrogation bezieht der Redner zunächst die Zuhörer in seinen Gedankengang ein. Er stellt eine Beziehung zu ihnen her und lenkt sie heimlich auf das Redeziel hin. Mit Interrogationen kann man wachrütteln, weil Fragen fast immer die Aufmerksamkeit des Zuhörers aktivieren. Sie zwingen ihn gleichsam dazu, sich die Antwort selbst zu geben. Wenn die Interrogation geschickt eingesetzt wird, hat der Zuhörer zudem – wie etwa der Zuschauer beim Fernsehquiz – die Befriedigung, richtig geantwortet zu haben. Allerdings kann der Redner mit der Interrogation auch Hilflosigkeit vortäuschen und so das Publikum gleichsam um Rat fragen. Damit suggeriert er ihm, daß gegen das von ihm Vorgetragene eigentlich gar nichts einzuwenden sei.
Beispiel(e):	• »Können wir wirklich davon ausgehen, daß jeglicher technischer Fortschritt immer auch ein Fortschritt in der Behandlung gesellschaftlicher Themen darstellt? – Ich meine nein.« • »Soll das etwa bereits die ganze Wahrheit gewesen sein? Das kann ich mir beim besten Willen nicht vorstellen.« • »Wie kann ich Ihnen das nur am besten erklären? Versuchen wir's einmal so.«

Ironie	
Übersetzung:	Verstellung, geheuchelte Unwissenheit, Spott
Beschreibung:	Ironie ist immer dann im Spiel, wenn zwischen dem, was der Redner weiß, und dem, was er sagt, eine Diskrepanz herrscht. Insofern bedeutet Ironie immer eine Verstellung – die soweit gehen kann, daß der Redner mit feinem verdecktem Spott das Gegenteil von dem ausspricht, was er meint. Möglich ist aber auch, daß er das, was er sagt, unter dem auffälligen Schein der eigenen Billigung lächerlich macht. Da Ironie nur wirkt, wenn sie für das Publikum als solche erkennbar ist, sollte der Redner sie nur einsetzen, wenn er sich seiner Sache sehr sicher ist und zudem noch die Sympathie des Publikums auf seiner Seite hat. Dann jedoch stehen ihm Tür und Tor offen. Er kann gleicherweise mit der großzügigen Geste der Bescheidenheit loben wie auch mit souveräner und gelassener Überlegenheit tadeln. Er kann gleicherweise den Gegner bloßstellen wie sich selbst mit einem gewissen Understatement in ein gutes Licht setzen. Das berühmteste Beispiel hierfür ist die Rede des *Marc Anton* nach der Ermordung *Cäsars*, in der er immer wieder den Satz äußert: »Und *Brutus* ist ein ehrenwerter Mann.« Daß überhaupt Ironie im Spiel ist, erkennt der Zuhörer in der Regel entweder aus dem Kontrast, in dem die Äußerung zum Kontext der Rede steht, oder aber aus ihrem Widerspruch zur Person und/oder zur Situation des Sprechers. Das ist auch der Grund dafür, daß eine ironische Bemerkung in der einen Situation angebracht sein kann, in der anderen aber nicht. Handelt es sich um ein Streitgespräch, kann man drei Situationen unterscheiden: 1. Der Redner verheimlicht seine persönlichen Ansichten, um später seinen Widersacher um so deutlicher bloßzustellen. 2. Der Redner tut so, als stimme er mit der Meinung des anderen überein, um sie später desto effektvoller zu widerlegen. Besonders geschickt ist dann die Bumerang-Technik: »Sie haben selbst gesagt ...« Im selben Sinne kann man sich auch von der Meinung des Gegners allein durch besondere Betonung distanzieren. 3. Ist der Gegner überlegen, versucht der Redner, ihn mittels Ironie in Verwirrung zu stürzen, um sich so als rhetorischer *David* aus seiner Verteidigungsposition heraus gegenüber *Goliath* zu behaupten. Er setzt dabei auf das Publikum (das dieses Spiel natürlich durchschauen muß), dem ein solches »Spiel« in aller Regel viel Vergnügen bereitet und das deshalb u. U. bereit ist, ihn als schlagfertigen und geistvollen »Kämpfer« auf das Siegerpodest zu hieven.

Wirkung:	Die Ironie stellt eines der wichtigsten Mittel dar, um die Integrität und Glaubwürdigkeit eines Menschen in Zweifel zu ziehen. Gleichzeitig ist sie ein hervorragendes Mittel der Kritik und damit auch des Angriffs. Der Sprecher erscheint oft als spielerisch überlegen und hat gute Chancen, die anderen lächerlich erscheinen zu lassen.
Beispiel(e):	• »Ein Mensch von unaufdringlicher Intelligenz.« • »Sie haben in Ihrem Geschäftsbericht mindestens 12 leere Seiten drin. Dabei haben Sie soviel auszusagen. Aber ich finde einfach, Papier ist zu teuer; und außerdem sollte man nicht unnütz Bäume fällen, wenn man Papier einsparen kann!« (HV *Thyssen* AG; nach *Altmann*). • »Ändern Sie nur ja nicht Ihre Gewohnheiten! Sie wollen doch nicht etwa gesund leben!«

Isocolon ➡ siehe Parallelismus

Katachrese	
Übersetzung:	mißbräuchliche Anwendung, Mißbrauch, Bildbruch, Stilblüte
Beschreibung:	Eine Katachrese entsteht dann, wenn man nicht zusammengehörende Metaphern unzulässigerweise miteinander vermischt. Dann nämlich verblaßt die Wirkung der Bilder, weshalb die Katachrese von manchen auch als »gelöschte Metapher« bezeichnet wird. Die Vermischung kann absichtlich oder unabsichtlich erfolgen.
Wirkung:	Sofern die Katachrese zur Umgangssprache gehört, kann ihre Verwendung beim Publikum ein gewisses Vertrautheitsgefühl erzeugen. Das bezieht sich jedoch in der Regel auf die absichtlich eingesetzten Bilder. Anders ist es bei den unabsichtlich eingesetzten. Hier entsteht meist eine unfreiwillige Komik, die sowohl positiv als auch negativ auf den Redner zurückschlagen kann.
Beispiel(e):	• »Er pflückte Kartoffeln.« • einen Unfall bauen • »Das schlägt dem Faß die Krone ins Gesicht.« • »*Keith Gatlin*, der wegen einer Platzwunde am Kopf, die genäht werden mußte, zuletzt fehlte, soll wieder als Spielmacher die Fäden ziehen« (*Westfalenpost*).

Kette	
Beschreibung:	Man verbindet sinngemäß – wie in einem Dominospiel – inhaltlich miteinander in Beziehung stehende Redeteile, wobei inhaltlich eine Steigerung bis zum letzten Glied der Kette erfolgt. Hierbei greift ein Gedankenglied in das andere, aber erst das letzte klärt den Zuhörer über den vollen Sinn auf.
Wirkung:	Die Kette ist ein starkes Instrument, um – manipulativ! – das Denken der Zuhörer in eine bestimmte Richtung zu lenken. Sie dient in diesem Sinne der Bewußtseinsbildung. Aufgrund ihrer Struktur ist sie aber auch ausgezeichnet geeignet, um eine bestimmte Spannung aufzubauen und zu steigern.
Beispiel(e):	• »Wir folgen dir, weil wir dir glauben; wir glauben dir, weil wir dich kennen.« • »Der Einsichtige beherrscht sich selbst. Wer sich selbst beherrscht, bleibt charakterfest. Wer charakterfest ist, läßt sich nicht aus der Ruhe bringen. Wer sich nicht aus der Ruhe bringen läßt, kennt keine Traurigkeit. Wer keine Traurigkeit kennt, ist glücklich: Mithin ist der Einsichtige glücklich, und kluge Einsicht genügt zum glücklichen Leben« (*Seneca*). • »Jedesmal, wenn die Regierung eine neue Autonorm erläßt, benimmt sie sich wie ein Elefant, der auf eine Wachtel tritt und dann den Schaden wiedergutmachen will, indem er sich auf ihr Nest setzt, um die Eier warm zu halten« (South Carolina Automobile & Truck Assocation, nach *Altmann*).

Klimax	
Übersetzung:	Leiter, das Angelehnte
Beschreibung:	Bei der Klimax handelt es sich im Grunde genommen um eine fortgeschrittene Anadiplose, in der ein schwacher Ausdruck durch (sinngemäße) Wiederholung durch einen stärkeren ersetzt wird. Ein Gedanke wird dabei immer wieder variiert oder von Schritt zu Schritt vervollständigt. Dabei ist es unerheblich, ob dies in einem oder in mehreren Sätzen geschieht. Eine Klimax kann – ähnlich wie die Kette – auch eine logische Gedankenkette nur *vortäuschen*.
Wirkung:	Der auffallendste Effekt der Klimax liegt in einer Steigerung der Spannung. Darüber hinaus erfüllt sie jedoch auch die Funktion, dem Publikum Schritt für Schritt eine Aussage *einleuchtender* zu machen, wobei es der durchaus intendierte Nebensinn ist, sie in einem Schritt auch *beeindruckender* und *attraktiver* erscheinen zu lassen.

Beispiel(e):	• »Die Einheit Europas war ein Traum weniger, sie wurde eine Hoffnung für viele, sie ist heute eine Notwendigkeit für uns alle« (*K. Adenauer*, 1954). • »Wie steigert man Versprechungen? – Grundform: Versprechungen des Bräutigams auf dem Standesamt. Komparativ: Versprechungen von Politikern vor den Wahlen. Superlativ: Versprechungen des Managements vor Fusionen« (HV *Audi-NSU*, nach *Altmann*). • »Ich habe dem Königtum den Krieg erklärt, ich habe es ... geschlagen, ich habe es ... getötet und den Königen einen Königskopf als Fehdehandschuh hingeworfen!« (*Danton*).

Lautmalerei	
Beschreibung:	Sprachliche Bildungen, deren Klang einen bestimmten vorhandenen Laut wiedergibt.
Wirkung:	Die Lautmalerei wirkt sehr plastisch und regt fast von selbst das bildhafte Denken an, indem der auditive Kanal gleichsam ohne Umweg »bedient« wird.
Beispiel(e):	• summen • japsen • kläffen • »ottos mops klopft / otto: komm mops komm / ottos mops kommt / ottos mops kotzt / otto: ogottogott« (*Ernst Jandl*).

Litotes	
Übersetzung:	Ironie, Untertreibung
Beschreibung:	Eine Litotes entsteht, wenn man etwas an sich Positives durch doppelte Verneinung oder Verneinung des Gegenteils beschreibt. Hierdurch erreicht man eine verstärkte (oft ironisierende) Hervorhebung des Gesagten, weil die Verneinung in der Regel mehrere Bedeutungen zuläßt (»nicht arm« kann sowohl »wohlhabend« wie auch »reich« bedeuten).
Wirkung:	Genaugenommen handelt es sich bei der Litotes um eine Kombination aus Emphase und Ironie. Von ersterer hat sie die steigernde, von letzterer die verschleiernde Wirkung. Sie eignet sich dadurch ausgezeichnet als Anspielung oder als Bescheidenheitsfloskel. Auch als rhetorisches Mittel gegen übertriebene Äußerungen eines anderen ist sie hervorragend einzusetzen.

Beispiel(e):	• Er sagt, er sei Staatsbürger eines nicht unbedeutenden Landes. • Wir haben nicht wenig gelacht. • Herr Müller ist nicht ohne Talent. • Das kommt beim Chef nicht gerade oft vor (= sehr selten). • Diese Maßnahme ist sicherlich nicht die klügste (= fast die dümmste).

Metonymie	
Übersetzung:	Wortersetzung; Namensvertauschung, gemäß einem Namen
Beschreibung:	Die Metonymie ist eine Form der Metapher, bei der eine reale Beziehung zwischen dem Bezeichneten und dem verwendeten Wort hergestellt wird: Die Person steht für eine Sache, das Gefäß für einen Inhalt, der Ort für eine Person, die dort lebt, der Grund für die Folge, das Abstraktum für das Konkretum, das Symbol für das Gemeinte usw. Hierbei werden Ursache und Wirkung oder Produzent und Produkt ausgetauscht.
Wirkung:	Die Wirkung der Metonymie entsteht aus der großen Strahlkraft der realen Begriffe. Sie ist eine Figur der Phantasie, der märchenhaften Sprache – und insofern ein echtes rechtshirniges Instrument. Aber Vorsicht: Bei einer nüchternen Rede kann der häufige Gebrauch der Metonymie dazu führen, daß der Zuhörer die Rede *emotional* im Reich der Poesie ansiedelt. Folge: Er wird sie nicht mehr so ernst nehmen.
Beispiel(e):	• »Goethe lesen« • »die Macht der Krone« • »Sterblicher« statt »Mensch« • »Stahl« statt »Dolch« oder »Messer« • »Er ist ein richtiger Judas.« • »der Allmächtige« statt »Gott« • das »Hohe Haus« • »Treffen wir uns doch auf ein Glas im ›Otto's‹.« • »Ich schrieb ihm einen ärgerlichen Brief« (= ich bin ärgerlich und schreibe ihm einen entsprechenden Brief). • Unsere Nachbarn haben gestern die Ringe gewechselt.

Oxymoron	
Übersetzung:	das Scharfdumme, scharfsinniger Stumpfsinn
Beschreibung:	Das Oxymoron ist formal eine Zuspitzung der Antithese: die Verbindung zweier Vorstellungen oder Begriffe, die sich eigentlich ausschließen oder widersprechen. Diese Verbindung kann entweder aus einem Additionswort bestehen oder als rhetorische Figur erscheinen.

Wirkung:	Der Effekt des Oxymorons besteht im Grunde genommen aus einer Irritation. Soll der Zuhörer wirklich voll erfassen, was ihm der Redner da auftischt, benötigt er zuerst einmal Zeit. Im übrigen aber ein ausgezeichnetes Mittel, um reale Widersprüche auszudrücken.
Beispiel(e):	• bittersüß • Eile mit Weile • alter Knabe • weißer Rabe • beredtes Schweigen • »Was ich will, das kann ich nicht; was ich kann, das will ich nicht.« • törichte Weisheit

Paradoxon	
Übersetzung:	Scheinwiderspruch, Seltenheit, Ausnahme, Nebenmeinung
Beschreibung:	Eine scheinbar falsche Aussage (oft in Form einer Sentenz oder eines Aphorismus), die aber bei genauerer Analyse auf eine höhere Wahrheit hinweist. Das Paradoxon bringt eine besondere ästhetische Qualität in die Argumentation.
Wirkung:	Ein Paradoxon dient zunächst einmal der Aufmerksamkeitserregung. Insofern ist es ein Mittel, Zuhörer »bei der Stange« zu halten. Langzeitwirkung erhält es zudem dadurch, daß es sehr anschaulich wirkt und eine Aussage so sehr einprägsam macht.
Beispiel(e):	• »Karriere macht man mit den Bonmots, die man unterläßt.« • »Nichts dauert so lange wie ein Provisorium« (französisches Sprichwort).

Parallelismus	
Übersetzung:	Entsprechung, Vergleich
Beschreibung:	Formal das Gegenteil des Chiasmus, verlangt der Parallelismus einen inhaltlich und grammatisch gleichmäßigen und klaren Bau von Satzgliedern oder Sätzen. Der besondere Reiz des Parallelismus liegt darin, daß diese Satzglieder und Sätze sich in Rhythmus und Gestalt gleichen, ohne identisch zu sein.
Wirkung:	Der Parallelismus ist *das* Instrument, wenn es darum geht, Dinge oder Ereignisse – und sei es auch nur symbolisch – eng zusammenrücken zu lassen und/oder sie in eine Beziehung zueinander zu setzen. Eine ästhetische Wirkung entsteht noch zusätzlich dadurch, daß sich diese Dinge oder Ereignisse dann gleichsam gegenseitig beleuchten. Bei häufiger Benutzung dieser Redefigur besteht allerding die Gefahr der Eintönigkeit.

Beispiel(e):	• Klein ist der Preis, groß der Genuß. • Heiß ist die Liebe, kalt ist der Schnee. • »Ihre Güter zu plündern? Ihre Häuser in Brand zu stecken?« (*Cicero*).

Paraphrase (Periphrase)	
Übersetzung:	Umschreibung, Nebenausdruck, deutlich machen, kundtun
Beschreibung:	Bei der Paraphrase handelt es sich um eine Variante der Expolitio, gleichsam um deren nächsthöhere Stufe. Ein einzelner Begriff wird durch mehrere andere Begriffe ersetzt, die ihn zwar in freier, nur sinngemäßer Übertragung wiedergeben. Oft geschieht dies, um die Trivialität alltäglicher Ausdrücke oder eine Wiederholung zu vermeiden. Es kann jedoch auch ein Akt zur Ausschmückung der Rede sein.
Wirkung:	Die Paraphrase eignet sich sehr gut zur Steigerung oder auch zur Abschwächung von Gefühlswerten, so z. B. bei obszönen oder anstößigen Wörtern. Hierbei kann ein Verfremdungseffekt durchaus gewünscht sein. Aber Vorsicht bei gekünstelten Paraphrasen. Obwohl sie (z. B. bei humorvollen Einlagen) u. U. eindrucksvoll sein können, wirken sie schnell »gestelzt«. Andererseits haben gelungene Paraphrasen eine eigene ästhetische Qualität.
Beispiel(e):	• »Und er tat seinen Mund auf, lehrte sie und sprach« (*Matth.* 5,2). • »Jenes wohlriechende Getränk, ein Auszug aus chinesischen Kräutern« (gemeint ist Tee; *William Wordsworth*). • da, wo der Kaiser zu Fuß hingeht

Parenthese	
Übersetzung:	Einschub, Einschaltung, nebenbei hinzufügen
Beschreibung:	Redeteil, der außerhalb des eigentlichen Satzverbandes steht und in dem ein eigenständiger Gedanke untergebracht ist.
Wirkung:	Die Parenthese kann ausgesprochen kommunikativ sein, nämlich dann, wenn sie dazu eingesetzt wird, die Zuhörer mit einzubeziehen. In vielen Reden ist jedoch Vorsicht geboten – weil sie die Sätze (meist unnötig) verlängert. Kann der Redner aber den Einschub »hörbar« machen, hat er ein gutes Instrument der Dramatisierung zur Hand.
Beispiel(e):	• »Wir sollten den Eindruck vermeiden, irgend jemand in diesem Hause habe – und sei's für Minuten – geschwankt« (*G. Grass, Die Plebejer proben den Aufstand*).

Paronomasie	
Übersetzung:	Wortspiel (Doppelsinn)
Beschreibung:	Die Paronomasie ist ein Spiel mit Wörtern, die ähnlich klingen oder sich lautlich nur geringfügig voneinander unterscheiden, die aber durch ihre Verknüpfung eine bis ins Paradoxon reichende Bedeutungsspanne abdecken. Die Paronomasie lebt also vom Beziehungsreichtum der Sprache, wobei sich der Redner auch die Tatsache zunutze machen kann, daß manchmal das gleiche Wort verschiedene Bedeutungen hat.
Wirkung:	Wortspiele wirken witzig und spritzig und haben einen großen Unterhaltungswert. Sie sind anschaulich, bleiben sehr gut im Gedächtnis haften und haben zudem noch eine nicht zu unterschätzende ästhetische Qualität. Dem geschickten Redner helfen sie, das Publikum aufzuheitern und zu entspannen. Ihr Einsatz sollte jedoch nicht übertrieben werden.
Beispiel(e):	• »Ich habe das Haus schon voller, ich habe es auch schon leerer gesehen, aber so voller Lehrer habe ich das Haus noch nie gesehen« (*Hans von Bülow*). • »Wir dürfen nicht dahin kommen, daß wir die Kartoffelchips produzieren und die Japaner die Mikrochips« (*Norbert Blüm*). • »Wir wollen nicht den Mensch verstaatlichen, sondern den Staat vermenschlichen« (*Theodor Heuss*). • »Solange sie mich nicht ansprach, sprach sie mich an. Als sie mich aber dann ansprach, sprach sie mich *nicht* mehr an« (*Friedrich Schiller*). • »Wir haben in Bonn doch gar keine Regierung mehr. Das ist nur noch eine Reagierung. Die reagiert auf Urteile des Bundesverfassungsgerichts« (*Oskar Lafontaine*). • »Ein gebrochenes Versprechen ist ein gesprochenes Verbrechen« (*Johannes Rau*). • »Die Regierung besteht aus Delegierung des Wichtigen und Dirigierung des Nichtigen.«

Percursio	
Übersetzung:	das flüchtige Überdenken, das Hinwegeilen
Beschreibung:	Aneinanderreihung ohne Detail. Bei der Percursio werden die Themen, die man nicht ausführlicher besprechen will (weil sie entweder tatsächlich im Moment unwichtig sind oder weil sie unwichtig erscheinen *sollen*), nur kurz auf- bzw. angezählt. Das kann ernsthaft, aber auch ironisch gemeint sein.

Wirkung:	Der Redner zeigt, daß er auch die Randprobleme gesehen hat. Das gilt u. U. als Ausweis der Kompetenz.
Beispiel(e):	• »Ich will ja nichts gesagt haben, aber...« • »Ich will davon schweigen, daß...«

Permissio	
Übersetzung:	Erlaubnis
Beschreibung:	Eine ironische Aufforderung zu Handlungen, die in den Augen des Sprechers eigentlich schädlich sind und seinem eigenen Willen zuwiderlaufen.
Wirkung:	Die Permissio ist immer dann angebracht, wenn man seinem Ärger oder Unwillen Ausdruck verleihen möchte.
Beispiel(e):	»Tu, was du willst. Du wirst schon sehen, was du davon hast.«

Personenevokation	
Übersetzung:	»Erfindung« von Personen
Beschreibung:	Verwandt mit der Fictio Personae. Doch nun sprechen nicht mehr leblose Dinge, sondern eine aus »didaktischen« Zwecken erfundene Person. Das Publikum soll in der Folge nicht mehr dem Autor, sondern der erfundenen Person folgen. Die Personenevokation ist besonders beliebt bei Festreden.
Wirkung:	Diese Redefigur ist besonders anschaulich und appelliert an die visuelle Kraft der Zuhörer. Zudem erscheint der Redner als Verbündeter des Publikums, mit dem zusammen er eine gleichsam neutrale Szenerie betrachtet.
Beispiel(e):	»Stellen Sie sich vor, ein Mann geht aufgeregt – nervös an seiner Pfeife ziehend – in seinem Zimmer auf und ab.«

Polysyndeton	
Übersetzung:	viel zusammengebunden
Beschreibung:	Eine Art der Aufzählung: Die einzelnen Glieder (Wörter oder Sätze) werden mit je einem »und«, »oder« oder »sowie« verbunden.
Wirkung:	Das Polysyndeton verleiht der Aufzählung Nachdruck und rhythmisiert die Sprache. Geschickt konstruiert und richtig gesprochen, hat es einen großen Behaltenswert.
Beispiel(e):	»Und es wallet und siedet und brauset und zischt« (*Friedrich Schiller*).

Praeparatio	
Übersetzung:	Vorbereitung
Beschreibung:	Eine einleitende geheimnisvoll oder rätselhaft wirkende Floskel, die die Zuhörer auf etwas Schockierendes o. ä. vorbereiten soll.
Wirkung:	Mit der Praeparatio wird die Aufmerksamkeit der Zuhörer gezielt auf das Kommende gelenkt.
Beispiel(e):	»Und da waren sie auch schon – wer löst einen ähnlichen Schrecken aus? –, die Haie.«

Prolepsis	
Übersetzung:	Vorgriff, Einwandvorausnahme
Beschreibung:	Vorwegnahme eines Satzgliedes, besonders des Satzgegenstandes eines Satzgliedes. Man geht – präventiv – auf mögliche Einwände der Zuhörer oder eines bestimmten Zuhörers ein.
Wirkung:	Durch die Prolepsis erhält der Zuhörer den Eindruck einer kompetenten, vor allem aber voll durchdachten Darstellung. Er fühlt sich in den Gedankengang einbezogen und dadurch ernst genommen. Als Redner nimmt man möglichen Redegegnern den Wind aus den Segeln.
Beispiel(e):	• »Ich bin mir darüber bewußt, daß man diese Dinge auch unter einem anderen Blickwinkel betrachten kann, ich gebe allerdings zu bedenken, daß dann . . .« • »Hast du den Jungen gesehen, wie er aussah?«

Reflexio	
Übersetzung:	Zurückbiegung
Beschreibung:	Die Reflexio ist eine *Distinctio* in Dialogform, d. h., es gibt einen zweiten Gesprächspartner, der ein Wort des ersten aufgreift und in seinem Sinne emphatisch umdeutet.
Wirkung:	Die Reflexio arbeitet mit einem Überraschungseffekt, der den Sprechenden als kompetent erscheinen läßt.
Beispiel(e):	»Ich weiß, Herr *Meier*, Sie nennen das Dummheit. Von mir aus. Dann aber ist es eine Dummheit, die mehr Sachverstand zeigt als alle Ihre Gegenvorschläge zusammen.«

Repetitio	
Übersetzung:	Wiederholung
Beschreibung:	Repetitio ist ein Oberbegriff für andere Redefiguren, z. B. Geminatio, Anaphora, Epiphora. Es handelt sich hierbei um eine Wiederholung, die jedoch nicht wörtlich erfolgen muß. Denkbar sind auch Beispiele, Vergleiche oder Zusammenfassungen, die den Sinn des Gesagten replizieren. Insgesamt unterscheidet man vier Hauptarten: 1. wörtliche Wiederholung 2. variierte Wiederholung – derselbe Inhalt mit anderen Worten 3. Teilwiederholung – z. B. Satzanfänge oder Schlußworte (siehe Anapher, Epipher) 4. erweiternde Wiederholung
Wirkung:	Die Repetitio wirkt sehr eindringlich und soll den Gedanken im Kopf des Zuhörers festklopfen.
Beispiel(e):	• »Wenn wir so weitermachen wie bisher, sind wir in zwei Jahren, meine Damen und Herren, in nur zwei Jahren zahlungsunfähig.« • Erweiternde Wiederholung: »Dann, nur dann, wirklich nur dann . . .« • »Wir haben nein gesagt. Wir werden nein sagen, und wir werden nein sagen, solange ein Atemzug in uns lebendig ist!« (*Ernst Reuter*).

Rhetorische Frage	
Beschreibung:	Aussage oder Aufforderung in Form einer Frage, auf die der Frager keine Antwort erwartet und die sich scheinbar von selbst versteht. Aus diesem Grunde wird sie auch von vielen »scheinbare Frage« oder »Scheinfrage« genannt. Die rhetorische Frage ist eine der häufigsten und wichtigsten Stilfiguren, weil sie die Rede – ähnlich wie die Interrogation – zum dramatischen Dialog steigert. Nützlich ist sie auch als Trägerin eines Einwandes.
Wirkung:	Durch die rhetorische Frage erhält die Aussage des Redners einen besonderen Nachdruck, der die innere Beteiligung des Hörers erzwingt. Außerdem entsteht oft der Eindruck eines Einverständnisses zwischen Redner und Hörer. Besonders wirksam ist die rhetorische Frage in Verbindung mit der Anapher.
Beispiel(e):	• »Ob sich Redner darüber klar sind, daß 90 Prozent des Beifalls, den sie beim Zusammenfalten des Manuskriptes entgegennehmen, ein Ausdruck der Erleichterung ist?« (*Robert Lembke*).

	• »Hier stellt sich uns die Frage entgegen, warum das geistig so mächtige Italien nicht eine Reformation gleich der deutschen und vor derselben zustande gebracht habe« (*Jakob Burckhardt*). • »Wer waren denn, bei Lichte besehen, die großen Würdenträger mit ihrem Doppelkinn und ihren Pontacqnasen? Schlemmer waren es, die den Burgunder besser kannten als den *Homer*« (*Theodor Fontane*). • »Wollen Sie uns etwa verantwortlich machen für die Staatsverschuldung?«

Sentenz	
Übersetzung:	denkwürdiger Satz, Gedanke, Sinn, Empfindung
Beschreibung:	Formelhafter, allgemeingültiger und einprägsamer, weil kurz und treffend formulierter Ausspruch, der nicht den einzelnen Fall betrifft, sondern das Allgemeine und deshalb oft in Form des Zitats oder eines geflügelten Worts auftaucht. Da sich aber z. B. Zitate immer mit einem Gegenzitat beantworten lassen, ist die Sentenz für die Streitrede nicht gut geeignet, es sei denn, es besteht weitgehendes Einverständnis zwischen Redner und Publikum. Die meisten Zitatensammlungen bestehen sogar zum überwiegenden Teil nur aus Sentenzen. Sentenzen eignen sich vor allem in drei Fällen: • wenn man sie dem Kerngedanken einer Ausführung voranstellt, • wenn man sie als Grundlage für die eigene Argumentation oder Beweisführung heranzieht, • wenn man sie als einprägsamen und knappen Schlußsatz einsetzt.
Wirkung:	Sentenzen haben die angenehme Eigenschaft, sehr schnell die allgemeine Zustimmung des Publikums zu gewinnen. Deshalb wirken sie vor allem in politischen Reden. Dabei ist ihr Einsatz nicht ganz ungefährlich, denn »schief« angebrachte Sentenzen erreichen oft das Gegenteil dessen, was sich der Redner darunter vorstellt. Im allgemeinen ist es aber so, daß er gleichsam auf den bestehenden Vorurteilen des Publikums »surft.«
Beispiel(e):	• »Der Weg zur Bank ist mit guten Zinssätzen gepflastert« (Werbespruch). • »Was lange währt, wird endlich gut.« • »Man soll den Tag nicht vor dem Abend loben.« • »Müßiggang ist aller Laster Anfang.«

Sprichwort	
Beschreibung:	Eine im Volksmund tradierte Lebensregel o. ä. Häufig eine Kombination von mehreren Redefiguren.
Wirkung:	Die Wirkung von Sprichwörtern beruht – neben ihrem Bekanntheitsgrad – vor allem auf ihrer Plastizität und ihrer überzeugenden Art, (scheinbar) allgemeingültige Aussagen zu formulieren, die jeder »unterschreiben« kann.
Beispiel(e):	• »Der dümmste Bauer hat die dicksten Kartoffeln.« • »Schönheit vergeht, Hektar besteht.« • »Um weiter zu springen, muß man einen Schritt zurücktreten.«

Sustentio	
Übersetzung:	Überraschung
Beschreibung:	Die Sustentio ist verwandt mit dem Paradoxon. Man wählt einen Schluß, den der Zuhörer nicht erwartet.
Wirkung:	Die Wirkung der Sustentio beruht auf einem Aha-Erlebnis, das zudem noch – falls sie der Redner richtig gesprochen hat – am Ende einer Spannungssteigerung steht. Die Erwartungsenttäuschung, die sie eigentlich darstellt, wird vom Zuhörer eher positiv erlebt, weil sie mit einem Witzeffekt gekoppelt ist.
Beispiel(e):	• »Ich finde, Sie haben vollkommen recht; aber gerade deshalb halte ich meine Darstellung für wesentlich besser.« • »Schmutzige Fingernägel allein sind kein Beweis dafür, daß man – im Recht ist« (*H. Kipphardt, In der Sache J. Robert Oppenheimer*). • »Mit dem Hute in der Hand – wird man leicht übersehen.« • »Wenn Politikern nichts einfällt – dann halten sie eine Rede« (*F. Nowottny*). • »Auch ich bin für Abschaffung der Todesstrafe – aber ich bin dafür, daß die Mörder damit den Anfang machen!« (*Bismarck*).

Syllepse	
Übersetzung:	das Erfassen, das Zusammenfassen
Beschreibung:	Eine Sonderform der Ellipse: syntaktisch inkorrekter Bezug eines Satzteils (meist des Prädikats) auf mehrere in Person, Numerus oder Genus verschiedene Wortgruppen oder Wörter.
Wirkung:	Eine rhetorische Wirkung ist kaum auszumachen. Einzig und allein ein gewisser Vereinfachungseffekt kann ins Feld geführt werden – und die Sätze werden etwas kürzer.

Beispiel(e):	• »Die Kontrolle wurde verstärkt und zehn Schmuggler verhaftet.« • »Eine Person wurde getötet und drei weitere schwer verletzt.« • »Ihr sucht euren Vorteil, wir den unsrigen.«

Synästhesie	
Übersetzung:	Wahrnehmung, Empfindung
Beschreibung:	Die im sprachlichen Ausdruck vollzogene Verschmelzung mehrerer Sinneseindrücke.
Wirkung:	Die Synästhesie benutzt mehrere Eingangskanäle der Wahrnehmung gleichzeitig und ist deshalb ein hervorragendes Mittel, Bilder zu produzieren. Zudem ist sie oft sprachlich sehr reizvoll.
Beispiel(e):	• »Durch die Nacht, die mich umfangen / blickt zu mir der Töne Licht.« • schreiendes Grün

Synekdoche	
Übersetzung:	das Mitaufnehmen
Beschreibung:	Die Synekdoche ist eine Metonymie in *quantitativer* Hinsicht: Der Teil steht für das Ganze, die Gattung für die Art, der Rohstoff für das Fertigprodukt, die Einzahl für die Mehrzahl usw., d. h., immer wird ein umfassender und abstrakter Begriff durch einen engeren und konkreteren ersetzt oder umgekehrt, so daß wir – wie *Quintilian* sagt – »bei einem Ding an mehrere denken, bei einem Teil an das Ganze, bei der Art an die Gattung, bei dem Vorausgehenden an das Folgende oder auch bei alledem umgekehrt ...«. Die Synekdoche ist allerdings mit Vorsicht zu genießen: Der Redner muß sich darauf verlassen können, daß der Zuhörer den Sinn oder das Angedeutete auch tatsächlich versteht.
Wirkung:	Mit der Synekdoche mobilisiert ein einzelner Begriff gleich einen ganzen umfangreichen Gedankenkomplex. Hierdurch entstehen ausgezeichnete Möglichkeiten, die Gefühle der Zuschauer zu wekken, ohne daß man auf diese noch extra eingehen müßte. Nicht zuletzt aus diesem Grunde wirkt die Synekdoche stark kommunikativ (= Zuhörer einbeziehend).
Beispiel(e):	• »Auf seinen Kopf ist ein Preis ausgesetzt.« • »ein edler Tropfen« • »Das Volk legt sich zur Ruhe.« • »Bonn« für »die Bundesregierung« • »Herd« für »Haus«

	• »weißes Haar« für »Alter« • »Kiel« für »Schiff« • »der Deutsche« für »die Deutschen« • »Brot« für »Nahrung« • »Sie kreuzten die Klingen.« • der Buchstabe des Gesetzes • »Er schlenzte das Leder ins Tor.«

Synonymie	
Übersetzung:	gleichnamig, Name, Benennung
Beschreibung:	Ausdruck oder Kombination sinnverwandter oder sinnähnlicher Wörter oder Konstruktionen. Echte Synonyme sind allerdings sehr selten; in der Regel gibt es immer noch feine Nuancen.
Wirkung:	Die Häufung von Synonymen macht eine Aussage sehr eindringlich.
Beispiel(e):	»Die Zeit der Gaukler, der Magier, der Irreführer, der Sterndeuter, der Astrologen ist vorbei« (*F. J. Strauß*).

Zeugma	
Übersetzung:	Zusammengefügtes, Joch, Brücke
Beschreibung:	Ein beliebtes Mittel der Komik (Spezialität von *Heinz Erhardt*): Ein Verb beherrscht mehrere gleichgeordnete, aber nicht gleichartige – und deshalb unpassende – Objekte bzw. Sätze.
Wirkung:	Das Zeugma kann eine Aussage zuspitzen. Es wird meist gebraucht, um humoristische oder ironische Wirkungen zu erzielen.
Beispiel(e):	• »Er schlug zuerst mit der Faust auf den Tisch und dann vor, die Versammlung zu beenden.« • »Der Hund hob die Augen und ein Bein gen Himmel.« • »Er schlug die Stühl' und Vögel tot« (*Struwwelpeter*). • »Nimm dir Zeit und nicht das Leben.« • »Es ist leichter, den Mund zu halten, als eine Rede« (*Heinz Erhardt*).

Zitat	
Übersetzung:	herbeigerufen, aufgerufen
Beschreibung:	Eine wörtlich angeführte Belegstelle, die die eigene Ansicht stützen soll.
Wirkung:	Zitate wirken in der Regel sehr autoritätsstützend. Sie weisen den Redner nicht nur als »gebildet« aus, sondern verstärken auch noch seine Argumentation. Dies gilt in der Regel sogar für schmückende Zitate.
Beispiel(e):	»Die Höflichkeit verbietet mir, aus dem *Tasso* zu zitieren: Durch Heftigkeit ersetzt der Irrende, was ihm an Kraft und Wahrheit fehlt« (Anwalt nach gehässigen Schimpfreden des Gegenanwalts).

Wahrscheinlich werden Sie festgestellt haben, daß Sie viele der vorgestellten Redefiguren bereits in jeder Ihrer Reden (und sogar im Alltag) benutzen. Dennoch: Um sie *bewußt* und *zielgerichtet* einzusetzen, bedarf es einer über das Alltagsverständnis hinausgehenden Sensibilisierung, kurz: Redefiguren richtig einzusetzen ist eine Kunst. Und »Kunst kommt von Können. Käme es von Wollen, so hieße es Wulst« (*Nietzsche*). Mit dem bloßen Auswendiglernen der verschiedenen Erscheinungsformen ist es jedenfalls nicht getan. Deswegen an dieser Stelle unser Tip: Es hat sowieso keinen Zweck, sich gleich so viele Varianten wie möglich aneignen zu wollen. Als sinnvoller erscheint es uns, wenn Sie sich zunächst vielleicht zwei oder drei der Redefiguren aussuchen und sie bewußt in die nächste Rede einbauen. Ist Ihnen der Umgang mit diesen Figuren dann geläufig, widmen Sie sich den nächsten drei usw. – so lange, bis Ihnen ein *aktives* Repertoire zur Verfügung steht (in Anlehnung an den »aktiven Wortschatz«), mit dem Sie dann umgehen können. Sie werden bemerken, daß Ihnen dann nicht nur Ihre Reden besser gelingen, sondern daß Sie auch beim Publikum besser »ankommen«. Und noch eines werden Sie feststellen: Ihnen wird es wesentlich mehr Spaß machen, sowohl Reden zu verfassen als auch sie zu halten.
Und vielleicht werden Sie eines Tages einen Ihrer Redeauftritte mit denselben Augen betrachten können wie *Cicero*, der einmal davon schwärmte, wie sehr er mit Erfolg »in seinen Farbtöpfen« gerührt und damit seine Zuhörer entzückt habe. Das heißt: Betrachten Sie bitte Redefiguren als hervorragendes Mittel, Ihrer Rede strahlenden Glanz, einen Hauch von Raffinesse und – Lebendigkeit und Bewegung zu verleihen. Denn schmucklose Reden, wie wir sie oft genug von unseren Politikern und Wirtschaftsführern hören, wurden schon früher mit einem menschlichen Körper in Ruhelage oder auch mit archaischen Statuen verglichen. Redefiguren – das können wir daraus schließen – sollen also der Rede *Leben* einhauchen. Das tun sie einerseits, wie Sie gesehen habe, über ihre Bildhaftigkeit – also dadurch, daß sie im Zuhörer Gefühle und Affekte auslösen –, das tun sie andererseits aber auch durch das Mittel der *Wiederholung*. Denn viele Redefiguren – das wird Ihnen aufgefallen sein – beruhen darauf, daß sie das Prinzip der Wiederholung in immer wieder neuen Varianten ins Spiel bringen. Nicht umsonst ist die Wiederholung *das* Wirkprinzip der Werbung, und nicht umsonst stellte einst *Napoleon Bonaparte* fest: »Es gibt nur eine Redefigur – die Wiederholung.«

Auflösung der Übungsaufgaben

Übung 1: Keine Lösungsangaben nötig
Übung 2a: Sprache, Freude, Stengel/Stiel, Oase, Mehl, Wolle, Hagel, Wüste, Pfeil, Regen, Grammatik, Treppe
Übung 2b: Gemälde – Randstein, Auge – Objektiv, Körper – Auto, Schlaf – Durst, Erfolg – Trauer, Blut – Geld, Auge – Hörrohr, Schloß – Lösung, Binnensee – Land
Übung 3: Raubtiere, Dickhäuter, Zahlungsmittel, Druckerzeugnisse, innere Organe, Behälter, Gemeinschaften, Rotwild, Blasinstrumente, Baustoffe, Bodenerhebungen
Übung 4: Abend, Regen, Wasser, Zimmer, Haus, Kern, Nieder, Opern, Kirchen, Kraft, Tier, Blei, Berg, Flaschen, Baum, Mit, Oster, Fahnen, Ball, Schuld, Bank, Tau, Schein
Übungen 5 bis 8: Keine Lösungsangaben nötig

Literatur

Altmann, H. Ch.: Überzeugend reden, verhandeln, argumentieren. Ideenquelle und Übungsbuch für die erfolgreiche Kommunikation. München (6)1993.
Anderson, John R.: Kognitive Psychologie. Heidelberg 1988.
Anderson, R. C./Pichert, J. W.: Recall of previously unrecallable information following a shift in perspective. In: Journ. of verbal learning and verbal behavior. 17 (1978), S. 1–12.
Arlow, J. A.: Metaphor and the psychoanalytic situation. In: Psychoanal. Quart. 48 (1979), S. 363–385.
Arnheim, R.: Anschauliches Denken. Zur Einheit von Bild und Begriff. Köln (4)1980.
Asendorpf, J.: Keiner wie der andere. Wie Persönlichkeitsunterschiede entstehen. München 1988.
Atkinson, R. C.: Mnemotechnics in second-language learning. In: American Psychologist 30 (1975), S. 821–828.
Augustinus: Bekenntnisse/Confessiones. München (4)1980.
Ausubel, D. P.: Psychologie des Unterrichts. Weinheim 1974.

Baddeley, A. D.: Die Psychologie des Gedächtnisses. Stuttgart 1979.
Beaumont, J. G.: Einführung in die Neuropsychologie. München/Weinheim 1987.
Bierbaum, G.: Ihr gutes Gedächtnis – ein unbezahlbares geistiges Kapital. München 1986.
Birkenbihl, V. F.: Stroh im Kopf? Oder: Gebrauchsanweisung fürs Gehirn. Speyer (7., überarb. Aufl.) 1990.
Birkenbihl, V. F./Blickhan, C./Ulsamer, B.: NLP. Einstieg in die Neurolinguistische Programmierung. Speyer 1987.
Blakeslee, Th. R.: Das rechte Gehirn. Freiburg 1982.
Blickhan, C./Blickhan D.: Denken, Fühlen, Leben. Vom bewußten Wahrnehmen zum kreativen Handeln. Landsberg 1989.
Bogen, J. E.: The other side of the brain. In: Bulletin of the Los Angeles Neurological Societies (34) 1969, S. 135–162.
Bower, G. H.: Organizational factors in memory. In: Cognitive Psychology 1/1970, S. 18–46.
Brodbeck, K.-H.: Entscheidung zur Kreativität. Darmstadt 1995.
Buchholz, M. B.: (Hg.): Metaphernanalyse. Göttingen 1993.
Buchholz, M. B.: Einleitung. In: M. B. Buchholz (Hg.) 1993, S. 7–14.
Buchholz, M. B.: Supervision in (de)konstruktionistischer Absicht. In. M. B. Buchholz (Hg.) 1993, S. 121–152.
Buzan, T.: Kopftraining. Anleitung zum kreativen Denken. Tests und Übungen. Methoden und Techniken. München 1990.

Carveth, D. L.: Die Metaphern des Analytikers. Eine dekonstruktionistische Perspektive. In: M. B. Buchholz (Hg.) 1993, S. 15–71.

Duden. Reden gut und richtig halten! Ratgeber für wirkungsvolles und modernes Reden. Mannheim usw. 1994.

Düker, H./Tausch, R.: Über die Wirkung der Veranschaulichung von Unterrichtsstoffen auf das Behalten. In: F. Weinert (Hg.): Pädagogische Psychologie. Köln 1970, S. 201–215.

Ebeling, P.: Rhetorikhandbuch. Praktische Rhetorik und Selbstsicherheitstraining. Stuttgart 1994.

Eccles, J. C./Zeiher, H.: Gehirn und Geist. München 1980.

Eggetsberger, G. H./Eder, K.-H.: Das neue Kopftraining der Sieger. Die Entdeckung und Nutzung des psychogenen Hirnfeldes zur Aktivierung verborgener mentaler und physischer Kräfte. Wien (3)1992.

Einstein, G. O./Morris, J./Smith, S.: Individual Differences, and Memory for Lecture Information. In: Journ. o. Educ. Psychol. (77) 1985, S. 522–532.

Fischer, R.: Denk- und Kreativitätstraining. Höhere Intelligenz – bessere Leistungsfähigkeit. Sindelfingen 1983.

Freud, S.: Wege der psychoanalytischen Therapie (1919). G. W. Bd. 12. Frankfurt am Main, S. 183–194.

Fuchs, H./Graichen, W. U.: Bessere Lernmethoden. Effiziente Techniken für Erwachsene. München 1990.

Gans, J. S.: Metaphern in der Gruppentherapie. In: M. B. Buchholz (Hg.) 1993, S. 153–170.

Gardner, H.: Dem Denken auf der Spur. Stuttgart 1992.

Gelb, M. J.: Überzeugend reden, erfolgreich auftreten. Mit Mind-Mapping und Alexander-Technik. Berlin 1989.

Gentner, D./Gentner, D. R.: Flowing waters or teeming crowds: mental models of electricity. In: D. Gentner u. A. L. Stevens (Hg.): Mental models. Hillsdale (Erlbaum) 1983, S. 99–129.

Gordon, D.: Therapeutische Metaphern. Paderborn 1992.

Grenell, G. (Hg.): Biological Foundation in Psychiatry. New York (Raven Press) 1976.

Grensemann, H. (Hg.): Die hippokratische Schrift »Über die heilige Krankheit«. Berlin 1966.

Groninger, L. D.: Mnemonic imagery and forgetting. In: Psychol. Science (23) 1971, S. 161–163.

Harmann, W./Rheingold, H.: Die Kunst, kreativ zu sein. Wie wir unser Unbewußtes aktivieren können, um unseren schöpferischen Fähigkeiten zum Durchbruch zu verhelfen. Bern/München/Wien 1989.

Helson, H.: Adaption-level theory: an experimental and systematic approach to behavior. New York (Harper) 1964.

Heringer, H. J.: »Ich gebe Ihnen mein Ehrenwort«. Politik – Sprache – Moral. München 1990.

Herrmann, P.: Reden wie ein Profi. Rhetorik für den Alltag. München 1991.

Holzheu, H.: Souverän verhandeln. Hamburg 1986.

Hoppe, R. D.: Die Trennung der Gehirnhälften. In: Psyche (29) 1975, S. 919–946.

Howe, J. A.: Learning and the acquisition of knowledge by students: some experimental investigations. In: J. A. Howe (Hg.): Adult learning. New York (Wiley & Sons) 1977, S. 145–160.

Huhn, G.: Kreativität und Schule. Risiken derzeitiger Lehrpläne für die freie Entfaltung der Kinder. Berlin 1990.

Jaynes, J.: Der Ursprung des Bewußtseins durch den Zusammenbruch der bikameralen Psyche. Reinbek 1988.

Jantsch, E.: Die Selbstorganisation des Universums. Vom Urknall zum menschlichen Geist. München 1982.
Joseph, R.: The right cerebral hemisphere: emotion, music, visual-spatial-skills, body image, dreams and awareness. Journal of clinical Psychology 5/1988, S. 6430–673.
Jüttner, C.: Gedächtnis. München 1979.

Kahnemann, Danny/Slovic, P./Tversky, Amos (Hg.): Judgement under uncertainty. Cambridge (Cambridge University Press) 1982.
Klatzky, R.: Gedächtnis und Bewußtsein.
Keenan, J. M./Mac Whinney, B./Mayhew, D.: Pragmatics in memory: a study of natural conversation. In: Journ. of verbal learning and verbal behavior. (16) 1977, S. 549–560.
Krämer, S./Walter, K. D.: Konzentration und Gedächtnis. Ein Trainingsprogramm für 30mal 20 Minuten. München 1991.
Kreutzer, M./Leonard, C./Flavell J.: An interview study of childrens knowledge about memory. In: Child Dev. Monograph (40) 1975.
Kupfer, H.: Metaphern – Bilder – Formeln. In: Universitas 2/1992, S. 169–179.

Lakoff, G./Johnson, M.: Metaphors we live by. Chicago (University of Chicago Press) 1980.
Langer, I./Schulz v. Thun, R./Tausch, R.: Verständlichkeit in Schule, Verwaltung, Politik und Wissenschaft. München 1974.
Lankton, C. H./Lankton, St. R.: Geschichten mit Zauberkraft. Die Arbeit mit Metaphern in der Psychotherapie. München (2)1994.
Lay, R.: Wie man sinnvoll miteinander umgeht. Das Menschenbild der Dialektik. Düsseldorf usw. 1992.
Lea, G.: Chronometric analysis of the method of loci. In: Journ. of experimental Psychology 104 (1975), S. 95–104.
Lehner, M./Ziep, K.-D.: Phantastische Lernwelt. Vom »Wissensvermittler« zum »Lernhelfer«. Anregungen für die Seminarpraxis. Eine Ideensammlung für Dozenten, Trainer und Lehrer in der Weiterbildung. Weinheim 1992.
Lemmermann, H.: Grundlagen und Techniken der Redekunst mit Schule der Debatte. Bindlach 1992.
Lenz, S.: Der unendliche Raum des Gedächtnisses. In: Die Zeit 19/1989.
Lindsay, P. H./Norman, D. A.: Einführung in die Psychologie. Informationsaufnahme und -arbeitung beim Menschen. Berlin/Heidelberg/New York 1981.
Lorayne, H./Lucas, J.: The memory book. New York (Stein & Day) 1974.
Lurija, A. R.: The mind of mnemonist. New York (Basic Books) 1968.
Lurija, A. R.: Das Gehirn in Aktion. Reinbek 1992.
Lurija, A. R.: Der Mann, dessen Welt in Scherben ging. Reinbek 1992.

MacLean, P.: Sensory and perceptive factors in emotional functions of the triune brain. In: Grenell, G. (Hg.): New York 1976, S. 177–198.
Mandler, G.: Organization and memory. In: K. W. Spence/J. T. Spence (Hg.): The psychology of learning and motivation. New York (First Academic Press) 1967, S. 327–372.
Mechsner, F.: Die Magie der Metapher. Über die zwielichtige Rolle des analogen Denkens in der Wissenschaft. In: Die Zeit 52/1988, S. 58.
Metzig, W./Schuster, M.: Lernen zu lernen. Lernstrategien wirkungsvoll einsetzen. Berlin/Heidelberg (2., überarb. u. erg. Aufl.) 1993.
Micko, C./Thüring, M.: Kleine Ursachen – Große Wirkungen. Die Bedeutung von Konjunktionen für das Behalten von Sätzen. In: D. Albert (Hg.): Bericht über den

34. Kongreß d. Deutschen Gesellschaft f. Psychologie in Wien. Bd. 1. Göttingen 1985, S. 237–238.

Miketta, G.: Netzwerk Mensch. Den Verbindungen von Körper und Seele auf der Spur. Reinbek 1994.

Milgram, St.: Jeder knipst sein eigenes Märchen. In: Psychologie heute 6/1977, S. 12–17.

Miller, G. A.: The magical number seven, plus minus two: Some limits on our capacity for processing information. In: Psychological Review (63) 1956, S. 81–97.

Moir, A./Jessel, D.: Brainsex. Der wahre Unterschied zwischen Mann und Frau. Düsseldorf 1990.

Neisser, U./Kerr, N.: Spatial and mnemonic properties of visual images. In: Cogn. Psychol. 5/1973, S. 138–150.

Norman, D. A.: Aufmerksamkeit und Gedächtnis. Weinheim 1973.

O'Connell, D. N./Shor, R. E./Orne, T.: Hypnotic age regression: an empirical and methodological analysis. In: Journ. Of Exp. Psychol. 11/1979, S. 1–32.

Ornstein, R.: Die Psychologie des Bewußtseins. Frankfurt a. Main 1976.

Ornstein, R.: Multimind. Ein neues Konzept des menschlichen Geistes. Ergebnisse der Humanwissenschaften für Erziehung, Therapie und Management. Paderborn 1989.

Ortony, A. (Hg.): Metaphor and thought. Cambridge (Cambridge University Press) 1979.

Orwell, G.: 1984. Frankfurt a. Main/Berlin/Wien 1984.

Ott, E.: Optimales Denken. Trainingsprogramm. Reinbek (102.–105. Tsd.) 1992.

Paul, H.: Prinzipien der Sprachgeschichte. Tübingen 9/1975.

Polya, G.: Mathematics and plausible reasoning. Princeton (University Press, New York) 1973.

Pöppel, E.: Grenzen des Bewußtseins. Über Wirklichkeit und Welterfahrung. Stuttgart 1985.

Popper, K. R./Eccles, J. C.: Das Ich und sein Gehirn. München/Zürich 1982.

Rankin J. L./Kausler, D. H.: Adult age differences in false recognitions. In: Journ. Of Gerontol. 34 (1979), S. 58–65.

Razran, G.: Mind in evolution. New York (Houghton Mifflin) 1971.

Rede und Karriere. Die Zeitschrift für Führungskräfte in Politik und Wirtschaft. Hg. v. P. H. Ditko.

Reden und Rhetorik von A–Z. Das Kommunikationslexikon für Unternehmer und Manager. Loseblatt-Sammlung. Hg. v. P. H. Ditko. Köln 1993ff.

Rigotti, F.: Schleier und Fluß – Metaphern des Vergessens. In: M. B. Buchholz (Hg.) 1993, S. 229–252.

Rigotti, F.: Metaphern aus dem Familienleben. In: M. B. Buchholz (Hg.) 1993, S. 253–292.

Röthlein, B.: Unser Gehirn wird entschlüsselt. Sinne, Gedanken, Gefühle. Hamburg 1993.

Russell, P.: Der menschliche Computer. München.

Sagan, C.: Die Drachen von Eden. Das Wunder der menschlichen Intelligenz. München/Zürich 1978.

Santa, J. L./Ruskin, A. B./Yio, A. J. H.: 9 Mnemonic systems in free recall. In: Psychol. Rep. (32) 1973, S. 1163–1170.

Sammet, G.: Vom Nerv der Dinge. Der Weg der Maschinenmetapher vom 18. ins 19. Jahrhundert. In: M. B. Buchholz (Hg.) 1993, S. 311–320.

Scheich, H.: Wo im Gehirn sitzt die Entscheidungsinstanz? Vergleichende Neurobiologie des Verhaltens. In: Forschung, Mitteilungen der DFG 1/1981, S. 17–20.
Schmidt, R. F. (Hg.): Grundriß der Neurophysiologie. Berlin/Heidelberg 1977.
Schott, B./Birker, K.: Freunde finden. NLP – Das Psycho-Power-Programm. Reinbek 1994.
Shepard, R. N.: »The mental image«. In: American Psychologist 2 (1978).
Shrager, L./Mayer, R. E.: Not-taking fosters generative learning strategies in novices. In. Journ. Of Educ. Psychol. 81 (1989), S. 263–264.
Spinola, R./Peschanel, F. D.: Das Hirn-Dominanz-Instrument (HDI). Speyer 1988.
Springer, S. P./Deutsch, G.: Linkes Gehirn, rechtes Gehirn. Heidelberg 1993.
Stemme, F./Reinhardt, K.-W.: Supertraining. Mit mentalen Techniken zur Spitzenleistung. Düsseldorf/Wien 1992.
Svantesson, I.: Mind Mapping und Gedächtnistraining. Bremen 1993.

Teegen, F.: Ganzheitliche Gesundheit. Der sanfte Umgang mit uns selbst. Reinbek 1983.
Tulving, E./Pearlstone, Z.: Availability versus accessibility of information in memory for words. In: Journ. of verbal learning and verbal behavior. 5/1966, S. 381–391.

Ueding, G.: Rhetorik des Schreibens. Eine Einführung. Frankfurt a. Main (2)1986.

Vroon, P. A./Draisma, D.: De mens als metafoor. Baarn 1986.
Vroon, P. A.: Drei Hirne im Kopf. Warum wir nicht können, wie wir wollen. Stuttgart/Zürich 1993.

Wagner, W.: Gedächtnis für Gespräche. In: D. Albert (Hg.): Bericht über den 34. Kongreß der Deutschen Gesellschaft für Psychologie in Wien 1984. Bd. 1. Göttingen 1985, S. 241–242.
Weidenmann, B.: Lernen mit Bildmedien. Psychologische und didaktische Grundlagen. Weinheim/Basel 1991.
Weinrich, H.: Linguistik der Lüge. Heidelberg 1966.
Whorf, B. L.: Wie der Name einer Sache unser Verhalten beeinflußt. In: H. Steinert (Hg.): Symbolische Interaktion. Arbeiten zu einer reflexiven Soziologie. Stuttgart 1973.

Yates, F. A.: The art of memory. Chicago (University of Chicago Press) 1966.

Zajonc, R. B.: Feeling and thinking. In: American Psychologist 2/1980, S. 151–175.
Zielke, W.: Leichter lernen – mehr behalten. München 1967.
Zimmer, D.: Weißt Du, wieviel Wörtlein. Zahlen, Fakten und Vermutungen über ein immer wichtigeres Thema: Die Menge der Wörter. In: Die Zeit 45/1988.

Quellenverzeichnis

Für die freundliche Abdruckgenehmigung danken wir:
Seite 145:
Wilhelm Heyne Verlags GmbH & Co. KG, *aus: Hans Christian Altmann*, »Überzeugend reden, verhandeln, argumentieren«, München 1993.
Seite 71 ff., 144:
GABAL Verlag, *aus: Vera F. Birkenbihl*, »Stroh im Kopf?«, 12. Aufl., Offenbach 1996.
Seite 27, 119:
Orbis Verlag für Publizistik GmbH, *aus: Tony Buzan*, »Kopftraining«, München 1990.
Seite 26, 37, 38:
Verlag Orac im Verlag Kremayr und Scheriau, *aus: Gerhard H. Eggetsberger / Karl Heinz Eder*, »Das neue Kopftraining für Sieger«, Wien 1996.
Seite 28, 41:
mvg verlag im verlag moderne industrie, *aus: Helmut Fuchs / Winfried U. Graichen*, »Bessere Lernmethoden«, Landsberg 1990.
Seite 98, 123:
Lexika Verlag, *aus: Sabine Krämer / Klaus Dieter Walter*, »Konzentration und Gedächtnis. Ein Trainingsprogramm für 20mal 30 Minuten«, 2., aktualisierte Auflage, München 1996.
Seite 24:
Deutscher Studien Verlag, *aus: Martin Lehner / Klaus-Dieter Ziep*, »Phantastische Lernwelt«, Weinheim 1992, nach: *Amer. J. Psychol.* (1951) 64. S. 431.
Seite 15, 97, 131, 144:
Springer Verlag, *aus: Werner Metzig und Martin Schuster*, »Lernen zu Lernen«, 2. Aufl., Berlin 1993.
Seite 40, 50:
GABAL Verlag, *aus: R. Spinola / F. D. Peschanel*, »Das Hirn-Dominanz-Instrument (HDI)«, Offenbach 1988.

